新时代职业教育课证融通新形态一体化精品教材

新能源汽车底盘技术

主　编　齐方伟　初　壮　常　鹤
副主编　杨艳超　李　刚　王　伟　范洋洋
编　者　齐方伟　初　壮　常　鹤　杨艳超
　　　　李　刚　王　伟　范洋洋　谷　勇
　　　　冯　震　李松平　徐玉强　赵　青
　　　　潘　云　郑　瑞　卢妍潼
主　审　王　威

西北工业大学出版社

西　安

【内容简介】 本教材在简单地介绍新能源汽车底盘结构的基础上,重点训练学生的实践动手操作能力,具体内容包括绪论、新能源汽车传动系统、新能源汽车行驶系统、新能源汽车转向系统、新能源汽车制动系统等相应的新能源汽车底盘结构组成及工作原理等知识。

本教材层次分明,内容新颖,条理清晰,使用了大量的图片以及具体的实例,通俗易懂,实用性强。

本教材兼顾理论和实践的结合,既可以满足高职学生在校期间理论和实践的学习,又可以满足学生毕业后在汽车行业长期发展的需求,还可供从事汽车检测与维修行业的工程技术人员参考。

图书在版编目(CIP)数据

新能源汽车底盘技术 / 齐方伟,初壮,常鹤主编. — 西安:西北工业大学出版社,2023.12
ISBN 978-7-5612-9119-1

Ⅰ.①新… Ⅱ.①齐… ②初… ③常… Ⅲ.①新能源-汽车-底盘 Ⅳ.①U463.1

中国国家版本馆 CIP 数据核字(2023)第 239825 号

XINNENGYUAN QICHE DIPAN JISHU
新能源汽车底盘技术
齐方伟 初壮 常鹤 主编

责任编辑:李阿盟 刘 敏		策划编辑:孙显章	
责任校对:杨 兰		装帧设计:博林文化 Bolinwenhua	
出版发行:西北工业大学出版社			
通信地址:西安市友谊西路 127 号		邮编:710072	
电　　话:(029)88493844,88491757			
网　　址:www.nwpup.com			
印 刷 者:西安五星印刷有限公司			
开　　本:787 mm×1 092 mm		1/16	
印　　张:20			
字　　数:474 千字			
版　　次:2023 年 12 月第 1 版		2023 年 12 月第 1 次印刷	
书　　号:ISBN 978-7-5612-9119-1			
定　　价:59.00 元			

如有印装问题请与出版社联系调换

前 言 PREFACE

为深入贯彻国家及省级职业教育文件精神，全面落实国家《关于推动现代职业教育高质量发展的意见》(中办发〔2021〕43号)和吉林省人民政府办公厅印发的《关于加快推动现代职业教育高质量发展的若干措施》通知，吉林科技职业技术学院根据专业实际发展需求，以及纯电动汽车和插电式混合动力电动汽车、燃料电池电动汽车将成为国内未来在新能源汽车领域的重点发展方向的行业背景，组织校内相关专业课教师和相关企业人员，结合目前常见车型的维修手册和专业课教师的教学经验，特编写本教材，以满足当今职业院校汽车专业方向的学生和教师的使用需求。

本教材注重思政育人，将思政元素融入教材，每个项目的开篇设置有"学思课堂"栏目，体现思政教学目标。

本教材具有以下特点。

1. 目标定位准确

本教材以汽车维修行业人才的技能需求为基础依据，以提高学生的实践能力为宗旨，以四化(目标证据化、问题情境化、思维可视化、评价过程化)教学模式为载体，着力提高学生的操作能力和技术服务能力。

2. 注重易学实用

目前，我国职业院校肩负着培养汽车技术技能人才的历史重任，因此本教材内容综合了新能源汽车和传统汽车底盘知识，由具有多年教学经验的教师和企业人员共同编写，并以企业实际任务工单为参考依据，实现教学内容与企业工作对接，体现了教材基础性和实用性的特点。

3. 教材结构合理

本教材由常见的新能源汽车的故障案例引入相关理论知识，通过元器件拆装和检测练习，做出相应的故障分析，然后完成对应理论教学之后的任务工单，这样的教材内容设置贴近当前职业教育学生学习的学情，也更加适合培养当前企业人才的需求。

本教材由吉林科技职业技术学院齐方伟、初壮、常鹤担任主编，杨艳超、李刚、王伟、范洋洋担任副主编，同时谷勇、冯震、李松平、徐玉强、赵青、潘云、郑瑞、卢妍潼也参与了编写，吉林科技职业技术学院教务处处长王威主审。具体编写分工如下：常鹤、杨艳超负责前言和绪论的编写，初壮、王伟、齐方伟负责项目一的编写，谷勇、李松平、冯震、卢妍潼负责项目二的编写，范洋洋、赵青、潘云负责项目三的编写，李刚、徐玉强、郑瑞负责项目四的编写，初壮负责全书的统稿。

在编写本教材的过程中，笔者参考了大量国内外相关文献及汽车厂家的培训课件等资料，在此向有关作者及汽车厂家表示最真诚的感谢！

希望本教材能满足当今职业院校的学生和教师的需求。由于水平有限，教材中难免存在不妥和疏漏之处，恳请广大读者批评指正。

编　者

2023 年 6 月

目录 CONTENTS

绪论 ··· 1
 任务工单 1　新能源汽车底盘四大系统整体认知 ····································· 10

项目一　新能源汽车传动系统 ··· 13
 概述 ·· 13
 任务工单 2　新能源汽车传动系统的整体认知 ·· 18
 任务一　新能源汽车离合器认知 ··· 20
  任务工单 3　新能源汽车离合器从动盘认知与拆装 ····························· 41
 任务二　混合动力汽车离合器 ··· 43
  任务工单 4　混合动力汽车离合器认知与拆装 ··································· 52
 任务三　新能源汽车变速器 ··· 54
  任务工单 5　两轴及新能源汽车变速器 ··· 75
 任务四　混合动力汽车变速器 ··· 77
  任务工单 6　三轴变速器构造与动力传递路线 ··································· 93
 任务五　新能源汽车变速器操纵机构 ·· 95
  任务工单 7　新能源汽车变速器操纵机构认知与拆装 ······················ 105
 任务六　驱动桥的保养 ·· 107
  任务工单 8　驱动桥的认知与拆装 ·· 127
 任务七　更换球笼式等速万向节 ··· 129
  任务工单 9　万向节认知与拆装 ··· 143

项目二　新能源汽车行驶系统 ··· 145
 概述 ··· 146
 任务工单 10　行驶系统的整体认知 ·· 151
 任务一　更换轮毂轴承 ·· 153
  任务工单 11　新能源汽车车桥的认知与拆装 ································· 158
 任务二　车轮定位检查与调整 ·· 160
  任务工单 12　新能源汽车车轮定位与保养 ···································· 164

1

任务三 轮胎更换与修补 166
任务工单 13 新能源汽车轮胎保养与更换 172
任务四 更换摆臂总成 174
任务工单 14 新能源汽车悬架认知与拆装 183
任务五 更换减振器 185
任务工单 15 新能源汽车减振器的检测与拆装 192

项目三 新能源汽车转向系统 195
概述 196
任务工单 16 新能源汽车转向系统的整体认知 201
任务一 新能源汽车更换转向操纵机构 203
任务工单 17 新能源汽车转向操纵机构的认知与拆装 207
任务二 新能源汽车更换机械转向器 209
任务工单 18 转向器的认知与拆装 214
任务三 新能源汽车更换电动助力转向器 216
任务工单 19 新能源汽车电动助力转向器的认知与拆装 221
任务四 新能源汽车更换转向油泵 223
任务工单 20 新能源汽车转向油泵的认知与拆装 235

项目四 新能源汽车制动系统 237
概述 238
任务工单 21 新能源汽车制动系统的认知 255
任务一 新能源汽车更换盘式制动器制动块 257
任务工单 22 新能源汽车盘式制动器拆装与检测 266
任务二 新能源汽车更换鼓式制动器、制动蹄 268
任务工单 23 新能源汽车鼓式制动器拆装与检测 281
任务三 新能源汽车更换制动系统真空助力器 283
任务工单 24 新能源汽车制动系统真空助力器拆装 292
任务四 新能源汽车制动总泵、分泵的检修及制动液的更换 294
任务工单 25 新能源汽车制动总泵的拆装与检测 312

参考文献 314

绪　　论

> 科学技术是第一生产力。由各种元器件构成的集成电路产业,是衡量国家综合实力的一个重要标志。我国在人工智能、大数据、量子通信等高科技领域已取得世界领先地位,但我们也应该清醒地认识到我国目前在智能制造的诸多核心领域依然"缺芯少核"。我国部分知名企业的发展受制于人,究其原因就是目前高科技芯片和操作系统缺乏独立自主的知识产权。作为新时代的大学生,我们应该努力学习专业知识,不断开拓创新,努力提高自身的科技攻关能力,以祖国强盛为己任,为自主知识产权的创造和知识储备而发奋学习。

一、本课程的教学基本要求

1. 课程性质

本课程是高职技术学校汽车检测与维修相关专业的职业核心课程之一。

2. 课程主要内容

本课程的主要内容包括四个项目,即新能源汽车的传动系统、行驶系统、转向系统和制动系统,每个项目又由多个任务组成,传动系统主要讲解手动变速器汽车传动系统,行驶系统主要讲解车桥和悬架,转向系统主要以机械转向为基础,重点讲解助力转向,制动系统主要讲解液压制动。

3. 课程任务

本课程主要讲授常见车型底盘的结构、工作原理、拆装、检修和常见故障的原因及诊断方法。

4. 基本要求

知识目标:掌握汽车底盘构造,理解各部分的作用,能够完成底盘部分总成的拆解和安装,掌握简单的检测与维修方法。

技能目标:具有汽车底盘的拆装技能,能够进行简单的底盘维护、保养,并具有排除常见故障的技能。

5.学习思路

根据笔者从事汽车维修行业的经验和教学经验总结有两点:第一,本教材是《新能源汽车底盘技术》,首先要掌握汽车底盘的构造,对于汽车底盘构造的学习思路就是一个字"力",按照"力是从哪里来,最终又到哪里去"这个思路去把握结构,从而在这个基础上再去了解并掌握相应的维修内容。第二,在机械维修方面的学习思路应从"间隙"这两个字出发更为合适,然后再掌握常见的检测方法,如:问、试、听、看、摸、闻经验法和常规仪器检测法等。

二、汽车底盘的总体构造

虽然汽车的类型很多,各类汽车的总体构造有所不同,但它们的基本组成是一致的,都由发动机、底盘、车身和电气设备四大部分组成,往复活塞式内燃机汽车底盘结构如图0-0-1所示。

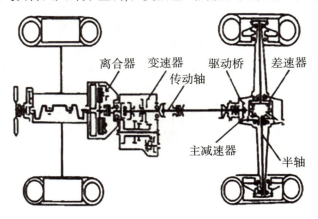

图0-0-1 往复活塞式内燃机汽车底盘结构

传统汽车底盘由传动系统、行驶系统、转向系统和制动系统组成,传统汽车底盘的组成如图0-0-2所示。

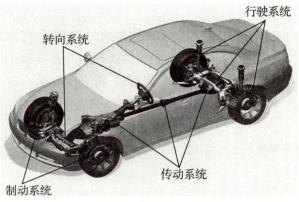

图0-0-2 传统汽车底盘的组成

1. 传动系统

传动系统指位于发动机到汽车驱动轮之间用于传递动力的装置。传动系统的基本功能是接受发动机的动力并传给驱动轮。除此之外，还有增大来自发动机的转矩，降低发动机输出的转速，改变发动机输出转速的转动方向，切断发动机动力向驱动轮的传输等功能。传统汽车传动系统由离合器、变速器、传动轴、驱动桥、半轴、主减速器和差速器等组成，传统汽车传动系统的组成如图 0-0-3 所示。现代汽车越来越多地采用液力机械式传动系统，取代了机械传动系统的离合器和变速器。

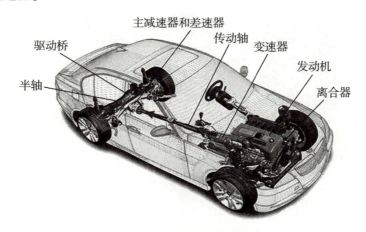

图 0-0-3 传统汽车传动系统的组成

2. 行驶系统

行驶系统由汽车的车桥、车架、悬架和车轮等组成，传统汽车行驶系统的组成如图 0-0-4 所示。汽车底盘行驶系统的功能有接受传动系统的动力，通过驱动轮与路面的相互摩擦作用产生牵引力，使汽车正常行驶；承受汽车的总重力和地面的反作用力；缓和不平路面对车身造成的冲击，衰减汽车行驶中的振动，保持行驶的平顺性；连接前后车桥，支撑汽车，与转向系统配合，保证汽车的操纵稳定性。

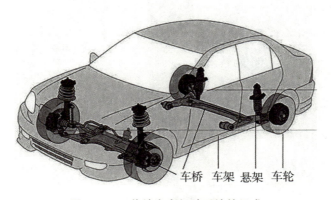

图 0-0-4 传统汽车行驶系统的组成

3.转向系统

用来改变或保持汽车行驶方向的一系列装置称为汽车转向系统。汽车转向系统的功能就是按照驾驶员的意愿控制汽车的行驶方向的。汽车转向系统对汽车的行驶安全至关重要,因此汽车转向系统的零件都称为保安件。汽车转向系统和制动系统是汽车安全必须要重视的两个系统。汽车转向系统由转向操纵机构、转向器和转向传动机构组成,传统汽车转向系统的组成如图0-0-5所示,传统汽车转向多是液压转向,现代汽车转向多为电子转向。

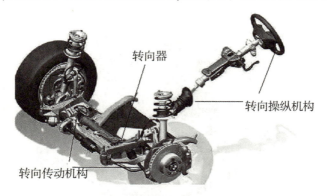

图 0-0-5　传统汽车转向系统的组成

4.制动系统

制动系统是使汽车的行驶速度可以强制降低的装置。制动系统主要由真空助力鼓、制动总泵、制动油泵、制动分泵和鼓式制动器等组成。制动系统的主要功用是使行驶中的汽车减速甚至停车,使下坡行驶的汽车速度保持稳定,使已停驶的汽车保持不动。传统汽车制动系统的组成如图0-0-6所示。

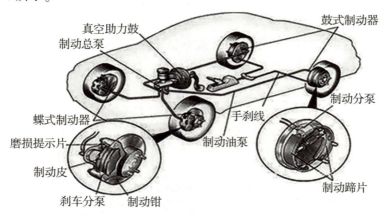

图 0-0-6　传统汽车制动系统的组成

三、汽车底盘的发展

1.燃油汽车底盘的发展

汽车是20世纪最显著的人文标志,被誉为"改变世界的机器",汽车也是21世纪最具影响力的社会事物,是集钢铁、石油、化工、电子、纺织及建材等众多工业产品于一身的当今世界"第一产品"。现代汽车采用了大量的新材料、新工艺和新结构,特别是现代化微电子控制技术的应用,大大提高了汽车的性能。汽车工业是资金密集、技术密集、人才密集、综合性强、经济效益高的产业,其地位越来越突出,已成为各主要汽车生产国的支柱产业,并对世界经济建设的发展和科学技术的进步产生了巨大的作用和深远的影响。汽车工业的发展可以带动机械制造、电子技术、橡胶工业和城市道路交通等相关行业的发展,汽车也成为人类生产和生活中最重要的现代化交通运输工具。汽车本身的发展虽然只有一百五十多年的历史,但它是在具有几千年历史的轮和车的基础上得以发明和发展的,其中包括了无数科学家和工程技术人员的智慧。汽车的演变过程简图如图0-0-7所示。

(a)蒸汽汽车　　(b)内燃机汽车

(c)新能源汽车

图0-0-7　汽车的演变过程简图

汽车的发展历程如下所示。

1766年,英国发明家瓦特改进了蒸汽机,拉开了第一次工业革命的序幕。

1769年,法国陆军工程师古诺(1725—1804年)制造出第一辆蒸汽机驱动的汽车。由于试车时转向系统失灵,撞到般圣奴兵工厂的墙壁上粉身碎骨,这是世界上第一起机动车事故。

1771年,古诺改进了蒸汽汽车,时速可达9.5 km/h,可牵引4~5吨的货物。

1794年,英国人斯垂特首次提出把燃料和空气混合制成混合气体以供燃烧的构想。

1796年,意大利科学家沃尔兹发明了世界上第一台蓄电池,这项发明为汽车的诞生和发展带来了历史性的转折。

1801年,法国人勒本提出煤气机原理。

1803年,法国工程师特利维柯(1771—1833年)采用新型高压蒸汽机,可乘坐8人,在行驶中平均时速为 13 km/h。从此,用蒸汽机驱动的汽车开始在实际中应用。

1827 年,英国嘉内公爵(1793—1873 年)制造的蒸汽汽车成为世界上第一辆正式运营的蒸汽公共汽车。这辆公共汽车可载客 18 人,平均时速为 19 km/h。

1838 年,英国发明家亨纳特发明了世界第一台内燃机点火装置,该项发明被世人称之为"世界汽车发展史上的一场革命"。

1842 年,美国人古德发明了硬橡胶轮胎,该轮胎是实心的,虽然在行驶中颠簸很厉害,但已比木轮胎强多了。

1888 年,英国人邓禄普发明了充气轮胎。

1889 年,戴姆勒在他的汽车上采用装有滑动小齿轮的四速齿轮传动装置。法国人阿尔芒·标致研制成功了齿轮变速器和差速装置。

1891 年,法国人潘赫德和莱瓦索尔采用了发动机前置、后轮驱动的底盘结构,这一结构奠定了汽车传动的基本形式,在相当长的时间内被全世界广泛效仿。

1894 年,法国人米其林兄弟发明可拆卸的充气式橡胶轮胎。

1895 年,法国人莱瓦索尔研制出用手操纵的齿轮变速传动装置。

1898 年,法国人雷诺将万向节首先应用于汽车传动,并发明锥齿式主减速器传动装置,取代了链条传动。

1902 年,盘式制动器专利被英国人佛雷德里克·威廉·兰切斯特获得。鼓式制动器专利由法国人雷诺获得。后桥独立式悬架被法国人装于赛车。摩擦式减振器在英国使用。用两个前轮的转动代替轴转动的艾利奥特转向原理开始应用。沿用至今的后桥半独立悬架开始应用。

1903 年,美国古德伊尔轮胎公司获得全球第一个无内胎汽车专用车轮胎的专利。

1904 年,美国研制出防刺漏式轮胎。英国希思发明液压制动系统。

1905 年,法国研制出密闭式驱动桥。

1906 年,前轮制动器在德国问世。

1911 年,法国人标致率先发明了汽车四轮制动。

1915 年,可拆卸式轮辋代替了嵌入式轮辋。

1918 年,美国人麦克姆·罗西研制成功四轮液压制动器并获得专利。英籍德裔人阿克曼申请平行连杆式转向机构专利。法国人琼特将制动器改为梯形连杆式。

1922 年,意大利菲亚特集团旗下的蓝旗汽车采用了四轮独立悬挂装置。橡胶悬挂装置在美国问世。

1924 年,美国富兰克林研制出离合器中的减振装置。

1928 年,同步器用于美国凯迪拉克汽车。

1930 年,德国戴姆勒公司将液力耦合器用于汽车,改变了传统的机械传动方式。

1934 年,法国雪铁龙前轮驱动汽车问世。

1940 年,美国克莱斯勒汽车公司首先研发出全球第一个安全轮辋,可保证轮胎泄气后不脱离轮辋。

1941年,四速半自动变速器及液压联轴器由克莱斯勒公司研制成功。

1946年,法国米其林公司研发出全世界第一个子午线安全轮胎。

1960年,凯迪拉克推出"一次性底盘润滑油"。"雷鸟"牌轿车采用外摆式转向轮。

1966年,美国采用可折叠式转向盘。

1970年,德国奔驰公司研制出模拟防抱死制动系统。

1981年,前轮驱动型汽车开始在美国流行。日本研制出可原地转向的汽车。

1984年,林肯公司的"大陆"和"马克Ⅱ"型轿车采用了可调整的空气悬架系统,成为美国市场上的一流轿车。

1985年,美国生产的豪华型轿车普遍采用了防抱死制动系统。日本日产公司和马自达公司开发出后轮转向汽车。丰田公司试制出一种车身、底盘和轴距都可伸长、缩短的小客车。

随着世界汽车保有量的迅猛增加,各国对汽车排放法规要求日益严格化,同时对节能和安全性能也提出了更高的要求。近年来,车用电子控制装置越来越多,如电控燃油喷射装置、电控点火装置、电控自动变速器装置、电控制动防抱死装置、电控雷达防撞装置等,电子控制装置已遍布到汽车的每一个系统。

2. 新能源汽车底盘的发展

新能源汽车的底盘系统需要适应于车载能源的多样性、适用于高度集成的系统模块,同时不限制汽车内部空间与外部造型的设计。新能源汽车底盘如图0-0-8所示。

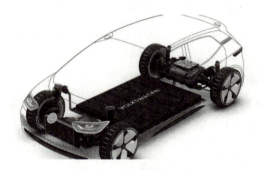

图0-0-8 新能源汽车底盘

(1)底盘零件向新材料、新工艺和稳定性等方面发展。

1)轻量化和新材料。

汽车底盘在未来的发展方向之一便是轻量化,对于轻质合金材料和高强度钢的需求量在未来将会大大增加;底盘上对于铝合金材料的运用也会越来越多;镁合金的需求量也呈增长的态势。但是,也在不断研究一些新型设计来满足汽车零部件质量轻的需求。

2)稳定性。

底盘零件的稳定性就是汽车的安全基础,要具备强度、柔韧性、抗疲劳、抗损坏等性能,汽车车架和车桥对于管材液压成形技术的运用也会越来越频繁,压力加工技术向着高效、自动减轻汽车质量、降低成本等方向发展。

7

3)铸件。

底盘铸件正在向高性能、薄壁、轻质、精确尺寸、优良切削性能方向发展；铸造生产过程向清洁、废物再生、高效、节能、节材、环保的绿色铸造方向发展。

4)机械加工。

底盘零部件的机械切削加工技术已经抛弃了传统模式，发展成以柔性技术为特点的生产模式。高效、精密、柔性化、自动化是切削加工技术变化的主要趋势。高速加工技术、敏捷制造技术、智能化加工技术、绿色加工技术等都将得到快速发展。

5)表面处理。

汽车零件的防护性电镀由原来单一的镀锌钝化工艺，向耐蚀性能更好且具有耐热、低氢脆性、良好加工性能及环保性能的锌合金镀层及无铬达克罗工艺发展。在镀层的耐腐蚀性能获得很大提高的同时，正向镀层耐热性能好、摩擦因数低的方向发展。

6)环保要求。

在底盘领域，随着对环保要求的不断提高，目前，世界各大汽车公司正在集中开发对环境友好的零件，如低滚动阻力轮胎、绿色轮胎、不含铅的车轮平衡块，以及不含六价铬的新零件涂层技术、电动转向系统等，相信不久的将来，底盘技术一定会朝着保护环境的方向越走越广阔。

(2)现代汽车底盘电子化的发展。

随着各种汽车电子辅助功能在底盘上的应用，明显提高了汽车的主动安全性和驾驶舒适性，这些系统包括 ABS/ASR/ESP［制动防抱死系统(Antilock Brake System, ABS)、牵引力控制系统(Acceleration Slip Regulation, ASR)、车身电子稳定系统(Electronic Stability Program, ESP)］集成控制系统、自适应巡航控制(Adaptive Cruise Control, ACC)系统、泊车辅助(德语 Parklenkassistent, PLA)系统、车道偏离和驾驶员警示系统、胎压监测系统(Tire Pressure Monitoring System, TPMS)、可调阻尼控制(Adjustable Damping Control, ADC)系统等。底盘电子控制系统越来越向电子化、智能化、网络化方向发展。

3.新能源汽车与燃油汽车的区别

新能源汽车底盘系统在悬架、制动、转向等系统上发生了改变，在传统意义上它影响着整车的舒适性、安全性与操控性，而对于新能源汽车而言，它的影响更加深远。具体情况如下：

(1)电控制动。

汽车制动系统是对汽车的某一部分，主要是车轮，施加一定的压力，从而对其强制制动的一系列专门装置。这主要是为了保证安全和改变汽车的速度。与传统的汽车制动系统不同，电动汽车并不能把电机作为真空源，所以制动的助力自然而然是一个难点。如今较广泛的解决方案是采用真空助力器作为助力执行机构。另外，用电动真空泵作为真空的动力来源，但是这也有一些缺陷。于是，一种新的助力来源——电，开始被人们采用。有名的汽车零部件供应商博士公司推出一款电动机械助力器——iBooster。这个汽车零部件的发明，带来了许多能够智能化的新功能。它利用电子技术，通过电控方式实现制动。它的反应时间也要比传统的汽车制动系统快三倍。电动机械助力装置如图 0-0-9 所示。

图 0-0-9　电动机械助力装置

（2）转向模式选择。

传统燃油汽车的转向系统需要发动机的带动，从而提供液压助力。不过现在燃油汽车也已经采用电动助力转向，也就是 EPS。EPS 转向系统如图 0-0-10 所示，EPS 对于电动汽车非常重要。电动汽车采用具有电子控制单元（Electronic Control Unit，ECU）控制器的电动助力转向（Electronic Power Steering，EPS）系统，可

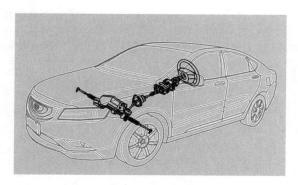

图 0-0-10　EPS 转向系统

以实现主动控制，就是不用驾驶员控制方向盘，让汽车自动转向，从而实现自动停车等功能，这些功能都是创新。方向盘是驾驶员驾驶汽车的重要部件，是驾驶员驾驶车辆时感知车辆行驶路况的重要工具。不同的驾驶员可能对方向盘的要求不同，但是大体上都是希望轻便而又不过于灵敏，就是可以通过方向盘传递一些路感。这项功能真正地增加了汽车设计的个性化选择。

（3）高度可控悬挂。

当遇到凹凸不平的路面时，驾驶员可能有过这种希望，就是汽车的底盘可以根据路面的高低而自动进行调整，对于电动汽车来说，电机的涉水性会比传统的发动机好一点，在改装市场上，早就已经有可以实现主动控制升降的气动悬挂了。它主要是通过电控气泵给气囊避震充气或放气，来实现悬挂高度的升与降。不过这种方法会破坏原车的内饰造型和内饰件。在智能大屏的基础上再配置一套电控气动悬挂，就可以实现悬挂高度的调节。电控气动悬挂如图 0-0-11 所示。

图 0-0-11　电控气动悬挂

新能源汽车底盘技术

任务工单 1　新能源汽车底盘四大系统整体认知

姓名		班级		学号		成绩	
日期		组号		教师签字			
学习目标	知识目标	1.能正确描述底盘的基本组成 2.能够在实训汽车上找到底盘组成部分的相应位置					
	能力目标	1.能正确识别汽车底盘的各组成部分,了解其安装位置 2.能根据所给定的车型正确判断其传动系统的布置形式,并能描述其特点					
设备和工具准备		多媒体教学设备和课件、网络教学资源、维修资料、实训汽车、举升机					
实训工作要点与操作		通过学习、查阅相关资料或网络信息回答下列问题。 1.观察实训汽车,该车辆识别码为_____,车牌号为_____,车型及行驶里程为_____。 2.汽车底盘由_____、_____、_____、_____四部分组成。 3.汽车传动系统常用的类型有机械式传动系统和液力式传动系统。如图0-0-12所示,写出机械式传动系统中数字所代表的部件名称。注意两种类型的差异。 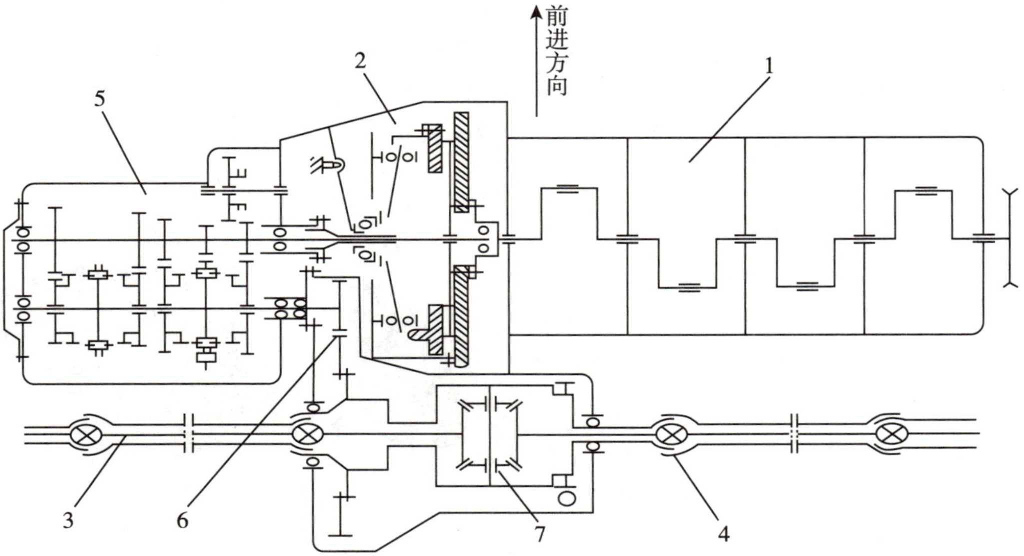 图0-0-12　机械式传动系统 (1)_____;(2)_____;(3)_____; (4)_____;(5)_____;(6)_____; (7)_____。					

续表

实训工作要点与操作	4.如图0-0-13所示,写出转向系统的三个组成部分的名称。 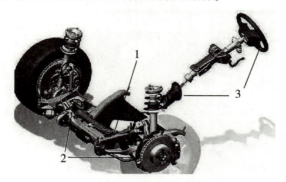 图0-0-13 转向系统 (1)＿＿＿＿＿＿＿＿＿＿；(2)＿＿＿＿＿＿＿＿＿＿；(3)＿＿＿＿＿＿＿＿＿＿。 5.相较于燃油汽车,新能源汽车底盘有哪些变化? 6.新能源汽车未来有哪些发展方向?
	个人扩展知识

项目一
新能源汽车传动系统

学思课堂

> 中华民族的伟大复兴不单要靠我们的众志成城和满腔热血,也要靠科技力量的发展和支持。同学们,我们已经在不知不觉中走进了新的时代——科技的时代,未来科技的发展与壮大将是你们不断努力的方向,未来国家的发展、民族的复兴将是你们肩膀上担负的重任。

项目导言

> 随着各项技术的发展,新能源汽车出现在我们的生活当中,并逐渐被大众所认可。新能源汽车在底盘控制技术、电子控制技术和电池技术上为我们打开了工业技术的另一扇大门。在底盘系统中,新能源汽车广泛应用了电池集成化设计、四轮电机驱动技术、新的制动能量回收技术、车身轻量化设计、电控自适应悬架系统等。

思考题

我们要如何从专业角度与科学技术接轨?

概 述

一、传动系统的分类与组成

按结构和传动介质分类,汽车传动系统的形式有机械式、液力机械式、静液式(容积液压式)、电力式传动系统等。本教材主要介绍机械式、液力机械式和电力式传动系统。

机械式传动系统的组成如图 1-0-1 所示。发动机纵向安装在汽车前部,并且以后轮为驱动轮。发动机发出的动力依次经过离合器和变速器,再由万向节和传动轴组成的万向传动装置及安装在驱动桥中的减速器、差速器和半轴传到驱动轮。

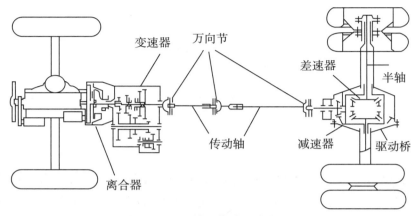

图 1-0-1 机械式传动系统的组成

液力机械式传动系统综合运用了液力传动和机械传动,以液力机械变速器取代机械式传动系统中的摩擦式离合器和手动变速器,其他组成部分及布置形式均与机械式传动系统相同。液力机械式传动系统如图 1-0-2 所示。

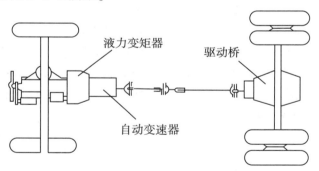

图 1-0-2 液力机械式传动系统

电力式传动系统的特点是主动部件为电动机,从车身下面的电池组获得电能,电力式传动系统在组成和布置上与液力式传动系统有些类似。电力式传动系统如图 1-0-3 所示。

电力式传动系统只用电动机与传动轴或驱动桥相连,电动机输出的动力经过主减速器、差速器和半轴传给驱动轮。也可以在每个驱动轮上装一个电动机,电动机输出的动力通过一套减速机构传递给驱动轮,减速机构可以起到降低转速、增大转矩的作用,这种直接与车轮相连的减速机构称为轮边减速器,这种驱动轮统称为电动轮。驾驶员通过操纵控制电路来控制发动机和发电机的转速与扭矩,从而控制电动轮的转速和牵引力矩的大小及方向,实现汽车的起步、倒车、前进和停车。

项目一 新能源汽车传动系统

图 1-0-3 电力式传动系统

电力式传动系统的优点是不会主动掉挡，可实现无级变速，对环境无污染和驱动平稳等；缺点是传动效率低，质量较大和消耗有色金属材料铜较多等。

二、传动系统的作用

传动系统的作用是与发动机配合工作，保证汽车在各种行驶条件下有必需的驱动力与车速，使汽车具有良好的动力性和燃油经济性。为了满足汽车在各种行驶条件下行驶的需要，要求汽车传动系统具备以下功能。

（1）变速增扭。

汽车的使用情况复杂多变，为了保证汽车在各种行驶条件下有必需的驱动力与车速，通常由变速器和驱动桥中的主减速器共同完成转速和扭矩的变化。

（2）中断动力传递。

变速器设有空挡，便于汽车长时间停车或汽车暂时停车而发动机不停止运转时，中断发动机到驱动轮的动力传递。

（3）倒车。

汽车在进入停车场、车库或在狭窄路面上掉头时，需要倒车，因此在变速器内设置了 R 挡，在发动机旋转方向不变的情况下，使驱动轮反向旋转，实现倒车。

（4）具有差速作用。

当汽车转弯行驶时，左右两侧车轮在相同时间里滚过的距离是不同的，为保持左右两驱动轮以不同的角速度旋转滚动，在驱动桥内装有差速器。

传动系统各组成的功用如下：

（1）离合器。

离合器使发动机与传动系统平顺接合，把发动机的动力传给传动系统，或者使两者分开，切断动力的传递。

(2) 手动变速器。

手动变速器不仅可以改变发动机输出的转速高低、扭矩大小和旋转方向，而且也可以切断发动机到驱动轮的动力传递。此外，还可以在发动机运转的情况下切断发动机向驱动轮输出的动力传递。如果采用自动变速器，那么自动变速器兼具离合器和手动变速器的功用。

(3) 万向传动装置。

万向传动装置的功用是将变速器传出的动力传给主减速器。由于变速器与车架是刚性连接的，而驱动桥是通过悬架与车架弹性连接的，使得主减速器与变速器之间的距离及二者轴线之间的夹角经常发生变化，因此万向传动装置的长度是可以伸缩的，且装有能够适应传动夹角变化的万向节。

(4) 主减速器。

主减速器的功用是降低发动机输出的转速以增加转矩，保证汽车克服行驶阻力而正常行驶，并且通常要将传动系统的旋转方向改变90°，把由传动轴传来的动力传给差速器。

(5) 差速器。

当汽车转弯行驶时，左右车轮在同一时间内滚过的距离不同，如果两侧驱动轮仅用一根刚性轴连接，则二者的角速度必然相同，因而在汽车转弯行驶时，必然产生车轮相对于地面的滑动（滑转或者滑移）现象。这将使转弯困难，汽车的动力消耗增加，传动系统内某些零件和轮胎的磨损加剧。为此，传动系统内必须设置能将动力传给两侧驱动轮，又能允许两侧驱动轮以不同的角速度旋转的机构，即差速器。

(6) 半轴。

半轴将动力由差速器传给驱动轮，使驱动轮获得旋转动力。

三、传动系统的布置形式

传动系统在车上的布置形式，取决于发动机的形式和性能、汽车总体结构形式、汽车行驶系统及传动系统本身的结构形式等许多因素。汽车传动系统本身结构形式的不断发展，也影响了传动系统的组成及布置形式。

汽车的驱动形式通常用"汽车的全部轮数×驱动轮数"（其中车轮数按轮毂数计算）来表示，普通汽车装有4个车轮，其中2个车轮为驱动轮，则其驱动形式为4×2，若4个车轮都是驱动轮，则表示为4×4。另外，也有用车桥数来表示的，即汽车的全部车桥数，如上两例就可以表示为2×1和2×2。

传动系统的布置形式如图1-0-4所示。目前广泛应用的有如下几种。

1. 发动机前置前驱 (Front-engine Front-drive, FF)

发动机前置前驱是传动系统中的典型形式，是现代轿车中最为常见的一种布置形式。发动机前置前驱主要有发动机纵置和发动机横置两种布置形式，一般应用在中低档以下类型的轿车中。

2. 发动机前置后驱（Front-engine Rear-drive，FR）

越野汽车为了提高在路况条件较差地区行驶的能力，一般采用前置后驱或全轮驱动（All Wheel Drive，AWD）。这类传动系的特点是：由于有多个传动桥，所以在变速器后面加一个分动器。其作用是把变速器输出的动力经几套万向传动装置分别传给所有的驱动桥，并可进一步减速增扭，以适应越野条件下阻力变化范围更大的需要；分动器和变速器虽都固定在车架上，但二者间一般有距离。考虑到安装误差及车架变形的影响等，在二者间也有一套万向传动装置，由于前驱动桥同时又是转向桥，不能用整体式半轴，所以前驱动桥的两根半轴都是由两段组成的，中间一般用等角速万向节相连。发动机前置后驱一般应用在高档轿车或者微型面包车等普通客车中。

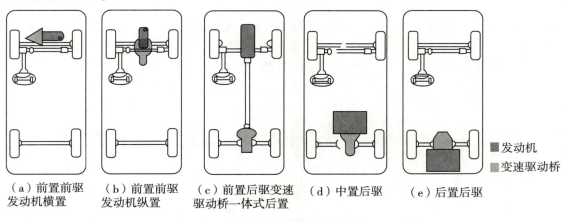

（a）前置前驱发动机横置　（b）前置前驱发动机纵置　（c）前置后驱变速驱动桥一体式后置　（d）中置后驱　（e）后置后驱

图 1-0-4　传动系统的布置形式

3. 发动机后置后驱（Rear-engine Rear-drive，RR）或中置后驱（Middle-engine Rear-drive，MR）

在一些大型客车上，采用发动机后置后驱的传动系统，后置发动机，则前轴不宜过载，并能更充分利用车厢面积，还可有效地降低本身地板的高度或充分利用汽车中部地板下的空间装置行李箱等。另外，有利于缓解发动机的高温和噪声对驾驶员造成的影响。其缺点是发动机散热条件差，且行驶中的某些故障不易被驾驶员察觉。另外，远距离操纵也使操纵机构变得复杂、维修调整不便。由于后置后驱优点较为突出，在大型客车上的应用越来越多。

发动机中置后驱与发动机后置后驱的布置形式有许多不同的特点，主要是：发动机后置后驱操纵机构简单，发动机散热条件好，但上坡时汽车重心后移，使前驱动轮的附着重力减小，驱动轮易打滑，而下坡制动时则由于汽车重心前移、前轮负荷过重，高速时易发生翻车现象。故发动机中置后驱与发动机后置后驱主要用在可利用承载式车身降低质心的轿车上。

任务工单 2　新能源汽车传动系统的整体认知

姓名		班级		学号		成绩	
日期		组号		教师签字			
学习目标	知识目标		1.能正确描述底盘传动系统的作用。 2.能描述汽车不同驱动形式与传动系统布置的特点。				
	能力目标		1.能正确识别汽车传动系统的各组成部分，了解其安装位置及相互关系。 2.能根据所实训汽车的车型正确判断其传动系统的布置形式，并能描述其特点。				
设备和工具准备		多媒体教学设备和课件、网络教学资源、维修资料、实训汽车、举升机					

实训工作要点与操作

通过学习、查阅相关资料或网络信息回答下列问题。

1.汽车传动系统如图 1-0-5 所示，分别写出汽车传动系统的 5 种驱动类型。

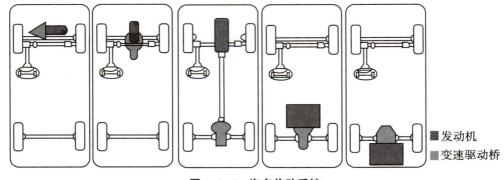

图 1-0-5　汽车传动系统

_____

2.汽车驱动形式可用车轮（轮毂）数来表示，如"4×2"，其中"4"表示的是_____，"2"表示的是_____。

3.在汽车上获取信息，填写传动系统零部件类型和位置，如表 1-0-1 所示。

表 1-0-1　传动系统零部件类型和位置

零部件名称	类型和位置（在方框内画："√"）
汽车传动系统	发动机前置前驱 □　发动机前置后驱 □ 发动机舱 □　驾驶室内 □　底盘前部 □　中部 □　后部 □
离合器踏板	发动机舱 □　驾驶室内 □　底盘前部 □　中部 □　后部 □
离合器主缸	发动机舱 □　驾驶室内 □　底盘前部 □　中部 □　后部 □
离合器	发动机舱 □　驾驶室内 □　底盘前部 □　中部 □　后部 □
变速器换挡杆	发动机舱 □　驾驶室内 □　底盘前部 □　中部 □　后部 □

续表

零部件名称	类型和位置(在方框内画:"√")
变速器	发动机舱 □　驾驶室内 □　底盘前部 □　中部 □　后部 □ 手动变速器 □　自动变速器 □
传动轴	发动机舱 □　驾驶室内 □　底盘前部 □　中部 □　后部 □
驱动桥	发动机舱 □　驾驶室内 □　底盘前部 □　中部 □　后部 □

实训工作要点与操作

4.听教师讲解举升设备的使用方法。顶举汽车时应注意将举升臂放置在汽车底边梁的正确位置,以防损伤汽车。记录举升汽车时必须遵守的安全措施。

5.观察不同布置形式的车辆,列出两种发动机前置后驱和发动机前置前驱的车型。
观察到的车型布置形式是:□ FF　　□ FR　　□ RR　　□ MR　　□ WD

6.车间内的工作安全注意事项有哪些?

7.工具和设备使用时的注意事项有哪些?

个人扩展知识

任务一　新能源汽车离合器认知

案例引入

大部分新能源汽车是没有离合器的,但是还有重型新能源货车和小部分新能源汽车带有离合器装置。一辆带有离合器的重型新能源货车在满载爬坡时,驾驶员能闻到一股焦臭味,感觉车子动力降低,原来的速度能达到 80 km/h,现在速度也许就只能达到 70 km/h。

一、离合器的概述

离合器是汽车传动系统中直接与发动机相联系的部件,它负责着动力和传动系统的切断与接合作用,所以能够保证汽车起步平稳,也能保证换挡时平顺,还能防止传动系统过载。例如起步时,变速器处于空挡,一旦挂上挡位,离合器将传动系统和发动机的动力慢慢接合,才能阻止汽车突然前冲,也避免了发动机突然受到较大阻力而突然熄火。而在换挡过程中,离合器的作用减轻了齿轮突然啮合时的冲击力。在急速刹车的过程中,离合器也避免了传动系统因承担了较大的惯性力矩而过载。

二、离合器的结构

离合器是一个传动机构,它由主动部分和从动部分组成,两部分可以暂时分离,也可以慢慢结合,并且在传动过程中还有可能产生相对转动,因此,离合器的主动件和从动件之间会依靠接触摩擦来传递扭矩,或者是利用摩擦所需要的压紧力,或是利用液体作为传动的介质,或是利用磁力传动等方式来传递扭矩。

目前在汽车上广泛使用的就是靠弹簧压紧的摩擦离合器。汽车在行驶的过程中需要经常保持动力的传递,中断动力只是暂时的需要,故在行驶过程中主动和从动部分长期处于接合状态,当驾驶员踩下离合器踏板时,通过机件的传递,让从动部分与主动部分分离。

根据所用摩擦面的数目、压紧弹簧的形式和安装位置及操纵机构形式的不同,离合器也有很多不同的种类。按从动盘的数目分为单盘离合器和双盘离合器。其中单盘离合器主要用在轿车和轻型货车上,而双盘离合器由于传递的扭矩较大,因此主要用于中、重型货车上。按照压紧弹簧的结构形式又分为螺旋弹簧离合器和膜片弹簧离合器。每一个离合器都是由以下部分组成的,离合器的机构如图 1-1-1 所示。

(1)主动部分:飞轮、压盘、离合器盖等。

(2)从动部分:从动盘、从动轴(即变速器第一轴或输入轴)。

(3)压紧部分:压紧弹簧。

(4)操纵机构:分离杠杆、分离杠杆支承柱、分离套筒、分离轴承、分离拨叉、拉线(机械式)、离合器踏板及踏板支架等。

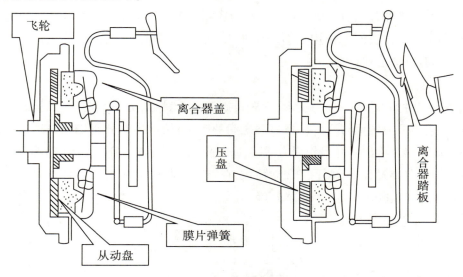

图 1-1-1 离合器的机构

三、离合器的工作过程

(一)常用名词

在分析离合器工作过程之前,首先掌握以下常用名词。

自由间隙:当离合器接合时,分离轴承前端面与分离杠杆端头之间的间隙。

分离间隙:当离合器分离时,从动盘前后端面与飞轮及压盘表面间的间隙。

离合器踏板自由行程:从踩下离合器踏板到消除自由间隙所对应的踏板行程。

离合器踏板工作行程:在消除自由间隙后,继续踩下离合器踏板,将会产生分离间隙,此过程所对应的踏板行程是离合器踏板工作行程。

(二)离合器的三个状态

1.工作状态

离合器在工作状态下,操纵机构和部件在回位弹簧的作用下回到各自位置,离合器工作时如图 1-1-2(a)所示,分离杠杆内端与分离轴承之间保持一定的间隙,压紧弹簧将飞轮、从动盘和压盘三者紧压在一起,发动机的转矩经过飞轮及压盘通过从动盘两摩擦面的摩擦作用传给从动盘,再由从动轴输入变速器。

2.接合状态

离合器接合时如图 1-1-2(b)所示,驾驶员缓慢抬起离合器踏板,在压紧弹簧的作用下,压盘向前移动并逐渐压紧从动盘,使接触面间的压力逐渐增大,摩擦力矩也逐渐增大,当飞轮、压盘和从动盘之间接合还不紧密时,所能传动的摩擦力矩较小,离合器的主、从动盘有转速差,离合器处于打滑状态,随着离合器踏板的逐渐抬起,飞轮、压盘和从动盘之间的压紧程度逐渐增大,主、从动部分的转速也渐趋相等,直至离合器完全接合停止打滑,接合过程结束。在接合过程中,逐渐松开离合器踏板,压盘在压紧弹簧的作用下向前移动,首先消除分离间隙,并在压盘、从动盘和飞轮工作表面上作用足够的压紧力;之后分离轴承在复位弹簧的作用下向后移动,产生自由间隙,离合器接合。

3.分离状态

离合器分离时如图 1-1-2(c)所示,驾驶员踩下离合踏板,分离套筒和分离轴承在分离叉的推动下,先消除分离轴承与分离杠杆内端之间的间隙,然后推动分离杠杆内端前移,使分离杠杆外端带动压盘克服压紧弹簧作用力后移,摩擦作用消失,离合器的主、从动部分分离,中断动力传动。即在分离过程中,踩下离合器踏板,在自由行程内首先消除离合器的自由间隙,然后在工作行程内产生分离间隙,离合器分离。

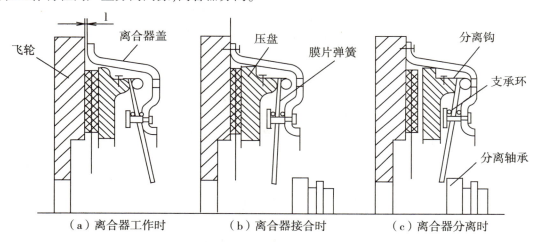

图 1-1-2　离合器的分离过程和接合过程

四、离合器的类型

(一)摩擦式离合器

1.摩擦式离合器的分类

摩擦式离合器的种类虽然多,但其组成与工作原理基本相同。摩擦式离合器可以按从动盘的数目、压紧弹簧的形式和操纵机构的形式分类。

(1)按从动盘的数目分类。

如图 1-1-3 所示,摩擦式离合器按从动盘的数目可分为单片离合器和双片离合器。轿车、客车和部分中小型货车多采用单片离合器,因为发动机的最大转矩一般不是很大,单片从动盘就可以满足动力传动的要求。由于双片离合器增加了一个从动盘,在其他条件不变的情况下,它比单片离合器所能传动的转矩增大一倍(由于一个从动盘是两个摩擦面传递动力,所以两个从动盘则是四个摩擦面传递动力),多用于重型车辆上。

(a)单片离合器　　　(b)双片离合器

图1-1-3　摩擦式离合器按从动盘的数目分类

(2)按压紧弹簧的形式分类。

摩擦式离合器按压紧弹簧的形式可以分为膜片弹簧式离合器、中央弹簧式离合器和周布弹簧式离合器。膜片弹簧式离合器如图1-1-4所示,使用的是膜片弹簧,目前应用最广泛。周布弹簧式离合器和中央弹簧式离合器采用螺旋弹簧,分别沿压盘的圆周和中央布置。周布弹簧式离合器如图1-1-5所示。

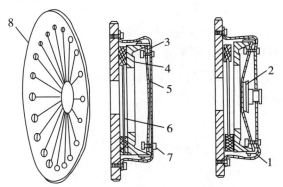

1—分离钩(回位弹簧片);2—分离轴承;3—支撑环;4—主动(压)盘;5—膜片弹簧;
6—从动盘;7—支撑环定位螺钉(铆钉);8—膜片弹簧立体图形

图1-1-4　膜片弹簧式离合器

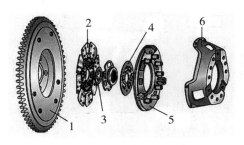

1—飞轮;2—从动盘;3—阻尼片;4—从动盘毂;5—压盘和弹簧;6—离合器盖

图1-1-5　周布弹簧式离合器

(3)按操纵机构的形式分类。

按照离合器分离时所需的操纵机构可分为人力式和助力式两类,人力式操纵机构按所用传动装置的形式可分为机械式和液压式两种,助力式操纵机构按照助力的形式可分为气压助力式和弹簧助力式两种。人力式操纵机构是以驾驶员作用在离合器踏板上的力作为唯一的操纵能源,助力式操纵机构除了驾驶员的力以外,一般主要以其他形式的能源作为操纵能源。

1)机械式操纵机构。

在机械式操纵机构中,普遍应用杆系传动和绳索传动两种方式。杆系传动通常应用于载货汽车离合器上,绳索传动则多应用于微型车和轿车上。

①杆系传动操纵机构。

杆系传动操纵机构结构简单,工作可靠,制造容易,使用故障少,应用较为广泛。杆系传动机构主要由离合器踏板、拉臂、分离拉杆、分离拨叉、调整螺母、回位弹簧等组成。多数农用车或特种工程车使用杆系传动操纵机构。

②绳索传动操纵机构。

绳索传动操纵机构如图 1-1-6 所示。其可消除杆系传动操纵机构的一些缺点,但是绳索使用寿命较短、拉伸刚度较小、传动效率也不高,只适用于轻型、微型汽车和某些轿车。桑塔纳、捷达等轿车采用的就是绳索传动操纵机构。捷达轿车离合器的绳索式传动装置具有自动调整功能。在离合器摩擦片磨损后,从理论上讲绳索必须变长,而该调整装置是通过缩短波形护套,使绳索弧度变得较平滑,以适应绳索伸长,从而达到自动调整绳索长度的目的的。

机械式操纵机构结构较简单、制造成本低、故障少,但其机械效率低,而且拉伸变形会导致离合器踏板行程损失过大。

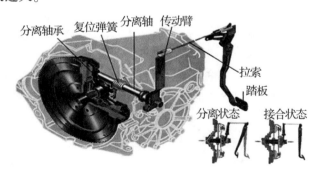

图 1-1-6 绳索传动操纵机构

2)液压式操纵机构。

液压式操纵机构主要由主缸、工作缸及管路系统等组成。液压式操纵机构具有摩擦阻力小、质量小、布置方便、接合柔和等特点,并且不受车身车架变形的影响,也无须调整踏板自由行程,因此其应用日益广泛。现代常见手动变速器轿车多数采用液压式操纵机构。桑塔纳 2000GSi 型轿车离合器操纵系统如图 1-1-7 所示,它主要由离合器踏板、离合器主缸、工作缸、分离轴承、放气阀等组成。

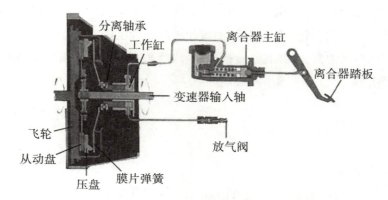

图1-1-7 桑塔纳2000GSi型轿车离合器操纵系统

2.摩擦式离合器的组成

摩擦式离合器由主动部分、从动部分、压紧机构和操纵机构四部分组成,摩擦式离合器如图1-1-8所示。

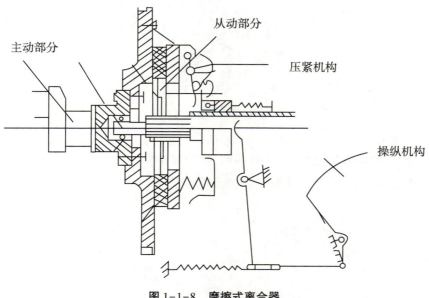

图1-1-8 摩擦式离合器

离合器的主动部分包括飞轮、离合器盖和压盘三部分。离合器盖用螺丝固定在飞轮上,压盘后端圆周上的凸台深入离合器盖的窗口中,并可沿窗口轴向移动。发动机曲轴传动时,动力经飞轮、离合器盖传到压盘,三者一起转动。

离合器的从动部分包括从动盘和从动轴。从动盘带有双面的摩擦衬片,离合器正常接合时摩擦衬片分别与飞轮和压盘相接触,从动盘通过花键毂装在从动盘的花键上,从动轴是手动变速器的输入轴(一轴),其前端通过轴承支承在曲轴后端的中心孔中,后端支承在变速器壳体上。

离合器的压紧机构有若干个沿圆周均匀布置的压紧弹簧,它们装在压盘与离合器盖之间,用来将压盘和从动盘压向飞轮,使飞轮、从动盘和压盘三者压在一起。

离合器的操纵机构由离合器踏板、分离拉杆、调节叉、分离叉、分离套筒、分离轴承、分离杠杆和回位弹簧等组成。

3.摩擦离合器的故障检修

(1)离合器的拆卸和安装。

1)离合器的拆卸。

①首先拆下变速器。

②用专用工具 10-201 扭力扳手将飞轮固定,固定飞轮如图 1-1-9 所示,然后逐渐将离合器压盘的固定螺栓对角拧松,取下离合器盖及压盘总成,并取下离合器从动盘。

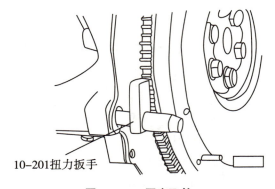

图 1-1-9　固定飞轮

③离合器压盘和从动盘如图 1-1-10 所示,离合器结构图(一)如图 1-1-11 所示,离合器结构图(二)如图 1-1-12 所示,按顺序分解离合器各部件。

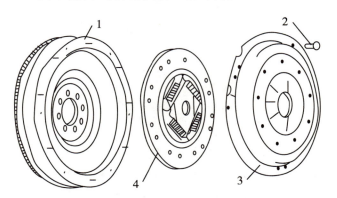

1—飞轮;2—六角螺栓或圆柱头螺栓(拧紧力矩 25 N·m);
3—压盘;4—从动盘(弹簧保持架朝向压盘)

图 1-1-10　离合器压盘和从动盘

项目一　新能源汽车传动系统

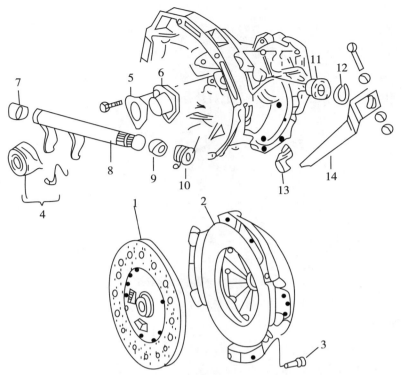

1—离合器从动盘；2—膜片弹簧与压盘；3—分离轴承；4—分离套筒；
5—分离叉轴；6—离合器拉索；7—分离叉轴传动杆；8—回位弹簧；
9—卡簧；10—橡胶防尘套；11—轴承衬套

图 1-1-11　离合器结构图（一）

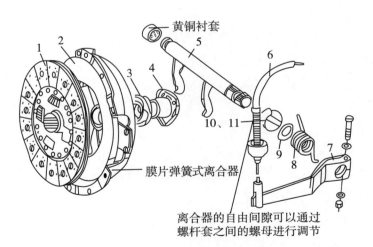

1—离合器从动盘；2—膜片弹簧与压盘；3—分离轴承；4—分离套筒；5—分离轴；6—拉索；
7—传动杆；8—弹簧；9—卡簧；10、11—轴承套及密封件

图 1-1-12　离合器结构图（二）

27

2)离合器的安装。

①用专用工具 10-201 扭力扳手将飞轮固定。

②离合器的安装如图 1-1-13 所示,用专用工具 10-213 扭力扳手将离合器从动盘定位于飞轮和压盘中心。

③装上紧固螺栓,并用 25 N·m 的力矩对角逐渐旋紧。

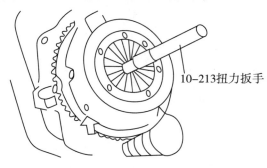

图 1-1-13　离合器的安装

(2)离合器的检修。

1)检修注意事项。

①衬垫:应更换纸质密封垫圈,更换 O 形环。

②调整垫片:用千分尺多点检测调整垫片,可以精确地测出所需垫片的厚度。检查调整垫片边缘是否有损坏,只能装入完好的调整垫片。

③挡圈、锁圈:挡圈及锁圈不能拉开过度,必须将其完全放在槽内。

④螺栓、螺母:固定盖和罩壳的螺栓和螺母应交叉拧紧和拧松(特别是易损件),并且按规定的拧紧力矩拧紧螺栓和螺母。

⑤轴承:将有标志一面的滚针轴承(壁厚较大)朝向安装工具,在轴与轴承之间涂一层润滑油。所有的轴承和接触表面均使用润滑脂润滑。

⑥在进行离合器踏板修理工作时,应将蓄电池搭铁线拆下。

2)分离叉轴的更换。

①拆卸变速器。

②拆下离合器分离叉轴传动杆。

③拆下分离轴承。拆下分离叉轴的挡圈如图 1-1-14 所示。

④取下橡胶防尘套,拆下分离套筒。

⑤拆下分离叉轴的定位螺栓。

⑥拆下分离叉轴左衬套,取下分离叉轴。

⑦拆下分离叉轴右衬套如图 1-1-15 所示,使用 $A=18.5\sim23.5$ mm 的内拉头。

⑧装上新的离合器分离叉轴右衬套。

⑨装上分离叉轴,用适量的润滑脂润滑衬套及分离叉轴的支撑位置,并安装。

项目一　新能源汽车传动系统

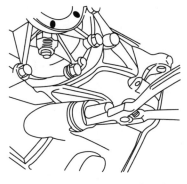

图 1-1-14　拆下分离叉轴的挡圈

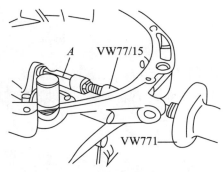

图 1-1-15　拆下分离叉轴右衬套

⑩用 15 N·m 的力矩旋紧分离叉轴的定位螺栓，按如图 1-1-16 所示箭头位置拧紧分离叉轴的定位螺栓。

图 1-1-16　拧紧分离叉轴的定位螺栓

⑪装上分离套筒。将防尘套推入分离叉轴，挡圈压至尺寸 $A=18$ mm 的位置，分离轴承挡圈的安装位置图如图 1-1-17 所示。

⑫装上分离轴承，并使分离叉轴传动杆的安装位置达到 $a=(20±5)$ mm，离合器分离叉轴传动臂的安装位置图如图 1-1-18 所示。

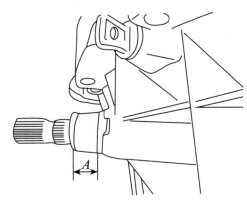

图 1-1-17　分离轴承挡圈的安装位置图

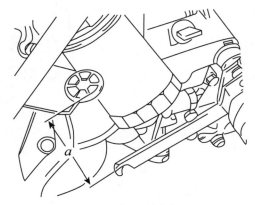

图 1-1-18　离合器分离叉轴传动臂的安装位置图

3)分离轴承的更换。

①拆卸变速器。

②拆下分离轴承,如图1-1-19所示。

③用润滑脂润滑接触点,装上新的轴承。

④装上回位弹簧,回位弹簧的安装位置图如图1-1-20所示。

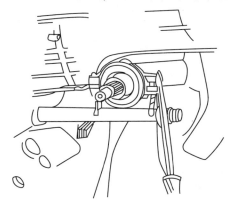 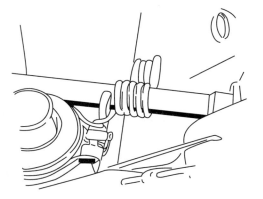

图1-1-19　拆下分离轴承　　　　　　图1-1-20　回位弹簧的安装位置图

4)分离套筒的更换。

分离套筒的更换如图1-1-21所示。

①拆卸变速器。

②拆下分离轴承,再拆下分离套筒。

③安装时,排油孔应朝下。

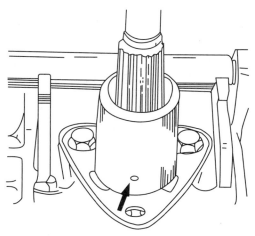

图1-1-21　分离套筒的更换

5)从动盘的检查。

①从动盘径向圆跳动的检查如图1-1-22(a)所示。在距从动盘外边缘2.5 mm处测量,离

合器从动盘最大径向圆跳动为 0.4 mm。

②从动盘摩擦片磨损程度的检查如图 1-1-22（b）所示。可用游标卡尺测量摩擦片的磨损程度。铆钉头埋入深度 A 应不小于 0.20 mm。

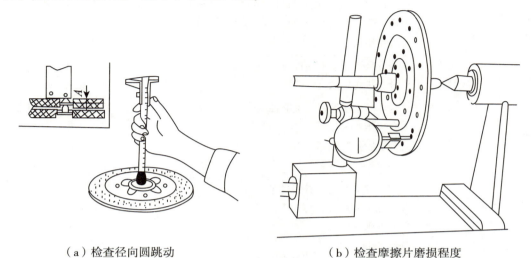

（a）检查径向圆跳动　　　　　　（b）检查摩擦片磨损程度

图 1-1-22　离合器从动盘的检查

6）压盘平面度的检查。

离合器压盘平面度不应超过 0.2 mm，检查方法可用直尺放平后以厚薄规测量。离合器压盘平面度的检查如图 1-1-23 所示。

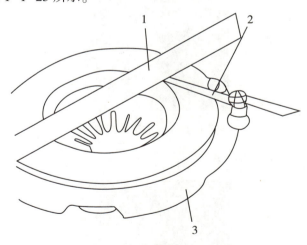

1—直尺；2—厚薄规；3—压盘

图 1-1-23　离合器压盘平面度的检查

4.摩擦式离合器故障分析

（1）常见故障分析。

常见故障分析如表 1-1-1 所示。

31

表 1-1-1　常见故障分析

故障现象	故障原因	排除方法
换挡困难或不能换挡	从动盘位置不正、偏移量过大或衬面断裂 变速器输入轴花键或离合器从动盘脏污、有毛刺 离合器压盘失效	检查离合器从动盘 清洗修理 更换压盘
离合器打滑	离合器从动盘摩擦衬面有油或磨损 离合器压盘失效	检查离合器从动盘 更换压盘
离合器发卡/振动	离合器从动盘摩擦衬面有油或磨损 离合器压盘失效 离合器膜片弹簧弯曲 发动机座松动	检查离合器从动盘 更换压盘 校正膜片弹簧 紧固
离合器有杂音	在离合器盖总成内有松动零件 分离轴承磨损或脏污 导向轴承磨损 分离叉卡住	紧固 更换分离轴承 更换导向轴承 修理

(2) 从动盘故障分析。

1) 波形片断裂如图 1-1-24 所示：无离合，异响，接合，分离不良。

图 1-1-24　波形片断裂

2) 盘毂松动如图 1-1-25 所示：分离不良，异响，闯车，发抖。

图 1-1-25　盘毂松动

3) 盘芯松动如图 1-1-26 所示:异响,挂挡困难。

图 1-1-26　盘芯松动

4) 减振盘断裂如图 1-1-27 所示:异响,打坏相关部件,不分离,车辆不能行驶。

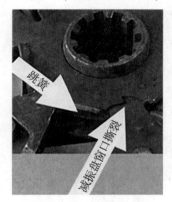

图 1-1-27　减振盘断裂

5) 衬片脱落如图 1-1-28 所示:无离合,不能行驶。

图 1-1-28　衬片脱落

6) 摩擦片硬化如图 1-1-29 所示:摩擦片的摩擦力下降,压紧后出现打滑。

图 1-1-29 摩擦片硬化

7) 盘毂断裂如图 1-1-30 所示：没离合，车辆不能行驶。

图 1-1-30 盘毂断裂

8) 离合器片变形如图 1-1-31 所示：异响，没离合。

图 1-1-31 离合器片变形

9）盘毂松旷如图1-1-32所示：闯车，起步抖动。

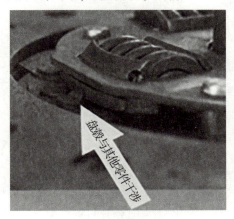

图1-1-32　盘毂松旷

10）花键毂磨损严重如图1-1-33所示：挂挡响，严重时车辆不能行驶。

图1-1-33　花键毂磨损严重

(二) 液压式离合器

1. 离合器液压操纵系统

轿车离合器液压操纵系统由离合器踏板、储液罐、进油软管、离合器主缸、离合器工作缸、油管总成、分离叉、分离轴承等组成，离合器液压操纵系统如图1-1-34所示。

(1) 离合器主缸结构。

储液室有两个出油孔，分别把制动液供给制动主缸和离合器主缸。

离合器主缸结构如图1-1-35所示，上部是储液室，主缸内装有活塞，活塞中部较细，以便活塞右侧的主缸内腔形成环形油室。活塞两端装有皮碗和密封圈，活塞左端中部装有单向阀，经小孔与活塞右方主缸内腔的油室相通。当离合器踏板处于初始位置时，活塞左端皮碗位于补偿孔A和进油孔B之间，两孔都开放。

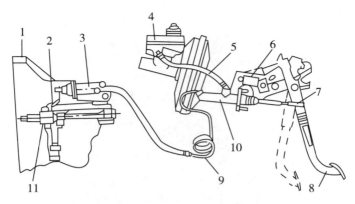

1—变速器壳体；2—分离叉；3—离合器工作缸；4—储液罐；5—进油软管；6—助力弹簧；
7—推杆接头；8—离合器踏板；9—油管总成；10—离合器主缸；11—分离轴承

图 1-1-34　离合器液压操纵系统

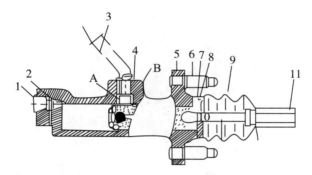

1—保护塞；2—壳体；3—管接头；4—皮碗；5—阀芯；6—固定螺栓；7—卡簧；
8—挡圈；9—护套；10—推杆；11—保护套；A—补偿孔；B—进油孔

图 1-1-35　离合器主缸结构

（2）离合器工作缸结构。

离合器工作缸结构如图 1-1-36 所示，工作缸固定在离合器壳体上，其内装有活塞、皮碗、推杆等，缸体上还设有放气螺丝。当管路内有空气而影响操纵时，可拧松放气螺丝进行放气。工作缸活塞直径略大于主缸活塞直径，所以液压系统稍有增力作用，以补偿液流通道的压力损失。

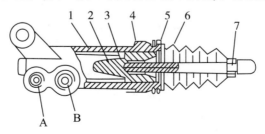

1—壳体；2—活塞；3—管接头；4—皮碗；5—挡圈；6—防护罩；7—推杆；A—放气孔；B—进油孔

图 1-1-36　离合器工作缸结构

2.液压离合器工作过程

当离合器需要分离时,踏下离合器踏板推动主缸推杆向前,克服与活塞之间的间隙后,使活塞前移,在活塞皮碗越过补偿孔 A 后活塞开始把主缸内的油液挤出,通过油管进入工作缸,工作缸活塞在油液的压力作用下推动推杆,通过分离叉、分离套筒及分离轴承等部件使离合器分离,切断动力传递。

当离合器需要结合时逐渐放松离合器踏板,在压紧弹簧和回位弹簧作用下,分离轴承及踏板等操纵部件回到分离前的初始位置,即离合器接合并恢复动力传递。

当迅速松开离合器踏板时,主缸内活塞在回位弹簧作用下迅速回位,活塞前方容积迅速增大,压力降低,会产生一定的真空度,由于活塞前后压力差作用,少量油液经单向阀流入活塞前方。当原先从主缸压到工作油缸的油液又流回到主缸时,主缸内的油量过多,多余的油经补偿孔 A 流回储油室。当液压系统中因漏油或因温度变化引起油液容积变化时,可通过补偿孔使整个油路中的油量适当地增减,以保证制动油压和液压系统的工作可靠性。

3.液压离合器的故障检修

(1)离合器主缸的拆卸与分解。

1)取下离合器踏板与主缸推杆叉的连接销轴。

2)从主缸上拧下进油管和出油管接头。

3)拧下主缸固定螺栓,拉出主缸。

在解体离合器主缸前,应排净主缸中的制动液。主缸分解过程是:取下防尘罩,用螺丝刀或卡环钳拆下卡环,拉出主缸推杆、压盖和活塞。

(2)离合器工作缸的拆卸与分解。

拧下工作缸进油管接头,再拆下工作缸固定螺栓,即可拉出工作缸。

工作缸的分解过程是:拉出工作缸推杆,拆下防尘罩,然后用压缩空气将工作缸活塞从缸筒内压出来。

(3)主缸、工作缸的检修。

主缸和工作缸是离合器液压式操纵系统的主要部件,其工作性能的好坏直接影响离合器的工作性能。当出现缸筒内壁磨损超过 0.125 mm,活塞与缸筒的间隙超过 0.20 mm,皮圈老化及回位弹簧失效等情况时,应更换相应零件。

(4)离合器主缸、工作缸的装配。

主缸和工作缸的装配,按拆卸与分解相反顺序进行,但装配时应注意以下事项:

1)零件在装配前要用非腐蚀性液体清洗干净,并在活塞、皮碗、皮圈、缸套等零件上涂一层制动液。装合后推杆在缸筒内运动应灵活。在放松(不工作)位置时,主缸皮碗和活塞头部应位于进油孔和补偿孔之间,两孔都开放。工作缸上带有塑料支承环,安装时外表面要涂上一层薄薄的润滑油,工作缸推杆末端也要涂上润滑脂润滑。

2)在安装离合器工作缸时,需要用一个合适的杠杆克服弹簧的弹力,将其压向变速器壳相应的孔中后,方能将固定螺栓旋入。

(5)离合器液压系统中空气的排出。

离合器液压式操纵系统在经过检修之后,管路内可能进入空气,在添加制动液时也可能使液压系统中进入空气。在空气进入后,由于缩短了主缸推杆行程即踏板工作行程,从而使离合器分离不彻底。因此,液压系统检修后或怀疑液压系统进入空气时,就要排除液压系统中的空气。排除方法如下:

1)用千斤顶顶起汽车,然后用支架将汽车支住。将主缸储液罐中的制动液加至规定高度。

2)在工作缸的放气阀上安装一软管,接到一个盛有制动液的容器内。

3)排空气需要两个人配合工作,一人慢慢地踏离合器踏板数次,感到有阻力时踏住不动,另一人拧松放气阀直至制动液开始流出,然后再拧紧放气阀。

4)连续按上述方法操作几次,直到流出的制动液中不见气泡为止。

5)空气排除干净之后,需要再次检查及调整踏板的自由行程。

4. 液压离合器的故障分析

(1)离合器分离不彻底,换挡困难。

调试后行驶一段时间后又出现故障,原因:

1)离合器踏板与连接总泵的偏心销螺母松动。

2)总泵推杆螺母松动。

3)离合器从动盘总成的压盘及从动片有问题。

解决方法:

1)紧固偏心销螺母。

2)调整推杆螺母间隙后拧紧。

3)更换新的压盘或从动片。

(2)离合器重,分离不开,换挡困难。

原因:

1)分泵内部空气未排尽。

2)总泵推杆间隙过大,使分泵有效行程不够。

3)分泵支架弹性变形大,使有效行程不够。

4)离合器分离摇臂的焊接角度超差,造成连接分泵法兰端到分离臂叉孔之间中心距离误差太大,又因分泵推杆不可调整,造成行程不够。

5)换挡连杆机构间隙过大产生阻力。

6)分离轴承无润滑,内孔拉毛。

7)总泵与分泵不匹配。

解决方法:

1)排空未排净的空气。

2)调整泵推杆至最佳有效行程。

3)分泵支架重新加固。

4)重新焊接,减少分离臂与中心距离角度误差。

5)更换换挡连杆机构。

6)更换已拉毛的相关件,加注润滑油。

7)更换与分泵相匹配的总泵。

(3)离合器踏板越踩越重,越踩越高,打滑。

原因:总泵推杆向下调整过头,使活塞的单向阀关闭。分泵的压力油回不来,严重时烧坏离合器片。

解决方法:重新调整推杆间隙。

(4)离合器踏板踩到下部费力,且不到位,分离不开。

原因:分泵推杆调整过头。

解决方法:重新调整分离推杆间隙。

(5)分泵漏气。

原因:

1)气路不干净,泵内气阀密封面被异物卡住,无法密封。

2)工作环境恶劣,粉尘过大,造成气缸内皮圈提前磨损。

3)总泵回位不彻底,分泵内单向阀不密封。

解决方法:

1)清理气缸内异物,加注润滑油,更换已损坏密封件。

2)检查、更换总泵。

3)调整总泵回位,重新密封单向阀。

(6)踩离合没感觉,分泵无反应。

原因:

1)油路不干净,异物卡住总泵单向阀密封件,使总泵无反应。

2)管路渗漏。

解决方法:

1)清除异物,更换已损坏的密封件。

2)修复渗漏油管。

(7)分泵回位慢,离合器分离不彻底。

原因:

1)总泵、分泵连接油管通径小。

2)分离轴承拉毛。

解决方法:

1)更换通径(内孔)不小于 6 mm 的软管。

2)更换被损坏的分离轴承、轴承盖和相关损坏件。

故障分析如表1-1-2所示。

表 1-1-2　故障分析

故障现象	故障原因	排除方法
换挡困难或不能换挡	离合器油管有空气 离合器工作缸失效 离合器主缸失效	将离合器系统放气 修理工作缸 修理主缸
离合器踏板有弹性感觉	离合器油管内有空气 离合器工作缸失效 离合器主缸失效	离合器系统放气 修理工作缸 修理主缸

项目一 新能源汽车传动系统

任务工单 3　新能源汽车离合器从动盘认知与拆装

姓名		班级		学号		成绩	
日期		组号		教师签字			
学习目标	知识目标	1.能正确描述离合器的基本组成和作用。 2.能描述离合器的工作过程。					
	能力目标	1.能正确识别汽车中离合器的安装位置。 2.能根据所给定的车型正确判断其离合器拆装方法及拆装注意事项。					
设备和工具准备		多媒体教学设备和课件、网络教学资源、维修资料、实训汽车、举升机					
实训工作要点与操作		通过学习、查阅相关资料回答下列问题。 1.离合器结构如图 1-1-37 所示,根据实训指导老师指定的离合器台架,观察离合器的动作。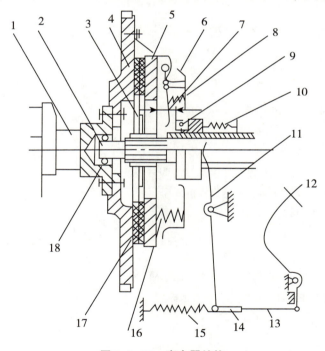 图 1-1-37　离合器结构 (1)汽车正常行驶,离合器_____。 (2)汽车换挡踩下踏板后,离合器_____。 (3)汽车发动机工作飞轮旋转,踩下踏板后离合器盖是否往轴向方向移动_____(填是或否);压盘是否轴向方向移动_____(填是或否);离合器片是否有轴向方向移动_____(填是或否)。 2.在实训室找到相应的车型,学习液压操纵机构的离合器,如图 1-1-38 所示,写出离合器液压操纵机构中含数字代表的部件名称。					

41

续表

| 实训工作要点与操作 | (1) _____；
(2) _____；
(3) _____；
(4) _____；
(5) _____；
(6) _____；
(7) _____；
(8) _____；
(9) _____；
(10) _____；
(11) _____；
(12) _____；
(13) _____。

3.离合器从动盘拆装顺序分为哪几步？

4.离合器打滑是由哪些原因引起的？

5.在实训室，检查离合器片摩擦衬片的磨损，如图1-1-39所示，如何测量铆钉头沉入摩擦表面的深度？磨损超标怎么办？

6.离合器盖的检查如图1-1-40所示，简述离合器盖的检查和离合器盖性能的评价指标。 | 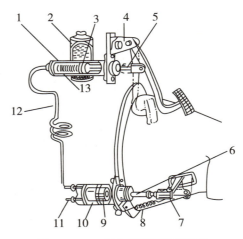
图1-1-38 离合器液压操纵机构

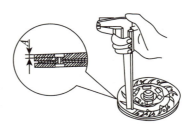
图1-1-39 检查离合器片摩擦衬片的磨损

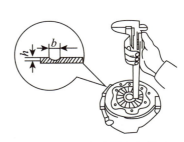
图1-1-40 离合器盖的检查 |

个人扩展知识

任务二　混合动力汽车离合器

案例引入

一辆迈腾 1.4T 混合动力汽车，在速度为 0~40 km/h 时车辆有拖拽感，起动不顺畅，经诊断设备检测，确定为离合器分离不彻底故障。

双离合器（Double Clutch，DC），起源于 1939 年德国 Kegresse A. 申请的专利，首次提出将手动变速器分成两部分的设计概念，一部分传递奇数挡，另一部分传递偶数挡，且其动力传递通过两个离合器联合两根输入轴，相邻各挡的被动齿轮交错与两输入轴齿轮啮合，配合两离合器的控制，能够实现不切断动力的情况下转换传动比，从而缩短换挡时间，有效提高换挡品质。

双离合器变速箱的齿轮变速机构，是由两根输出轴、两根输入轴组成的。但是，工程师经过巧妙设计，将两根输入轴放到一根上，两轴使用相同轴线，一根轴在内，一根轴在外。每根输入轴上都有若干输入齿轮。输出轴仍然是两根，每根输出轴上都有若干输出齿轮，这些输入齿轮和输出齿轮也都处于常啮合状态。由于有两根输出轴，所以一个输入齿轮可以对应两个输出齿轮。通过合理设计，这就让双离合器变速箱不需要像手动变速箱那样，有几个挡位就必须要几组齿轮。

一、双离合器构造及工作原理

当双离合器为接合离合器时，离合器叉要将压力轴承压到碟形弹簧上，将按压运动转换为拉伸运动，压盘被推到离合器盘和主动轮上，双离合器结构如图 1-2-1 所示。扭矩传递至变速器输入轴上。K_1 的液压离合器执行器压力调节阀控制离合器叉。推动离合器叉后，压力轴承沿与碟形弹簧作用力相反的方向按压压盘。因为碟形弹簧支撑在离合器壳体上，所以压盘会压向主动轮，扭矩便传递至输入轴 2 上。K_2 的液压离合器执行器的压力调节阀控制离合器叉。

43

(一)双离合器的构造

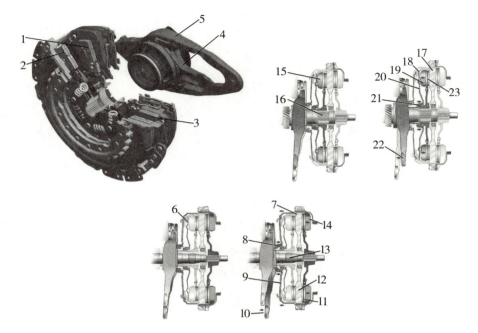

1—K_2离合器;2—K_1离合器;3—驱动盘;4—K_2操纵杆;5—K_1操纵杆;6—离合器K_1未接合;7—离合器K_1接合;8、21—压力轴承;9、20—碟形弹簧;10、22—离合器拨叉;11、23—离合器盘;12—主动轮;13—输入轴1;14、19—压盘;15—离合器K_2未接合;16—输入轴2;17—主动盘;18—支撑点

图 1-2-1 双离合器结构

(二)双离合器的工作原理

双离合器取消了结构复杂和传动效率低的液力式变矩器,采用扭转减振盘的弹簧来传递动力,并吸收传动系统的扭转振动和噪声,形成了一个"双质量扭转减振系统"。

因减振弹簧的位置半径大、刚度小、压缩转角大,使多自由度传动系统的扭转振动得到有效衰减。所以,动力传递柔和、平稳、可靠,传动效率高,故障率低。

双离合器中有两个独立的干式离合器,这两个离合器分别将扭矩传递给一个子变速器。离合器可以处于两个位置:发动机停止运转和怠速运转时,两个离合器分离;在行驶状态时,两个离合器中始终只有一个离合器接合。

1.干式双离合器工作原理

离合器K_1将1挡、3挡、5挡和7挡的扭矩传递给输入轴1,离合器K_2未操纵。离合器K_1操纵时,接合杆将接合轴承压向盘形弹簧,这种压力运动在多个转向点处转换为拉力运动。因此,将离合器压盘拉向离合器从动盘及主动轮,扭矩传递给输入轴。离合器K_1操纵,离合器K_2将2挡、4挡、6挡和R挡的扭矩传递给输入轴2。离合器K_2操纵接合杆时,接合轴承压向离合器压盘的盘形弹簧。由于盘形弹簧支撑在离合器壳体上,所以离合器压盘压向主动轮,扭矩传递给输入轴2。干式双离合器工作原理如图1-2-2所示。

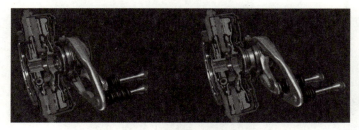

图1-2-2 干式双离合器工作原理

2.湿式双离合器工作原理

(1)湿式双离合器的结构。

以大众7速湿式双离合器变速器DQ380/DQ500为例进行说明。这两个变速器型号虽不同,但原理大致相同。DQ380和DQ500的区别在于可承受的最大转矩分别为380 N·m和500 N·m。两个变速器的双离合器结构和内部齿轮传动机构原理相同。湿式双离合器的结构如图1-2-3所示。

1挡、3挡、5挡、7挡共用离合器K_1,2挡、4挡、6挡、R挡共用离合器K_2,两个离合器装在同一个鼓内。离合器的驱动盘与发动机相连,是变速器的动力输入轴。离合器K_1和K_2都由钢膜片、摩擦片、内膜片体和外膜片体等组成。两个离合器的外膜片体与钢膜片在液压油的作用下连接在一起;摩擦片则在液压油的作用下与内膜片体连接在一起。两个离合器的外膜片体与离合器主动盘焊接,内膜片则与变速器输入轴相连,因此可以将动力传递给变速器输入轴。

图1-2-3 湿式双离合器的结构

(2)离合器结构组成。

离合器K_1的毂与输入轴1一体,并与输入轴1上的1挡、3挡、5挡、7挡齿轮一体。离合器K_1工作后,使输入轴1及轴上的1挡、3挡、5挡、7挡主动齿轮旋转。

离合器K_2的毂与输入轴2一体,并与输入轴2上的2挡、4挡、6挡、R挡齿轮一体。离合器K_2工作后,使输入轴2及轴上的2挡、4挡、6挡、R挡主动齿轮旋转。湿式双离合器分解如图1-2-4所示。

图 1-2-4　湿式双离合器分解

综上所述可知,该自动变速器两个离合器交替工作,可使两个主动轴分别带动两个轴上的主动齿轮旋转,以便通过两个离合器交替工作,自动完成挡位切换,并通过切换时两个离合器瞬间半离合,实现无空挡间隙的换挡过程。

(3)湿式双离合器工作原理。

DQ380/DQ500 7速双离合器变速器是带有三根轴的活动套式变速器,由两套彼此独立的分变速器组成。湿式双离合器工作原理如图1-2-5所示。

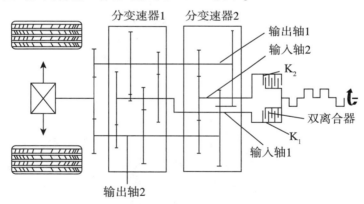

图 1-2-5　湿式双离合器工作原理

1)离合器K_1工作原理。

当油液从离合器K_1进油口进入离合器K_1伺服缸(离合器鼓)内时,液压油便推动离合器K_1的活塞压紧离合器片,将离合器鼓与1挡、3挡、5挡、7挡离合器毂连成一体,即将输入轴1与1挡、3挡、5挡、7挡主动轴连成一体,将发动机转矩传入主动轴1。主动轴1上的1挡、3挡、5挡、7挡主动齿轮旋转。此时输出轴1上的1挡、3挡、5挡、7挡齿轮空转。当需要输出哪一挡位时,电控液压机构便驱动输出轴上的接合套,将该挡位空转的齿轮与输出轴连成一体,便可输出相应挡位。K_1离合器工作原理如图1-2-6所示。

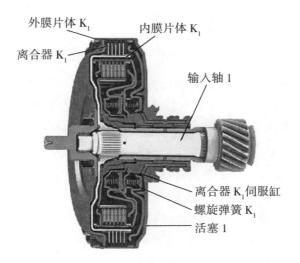

图 1-2-6　K_1 离合器工作原理

2) 离合器 K_2 工作原理。

当油液从离合器 K_2 进油口进入离合器 K_2 伺服缸(离合器鼓)内时,液压油便推动离合器 K_2 的活塞压紧离合器片,将离合器鼓与 2 挡、4 挡、6 挡、R 挡离合器毂连成一体,即将离合器 K_2 与输入轴 2 连成一体,使输入轴 2 上的 2 挡、4 挡、6 挡、R 挡齿轮旋转。于是主动轴上的齿轮便驱动与之常啮合的输出轴 2 上的 2 挡、4 挡、6 挡、R 挡齿轮空转。当滑套和同步器将空转的某轮与轴连成一体时,使输出轴上的输出齿轮旋转,并驱动主减速器齿轮旋转,实现相应挡位的输出。K_2 离合器工作原理如图 1-2-7 所示。

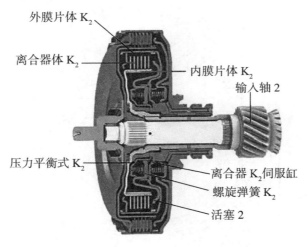

图 1-2-7　K_2 离合器工作原理

综上所述可知,若变速器只有 2 挡、4 挡、6 挡、R 挡工作不良时,应重点检查离合器 K_2 及其相关的油、电路和相关的换挡机构。若只有其中一个挡位工作不良,应重点检查参与该挡位工作的换挡机构及其相关油、电路。

二、双离合器式自动变速器(Dual Clutch Transmission,DCT)构造

双离合器式自动变速器由两个离合器、与两个离合器分别相连接的两根输入轴、按奇偶数挡位分别布置在两根输入轴上的换挡同步器及相应齿轮组、自动换挡控制系统及电控系统等组成。它的主要特点是变速器各挡位主动齿轮按奇偶数挡位分别与输入轴上设置的两个离合器 C_1、C_2 连接,离合器 C_1、C_2 交替传递工作动力以实现挡位切换。

DCT 工作时,车辆先以某个与一个离合器相连的挡位运行,车辆自动变速器电控单元可以根据相关传感器的信号判断即将进入工作的另一个离合器相连的下一挡位,因该挡位还未传递动力,故控制指令十分方便地控制换挡执行机构,预先啮合这一挡位,在车辆运行达到换挡点时,只需要将正在工作的离合器分离,同时将另一个离合器接合,就可使汽车以下一个挡位行驶。在换挡过程中,发动机的动力始终不断地被传递到车轮,所以这样完成的换挡过程为动力换挡。车辆实现动力换挡过程,将大大提高换挡舒适性,同时也保证车辆具有良好的燃油经济性,使车辆油耗和排放等方面得到改善。

三、故障检修

(一)双离合器拆卸

(1)拆下齿毂的卡环,齿毂的卡环位置如图1-2-8所示。

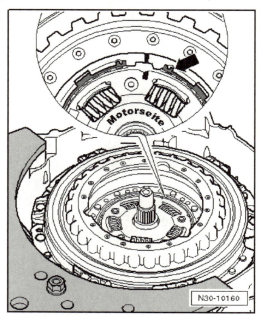

图 1-2-8 齿毂的卡环位置

(2)用卡钩3438和螺丝刀取出齿毂,齿毂拆装如图1-2-9所示。

图 1-2-9　齿毂拆装

(3) 拆下离合器的卡环,卡环位置如图 1-2-10 所示。

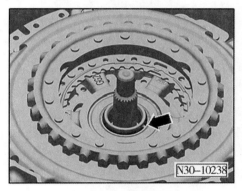

图 1-2-10　卡环位置

(4) 将起拔器——T10373 放入离合器并为离合器加工螺纹,用起拔器——T10373 把离合器取出,离合器总成拆装如图 1-2-11 所示。

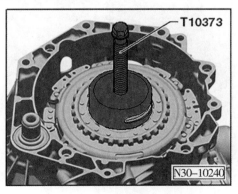

图 1-2-11　离合器总成拆装

(5) 拧出螺栓,取下小压入杆和卡箍,卡箍位置如图 1-2-12 所示。

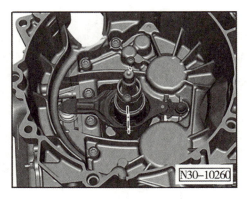

图 1-2-12　卡箍位置

（6）取出小压入式轴承、大压入杆，大压杆位置如图 1-2-13 所示。

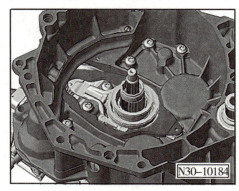

图 1-2-13　大压杆位置

（7）取出压入杆定位销，定位销位置如图 1-2-14 所示。

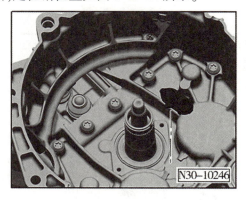

图 1-2-14　定位销位置

（二）双离合器安装

离合器总成的安装可按与拆卸相反的顺序进行，安装的过程中需注意以下事项。

(1)压入式轴承的位置可参比机械手动变速箱的离合器间隙。对于7挡双离合器变速箱0AM,变速箱接合装置及变速箱本身均存在公差,而且双离合器内部也同样存在公差。设置时,必须单独注意这些公差。

(2)如何在离合器侧通过计算所有需要的尺寸确定合适的调整垫片。使用制造商在离合器中已求得的公差,根据离合器侧的公差及离合器内的公差确定调整垫片的厚度,K_1离合器公差如表1-2-1所示,K_2离合器公差如表1-2-2所示。

表1-2-1 K_1离合器公差

已确定的调整垫片厚度/mm	可用的调整垫片厚度/mm
0.31~0.90	0.80
0.91~1.10	1.00
1.11~1.30	1.20
1.31~1.50	1.40
1.51~1.70	1.60
1.71~1.90	1.80
1.91~2.10	2.00
2.11~2.30	2.20
2.31~2.50	2.40
2.51~2.70	2.60
2.71~3.30	2.80

表1-2-2 K_2离合器公差

已确定的调整垫片厚度/mm	可用的调整垫片厚度/mm
0.31~0.90	0.80
0.91~1.10	1.00
1.11~1.30	1.20
1.31~1.50	1.40
1.51~1.70	1.60
1.71~1.90	1.80
1.91~2.10	2.00
2.11~2.30	2.20
2.31~2.50	2.40
2.51~2.70	2.60
2.71~3.30	2.80

任务工单4　混合动力汽车离合器认知与拆装

姓名		班级		学号		成绩	
日期		组号		教师签字			
学习目标	知识目标	1.能正确描述离合器的基本组成和作用。 2.能描述离合器的工作过程。					
	能力目标	1.能正确识别汽车中离合器的安装位置。 2.能根据所给定的车型正确判断其离合器拆装方法及拆装注意事项。					
设备和工具准备		多媒体教学设备和课件、网络教学资源、维修资料、实训汽车、举升机					
实训工作要点与操作		通过学习、查阅相关资料或网络信息回答下列问题。 1.离合器结构如图 1-2-15 所示,根据实训指导老师指定的离合器台架,观察离合器的动作。 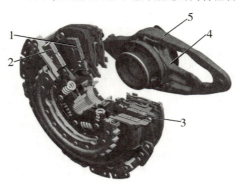 图 1-2-15　离合器结构 (1)_____;(2)_____;(3)_____;(4)_____; (5)_____。 2.干式双离合器的拆装步骤是什么?					

续表

实训工作要点与操作	3.离合器打滑是由哪些原因引起的？ 4.在实训车间，检查离合器公差的测量方法有哪些？ 5.检测离合器公差的标准有哪些？
	个人扩展知识

任务三　新能源汽车变速器

案例引入

一辆比亚迪 E6 行驶中有异响。在加速和爬坡的过程中有较大的"嗡嗡"声,只有在减速的过程中声音有所减小,但还是存在。

一、变速器的功用

汽车变速器,是一套用来协调发动机转速和车轮实际行驶速度的变速装置,用于发挥发动机的最佳性能。变速器可以在汽车行驶过程中,在发动机和车轮之间产生不同的变速比,通过换挡可以使发动机工作在其最佳的动力性能状态下。变速器的发展趋势是结构越来越复杂,自动化程度也越来越高,自动变速器将是未来的主流。

发动机的输出转速非常高,最大功率及最大扭矩在一定的转速区出现。为了发挥发动机的最佳性能,就必须有一套变速装置,来协调发动机的转速和车轮的实际行驶速度。变速器的具体功用如下:

(1)改变传动比,以适应变化的行驶条件。
(2)改变车轮的转向,使车辆能倒退行驶。
(3)中断动力传递,使发动机能够空载启动,怠速运转,并便于挡位切换、熄火滑行和安全停车。
(4)实现动力输出,驱动其他机构。

二、变速器的类型

1. 按变速规律分类

(1)无级变速器(Continuous Variable Transmission,CVT)和变速杆如图 1-3-1 所示。无级变速器的传动比能在一定范围内持续无级变化,目前的无级变速器一般采用带传动,通过主、从动齿轮直径的变化实现无级变速。其原理不像普通的变速箱一样,由大小不一的几组齿轮在操控下有分有合,形成不同的速比,而像自行车的踏板经大小轮盘与链条带动车轮以不同的速度旋转。由于不同的力度对各组齿轮产生的推力大小不一,致使变速箱输出的转速也随之变化,从而实现不分挡位的缓缓转动。CVT 采用传动带和可变槽宽的棘轮进行动力传递。当棘轮变化槽宽时,相应改变驱动轮与从动轮上传动带的接触半径进行变速,传动带一般用橡胶带、金属带和金属链等。CVT 是真正无级化了,它的优点是质量轻,体积小,零件少,与 AT 比较具有较高的运行效率,油耗较低。但 CVT 的缺点也是明显的,就是传动带很容易损坏,不能承受较大的载荷,只能限用于 1 L 排量左右的低功率和低扭矩汽车,因此在自动变速器中的占有率约4%以下。

经过各大汽车公司的大力研究,CVT的缺点有所改善。如东风日产的阳光、天籁、奥迪、飞度、东南V3菱悦、奇瑞旗下旗云及A3、新瑞虎、E5和江淮S系列,长城汽车的长城C30和帝豪EC7,比亚迪L3、海马欢动,海马M3和风神A60等。

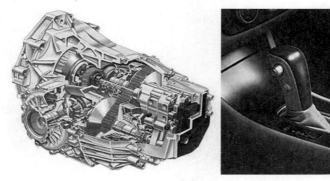

图1-3-1　无级变速器(CVT)和变速杆

(2)手动变速器和变速杆如图1-3-2所示。手动变速器有数个变速挡位,每个挡位都有一个不变的传动比,这种变速器由数对变速器齿轮组成,改变齿轮的啮合关系,可以得到不同的传动比。

手动变速器(Manual Transmission,MT)采用齿轮组,由于每挡齿轮组的齿数是固定的,所以各挡的变速比是个定值(也就是所谓的"级")。比如,1挡变速比是3.455,2挡是2.056,再到5挡的0.85,这些数字再乘上主减速比就是总的传动比,总共只有5个值(即有5级),所以说它是有级变速器。手动变速器是最常见的变速器,它的基本构造用一句话概括,就是两轴一中轴,即指输入轴、轴出轴和中间轴,它们构成了变速器的主体,当然还有一根R挡轴。手动变速器又称手动齿轮式变速器,含有可以在轴向滑动的齿轮,通过不同齿轮的啮合达到变速、变扭矩的目的。

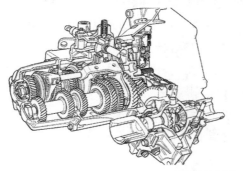 

图1-3-2　手动变速器和变速杆

(3)综合式变速器,也就是常见的自动变速器(Automatic Transmission,AT)。自动变速器和变速杆如图1-3-3所示。它是由液力变矩器和齿轮式有级变速器组成的液力机械变速器,目前应用较多。自动变速器(AT)是利用车速和负荷(油门踏板的行程)进行双参数控制的,挡位根据上面的两个参数来自动升降。AT与MT的相同点,就是二者都是有级式变速器,只不过AT能根据车速的快慢来自动实现挡位的增减,可以消除手动挡车"顿挫"的变挡感觉。

与手动变速器相比,液力自动变速器在结构和使用上有很大的不同。手动变速器主要由齿轮和轴组成,通过不同的齿轮组合产生变速变矩;而 AT 是由液力变扭器、行星齿轮和液压操纵系统组成的,通过液力传递和齿轮组合的方式来达到变速变矩。其中液力变扭器是 AT 最具特点的部件,它由泵轮、涡轮和导轮等构件组成,直接输入发动机动力传递扭矩和离合作用。

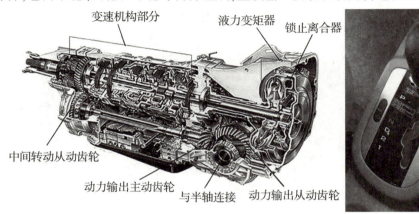

图 1-3-3 自动变速器和变速杆

AT 不用离合器换挡,挡位少,变化大,连接平稳,因此操作容易,既给开车人带来方便,又给坐车人带来舒适。但其缺点也多,一是对速度变化反应较慢,没有手动挡灵敏,因此许多玩车人士喜欢开手动挡汽车;二是费油、不经济,传动效率低且变矩范围有限,引入电子控制技术改善了这方面的问题;三是机构复杂,修理困难。在液力变扭器内高速循环流动的液压油会产生高温,所以要用指定的耐高温液压油。另外,如果汽车因蓄电池缺电不能启动,不能用推车或拖车的方法启动。如果须拖运故障车,要注意使驱动轮脱离地面,以保护自动变速器齿轮不受损害。

AMT 是在机械变速器(手动变速器)原有基础上进行改造的,主要改变手动换挡操纵部分。即在总体传动结构不变的情况下通过加装微机控制的自动操纵系统来实现换挡的自动化。因此 AMT 实际上是由一个机器人系统来完成操作离合器和选挡的两个动作的。由于 AMT 能在现生产的手动变速器基础上进行改造,生产继承性好,投入的费用也较低,容易被生产厂家接受。AMT 的核心技术是微机控制,电子技术及质量将直接决定 AMT 的性能与运行质量。

2. 按操纵方式分类

(1) 手动操纵式变速器,即手动变速器,通过驾驶员直接操纵变速杆来换挡。齿轮式有级变速器大多数都采用这种换挡方式。

(2) 自动操纵式变速器,即自动变速器,是其控制系统根据发动机负荷信号和车速的信号控制换挡系统的执行元件实现挡位的变化的。驾驶员只需操纵加速踏板和制动踏板就可以控制车速。

(3) 手自一体式自动变速器。手自一体式自动变速器可以自动换挡,也可以手动换挡。

三、手动变速器的工作原理和动力传递

1. 变速原理

手动变速器又称为机械式变速器,必须用手拨动变速杆才能改变变速器内的齿轮啮合位

置,改变传动比,从而达到变速的目的。普通齿轮式变速器是利用不同齿数的齿轮啮合传动实现转速和转矩的改变的。变速原理如图 1-3-4 所示。

图 1-3-4 变速原理

单级齿轮传动的传动比:主动轮转速与从动轮转速的比值。

$$i_{1,2} = \frac{n_1}{n_2} = \frac{z_2}{z_1} \qquad \frac{n_1}{n_2} = \frac{M_2}{M_1}$$

故

$$i_{1,2} = \frac{n_1}{n_2} = \frac{M_2}{M_1}$$

式中:n 为转速;M 为转矩;z 为齿数;i 为传动比。

当 $i>1$ 时,为降速增扭传动,其挡位称为降速挡;

当 $i<1$ 时,为增速降扭传动,其挡位称为超速挡;

当 $i=1$ 时,为等速等扭传动,其挡位称为直接挡。

习惯上把变速器传动比值较小的挡位称为高挡,传动比值较大的挡位称为低挡;变速器挡位的变换称为换挡,由低挡向高挡变换称为加挡(升挡),反之称为减挡(降挡)。变速器就是通过挡位变换来改变传动比,从而实现多级变速的。

2.变向原理

由齿轮传动原理可知,一对相啮合的外齿轮旋向相反,每经过一级传动副,其轴改变一次转向。故两轴式变速器在输入轴与输出轴之间加装了 R 挡轴和 R 挡齿轮(也称为惰轮),而三轴式变速器则在中间轴与输出轴之间加装了 R 挡轴和 R 挡齿轮,就可使输出轴转向改变,从而使汽车能倒向行驶。变向原理如图 1-3-5 所示。

图 1-3-5 变向原理

3.典型手动变速器的构造与动力传递

手动变速器按照传动轴的数目分为两轴式和三轴式两种。

下面以两轴变速器轿车变速器为例进行说明。两轴式手动变速器,顾名思义只有两个轴,分别是输出轴和输入轴,它具有结构简单、尺寸小的优势,同时其中间挡传动效率高,噪声小,和一般的发动机前置且前轮驱动的车辆一样,都是目前使用最广泛的轿车变速器形式。两轴变速器如图 1-3-6 所示。

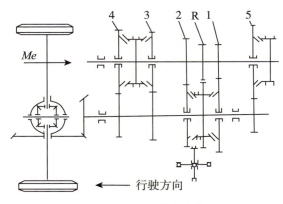

图 1-3-6　两轴变速器

两轴式齿轮变速器的传动过程如下。

1 挡动力传递过程路线:输入轴→输入轴 1 挡齿轮→1、2 挡同步器→输出轴→驱动桥。

2 挡动力传动过程路线:输入轴→输入轴 2 挡齿轮→1、2 挡同步器→输出轴→驱动桥。

3 挡动力传动过程路线:输入轴→3、4 挡同步器→输入轴 3 挡齿轮→输出轴→驱动桥。

4 挡动力传动过程路线:输入轴→3、4 挡同步器→输入轴 4 挡齿轮→输出轴→驱动桥。

5 挡动力传动过程路线:输入轴→5 挡同步器→输入轴 5 挡齿轮→输出轴→驱动桥。

R 挡动力传动过程路线:输出轴→输出轴 R 挡齿轮→R 挡轴上 R 挡齿轮→输出轴 R 挡齿轮→输出轴→动力反向输出。

4.三轴式变速器的变速传动机构

三轴式变速器有三根传动轴,所以称之为三轴变速器,主要用于发动机前置后轮驱动的汽车。以东风 EQ1029 型商用车变速器为例,介绍其结构和工作原理,三轴变速器如图 1-3-7 所示。该变速器为三轴 5 挡变速器,即 5 个前进挡位,设有一轴(1),二轴(14)和中间轴(16),另外还设有 R 挡轴(17)。

(1)空挡。

二轴上的接合套,传动齿轮均处于中间空转位置,动力不传给第二轴。

(2)1 挡。

前移二轴上的 1 挡,R 挡直齿滑动齿轮 12,与中间轴 1 挡,R 挡齿轮 19 啮合。动力经一轴常啮合齿轮 2,中间轴常啮合齿轮 24,中间轴 1 挡,R 挡齿轮 19,二轴 1 挡,R 挡齿轮 12,传到第二轴,使其顺时针旋转。

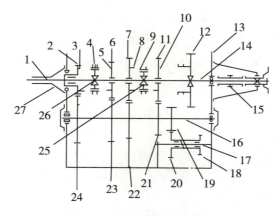

图 1-3-7 三轴变速器

(3) 2 挡。

后移接合套 9,与二轴 2 挡齿轮 11 的接合齿圈 10 啮合,动力经齿轮 2、24、21、11、齿圈 10、结合套 9、花键毂 25,传到二轴使其顺时针旋转。

(4) 3 挡。

前移接合套 9 与二轴 3 挡齿轮 7 的接合齿圈 8 啮合。动力经齿轮 2、24、22、7,齿圈 8,结合套 9,花键毂 25,传到二轴使其顺时针旋转。

(5) 4 挡。

后移接合套 4 与二轴 4 挡齿轮 6 的接合齿圈 5 啮合。动力经齿轮 2、24、23、6,齿圈 5 结合套 4,花键毂 26,传到二轴使其顺时针旋转。

(6) 5 挡。

前移接合套 4 与一轴长啮合齿轮 2 的接合齿圈 3 啮合。动力直接由一轴,齿轮 2,齿圈 3 结合套 4,花键毂 26 传到二轴,传动比为 1,由于二轴的转速与一轴相同,故此挡称为直接挡。

(7) R 挡。

后移二轴上的 1 挡、R 挡直齿滑动齿轮 12 与 R 挡齿轮 18 啮合。动力经齿轮 2、24、19、20、18、12,传给二轴使其逆时针旋转。

四、同步器

变速器的换挡,通常采用接合套、滑移齿轮或同步器等装置,使齿轮或齿圈啮合或脱开来实现。同步器的功用是使接合套与待啮合的齿圈迅速同步,以缩短换挡时间,实现顺利换挡,防止待啮合齿轮在同步前啮合,产生换挡冲击。

目前汽车所采用的几乎都是摩擦式惯性同步器,按锁止装置不同,可分为锁环式惯性同步器和锁销式惯性同步器。

1.锁环式惯性同步器

锁环式惯性同步器如图 1-3-8 所示,花键毂用内花键套装在二轴外花键上,用垫圈、卡环轴向定位。花键毂两端与齿轮之间各有一个铜合金制成的锁环（即同步环）。锁环上有短花键齿圈，其内花键的尺寸和齿数与花键毂、齿轮的外花键相同。两个齿轮和锁环的花键齿靠近接合套的一端都有倒角且与接合套齿端的倒角相同。锁环有内锥面，与齿轮的外锥面锥角相同。

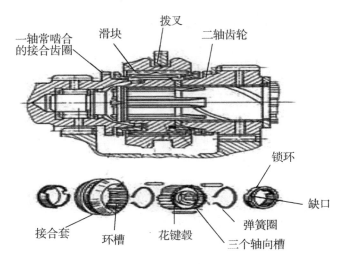

图 1-3-8　锁环式惯性同步器

在锁环内锥面上制有细密的螺纹，它在锥面接触后，能及时破坏油膜，增加锥面键的摩擦力。锁环内锥面摩擦副称为摩擦件，外沿带倒角的齿圈是锁止件，锁环上还有三个均布的缺口。三个滑块分别装在花键毂上三个均布的轴向槽内，沿着槽可以轴向移动。滑块被两个弹簧圈的径向力压向接合套，滑块中部的突起部位压嵌在接合套中部的环槽内。滑块两段深入锁环的缺口中，滑块窄而且缺口宽，两者之差等于锁环的花键齿宽。锁环相对于滑块顺时针转和逆时针转都只能转动半个齿宽且只有当滑块位于锁环缺口的中央时，接合套与锁环才能接合。

(1) 工作原理。

以 2 挡换 3 挡为例，说明同步器的工作原理。锁环式惯性同步器工作原理如图 1-3-9 所示。

(2) 空挡位置。

接合套刚从 2 挡推入空挡时如图 1-3-9(a)所示，3 挡齿轮、接合套、锁环及与其相关联的运动件，因惯性作用而沿着原方向继续旋转（图示箭头方向）。由于齿轮 1 是高挡齿轮（相对于 2 挡齿轮来说），所以接合套、锁环的转速低于齿轮的转速。

(3) 挂挡位置。

想要挂入 3 挡，驾驶员通过变速杆使拨叉推动接合套连同滑块一起向左移动，如图 1-3-9(b)所示，滑块又推动锁环移向齿轮，使锥面接触，驾驶员作用在接合套上的轴向推力，使两锥面有正压力 N，又因为两者有转速差，所以产生摩擦力矩。通过摩擦作用，齿轮带动锁环相对于接合套向前转动一个角度,直至锁环缺口靠在滑块的另一侧为止,此时接合套的内齿齿锁环上错开了约半个尺宽,接合套的齿端倒角面与锁环的齿端倒角面互相抵住。

(4)锁止位置。

驾驶员的轴向推力是接合套的齿端倒角面与锁环的齿端倒角面之间产生正压力,从而形成一个企图拨动锁环的相对于接合套反转的力矩,此力矩称为拨环力矩。这样在锁环上同时作用着方向相反的摩擦力矩和拨环力矩,同步器的结构参数可以保证在同步前拨环力矩始终小于摩擦力矩,因此,在同步之前无论驾驶员施加多大的操纵力,都不会挂上挡,即产生锁止作用,如图1-3-9(c)所示。

(5)同步啮合位置。

随着驾驶员施加于接合套上的推力加大,摩擦力矩不断增加,使齿轮的转速迅速降低。当齿轮、接合套和锁环达到同步时,作用在锁环上的摩擦力矩消失。此时在拨环力矩的作用下,锁环、齿轮及与之相连的各零件都相对于接合套反转一个角度,滑块处于锁环缺口的中央,如图1-3-9(c)所示。键齿不再抵住,锁环的锁止作用消除。接合套压下弹簧圈继续左移,与锁环的花键齿圈进入啮合,进而再与齿轮进入啮合,如图1-3-9(d)所示,从而换入3挡。

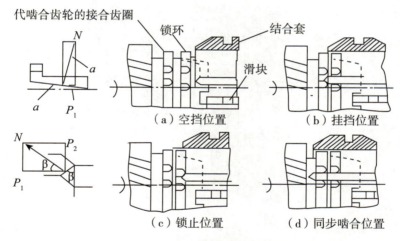

图1-3-9 锁环式惯性同步器工作原理

锁环式同步器尺寸小、结构紧凑且摩擦力矩也小,多用于轿车和轻型车辆。

2.锁销式惯性同步器

大中型商用车普遍采用锁销式惯性同步器,如图1-3-10所示,它由一轴齿轮、摩擦锥盘、摩擦锥环、定位销、接合套、二轴4挡齿轮、二轴、锁销、花键毂、钢球和弹簧等组成。它的优点是零件数目少,摩擦面平均半径较大,使转矩容量增加;缺点是轴向尺寸长。锁销式同步器多用于中、重型货车的变速器中。锁销式惯性同步器的工作原理和锁环式惯性同步器的工作原理类似。

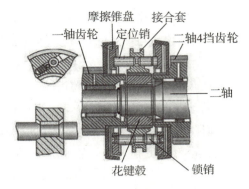

图 1-3-10　锁销式惯性同步器

五、故障检修

(一) 变速器总成的拆卸和安装

比亚迪 E6 动力总成结构如图 1-3-11 所示。

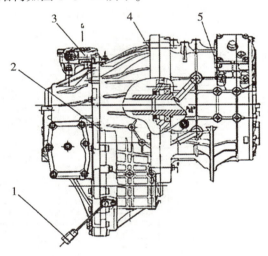

1—速度传感器；2—前驱变速箱总成；3—P 挡电机；4—法兰面螺栓(M12×1.25×55)；5—动力电动机(75 kW)

图 1-3-11　比亚迪 E6 动力总成结构

1. 变速器总成的拆卸

(1) 拆下蓄电池的搭铁线。

(2) 拔下 P 挡电机插头，P 挡电机插座位置如图 1-3-12 所示。

(3) 举升起汽车。将传动轴(半轴)从变速器上拆下来并支承好，拆卸传动轴，如图 1-3-13 所示。

图 1-3-12　P 挡电机插座位置

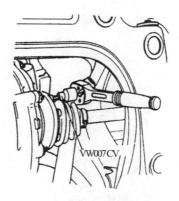

图 1-3-13 拆卸传动轴

(4)拆卸电动真空泵总成,如图 1-3-14 所示。

图 1-3-14 电动真空泵总成

(5)利用托架将动力总成的驱动电动机固定。
(6)拆下变速器后端固定螺栓(螺栓规格:M14×1.5×80、M12×1.25×80;紧固力矩:150~170 N·m、85~95 N·m),如图 1-3-15 所示。

图 1-3-15 拆下变速器后端固定螺栓

(7)拆下车速里程表软轴,如图1-3-16所示。

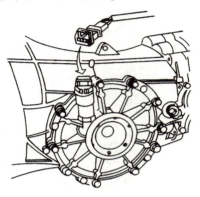

图1-3-16 拆下车速里程表软轴

(8)拆卸左侧动力总成固定支点(螺栓规格:M10×1.25×60;紧固力矩:60~70 N·m),如图1-3-17所示。

图1-3-17 拆卸左侧动力总成固定支点

(9)拆卸变速器与驱动电动机之间的固定螺栓,用另一个托架托住变速器(螺栓规格:M8×1.25×35;紧固力矩:36~40 N·m)。

(10)拆卸左侧变速箱支架与变速器之间的固定螺栓,取下变速器支架(螺栓规格:M10×1.25×50;紧固力矩:60~70 N·m)。

(11)拆卸P挡电机总成固定螺栓,取下P挡电机总成(螺栓规格:M6×1.0×40、M6×1.0×15;紧固力矩:8~10 N·m)。

2.变速器总成的安装

变速器总成的安装与拆卸可按相反的顺序进行,同时注意驱动电机花键与变速器连接花键需要均匀涂抹润滑脂。

(二)变速器的检修注意事项

1.衬垫、油封

(1)每次修理必须更换密封垫圈和O形圈。

(2)轴油封装入前,在外径上涂上一层薄油,在唇形密封圈之间的空隙内填满润滑油脂。轴油封装入后,检查变速器的油面,必要时需添加到注油口边缘。

(3)接合面需保持清洁。密封剂应涂均匀,不要太厚,且通气孔应保持通畅。

2.调整垫片

(1)用千分尺多点检测调整垫片不同的公差,可以精确地测出所需垫片的厚度。

(2)检查边缘是否有损坏。只准装入完好的调整垫片。

3.挡圈、锁圈

(1)修理中需调整挡圈及锁圈,不要将挡圈过度拉开。

(3)安装时必须将挡圈、锁圈放在规定的槽内并且就位。

(4)每次修理应更换弹簧销,其安装位置在纵向槽内。

(5)敲进或敲出换挡拨叉夹紧套筒时要用锤子顶住,以免拨叉轴滑槽变形。

4.螺栓、螺母

(1)固定盖和罩壳的螺栓和螺母应交叉拧紧和拧松。对于特别易损的部件(例如离合器压盘),要摆正,并逐步对角拧紧和拧松。

(2)按规定的力矩拧紧自锁螺栓和螺母。

5.轴承

(1)将有标志一面的滚针轴承(壁厚较大)朝向安装工具。

(2)在轴与轴承之间涂一层润滑油。

(3)变速器内的全部轴承都要使用变速器油。摩擦力矩应予以检查,注油时要特别小心。

6.润滑油

润滑油型号:齿轮油SAE80W-90。

润滑油容量:3.5 L。

(三)变速器传动机构检修

以比亚迪E6变速器为例,变速器传动机构由输入轴、输出轴及其上的齿轮组成。比亚迪E6变速器内部分解图如图1-3-18所示。

1.整套齿轮的拆卸

①拆卸变速器。

②拆下变速器后盖。

③拆下轴承支座。

④拆下整套齿轮。

2.输入轴的拆卸

①拆下4挡齿轮的有齿锁环。取下4挡齿轮、同步环和滚针轴承。

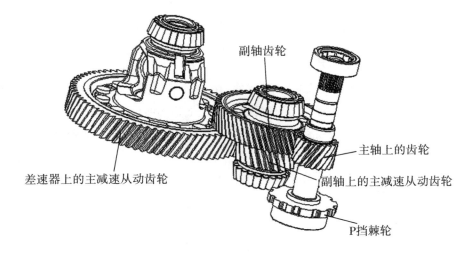

图 1-3-18　比亚迪 E6 变速器内部分解图

②拆下同步器锁环,如图 1-3-19 所示。

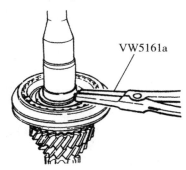

图 1-3-19　拆下同步器锁环

③取下 3 挡和 4 挡同步器、3 挡同步环和齿轮,如图 1-3-20 所示,取下 3 挡齿轮的滚针轴承。

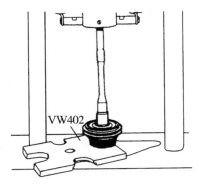

图 1-3-20　取下 3 挡 4 挡同步器、3 挡同步环和齿轮

④取下输入轴的中间轴承内圈,如图1-3-21所示。

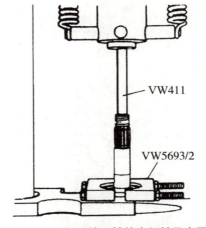

图1-3-21 取下输入轴的中间轴承内圈

3.输出轴的拆卸

①拆下输出轴内后轴承和1挡齿轮,如图1-3-22所示,取下滚针轴承和1挡同步环。

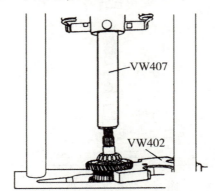

图1-3-22 拆下输出轴内后轴承和1挡齿轮

②拆下滚针轴承的内圈、同步器和2挡齿轮,如图1-3-23所示,取下2挡齿轮的滚针轴承。

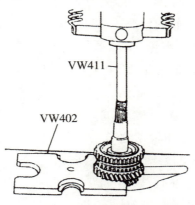

图1-3-23 拆下滚针轴承内圈、同步器和2挡齿轮

③拆下3挡齿轮的锁环、3挡齿轮,如图1-3-24所示。

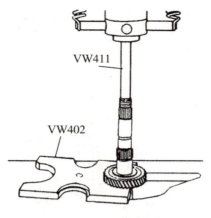

图1-3-24　拆下3挡齿轮

④拆下4挡齿轮的锁环、4挡齿轮,如图1-3-25所示。

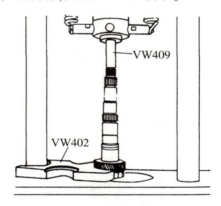

图1-3-25　拆下4挡齿轮

⑤拆下输出轴的前轴承。

4.输入轴、输出轴的安装

(1)检查主减速器主动锥齿轮的情况。如果已经损坏,同主减速器从动锥齿轮一起更换,并计算从动锥齿轮和主动锥齿轮,调整垫片厚度。

(2)检查所有齿轮和轴承的损坏情况。如需要更换,除更换所损坏齿轮和轴承之外,还需对其他轴上的相应齿轮更换。

(3)用钢丝刷清洗同步环内锥面,如图1-3-26所示。

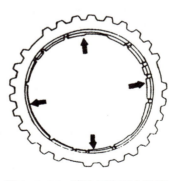

图1-3-26　清洗同步环内锥面

(4)在更换一挡齿轮滚针轴承的内圈或输出轴的后轴承时,计算输出轴的调整垫片厚度。

(5)将同步环压在各自齿轮的锥面上,检查间隙 A 值,如图 1-3-27 所示。间隙 A 的规定值如表 1-3-1 所示。将同步环贴在极其平滑的表面上(平板、玻璃等)对其扭曲进行分析。用轻度的压力将同步环装在各自齿轮的锥面上,移动齿轮的锥环,对过度的侧面间隙(呈椭圆形)进行分析,检查同步环,如图 1-3-28 所示。如果出现上述任何一种不正常现象,就应更换同步环。

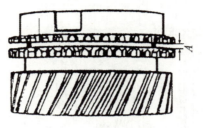

图 1-3-27 检查间隙 A 值

表 1-3-1 间隙 A 值　　　　　　　　　　　　　　　　　　　单位:mm

同步环	间隙 A	
	新的零件	磨损的限度
1 挡和 2 挡	1.10~1.17	0.05
3 挡和 4 挡	1.35~1.90	0.05
5 挡	1.10~1.70	0.05

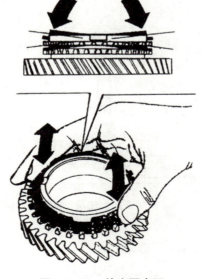

图 1-3-28 检查同步环

(6)安装中间轴承的内圈,如图1-3-29所示。将预先润滑过的3挡齿轮滚针轴承装上,把油槽转向2挡齿轮。

(7)如图1-3-30所示,组装3挡和4挡同步器。

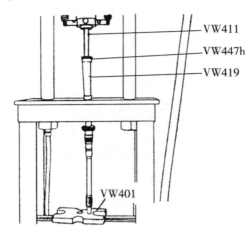

图1-3-29　安装中间轴承的内圈

图1-3-30　组装3挡和4挡同步器

(8)如图1-3-31所示,装上3挡齿轮及3挡和4挡同步器,装上锁环。

(9)装上同步器环、滚针轴承和4挡齿轮,再装上有齿的锁环。

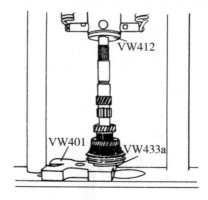

图1-3-31　安装3挡齿轮及3挡和4挡同步器

(10)安装3挡齿轮、同步器和4挡齿轮,如图1-3-32所示,用2 kN的力将3挡齿轮、同步器和4挡齿轮紧紧压在有齿的锁环上,把总成固定好。

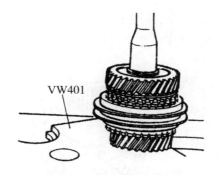

图 1-3-32　安装 3 挡齿轮、同步器和 4 挡齿轮

（11）将前轴承装在输出轴上。

（12）安装 4 挡齿轮,如图 1-3-33 所示。用手扶稳前轴承,齿轮有凸缘的一边应朝向轴承。

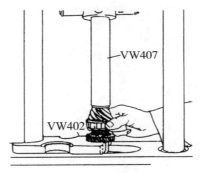

图 1-3-33　安装 4 挡齿轮

（13）利用可供使用锁环中的一个将 4 挡齿轮固定好。先从较厚锁环的开始,锁环厚度有 2.35 mm、2.38 mm、2.41 mm、2.44 mm、2.47 mm 几种。

（14）安装 3 挡齿轮,如图 1-3-34 所示,凸缘应朝向 4 挡齿轮。

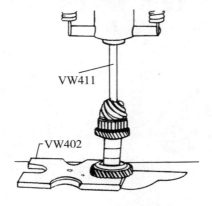

图 1-3-34　安装 3 挡齿轮

(15)利用厚薄规测量锁环的厚度,如图 1-3-35 所示。根据测得的尺寸,选择适当的锁环装上。锁环厚度的选择如表 1-3-2 所示。

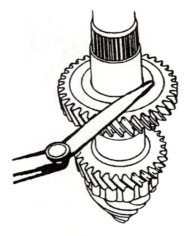

图 1-3-35　利用厚薄规测量锁环的厚度

表 1-3-2　锁环厚度的选择

测得尺寸	锁环厚度
小于 1.6 mm	1.5 mm
1.6 mm 或大于 1.6 mm	1.6 mm

(16)安装滚针轴承、齿轮和 2 挡同步环。

(17)装配 1 挡和 2 挡同步器,如图 1-3-36 所示。在同步器凹槽中的细槽应转向装拨叉槽的对面一边,安装同步器Ⅰ,如图 1-3-37 所示。同步器壳体有 3 个凹口,凹口上有 3 个凹陷的内齿。在安装时,3 个凹口和槽应吻合,这样可以安装销环,然后装止动弹簧,相互间隙为 120°,弯的一端应嵌入锁环中的一个之内。安装同步器Ⅱ,如图 1-3-38 所示,安装同步器Ⅲ,如图 1-3-39 所示;安装同步器Ⅳ,如图 1-3-40 所示。

图 1-3-36　装配 1 挡和 2 挡同步器

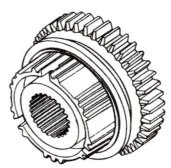

图 1-3-37　安装同步器Ⅰ

项目一　新能源汽车传动系统

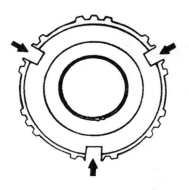

图 1-3-38　安装同步器Ⅱ

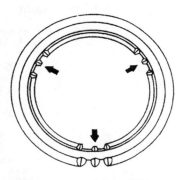

图 1-3-39　安装同步器Ⅲ

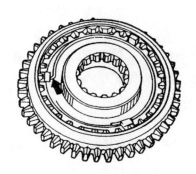

图 1-3-40　安装同步器Ⅳ

（18）安装 1 挡和 2 挡同步器，如图 1-3-41 所示，同步器壳体的槽应朝 1 挡齿轮。

（19）安装 1 挡齿轮滚针轴承的内圈，如图 1-3-42 所示，装上 1 挡同步环、1 挡齿轮和 1 挡齿轮滚针轴承。只要更换轴承支座、输出轴后轴承、1 挡齿轮的滚针轴承内圈、主减速器从动锥齿轮和主动锥齿轮总成中的任何一个零件，就要计算调整垫片 S_3 的值。

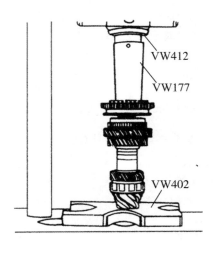

图 1-3-41　安装 1 挡和 2 挡同步器

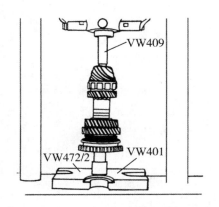

图 1-3-42　安装 1 挡齿轮滚针轴承内圈

73

(20)安装内后轴承,如图 1-3-43 所示。

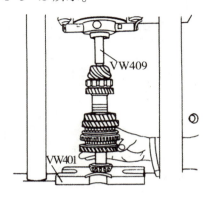

图 1-3-43　安装内后轴承

(21)将输入轴和输出轴装在轴承支座上,将轴承支座装在变速器壳体上。

(22)将变速器后盖装在变速器轴承支座上。

六、故障分析

两轴及新能源汽车变速器的常见故障有换挡困难、自动跳挡、异响和漏油等,两轴及新能源汽车变速器的常见故障与排除方法如表 1-3-3 所示。

表 1-3-3　两轴及新能源汽车变速器的常见故障与排除方法

故障现象	故障原因	排除方法
换挡困难	换挡拨叉弯曲 同步器故障或维修后弹簧安装不正确	更换或校正拨叉 更换损坏件或同步器总成或重新安装同步器
自动跳挡	齿轮间隙过大 同步器磨损或损伤 变速器壳不对中	更换齿轮 修理或更换同步器 紧固螺栓或重新安装
空挡时发响	齿轮磨损及轮齿折断 齿轮磨损或弯曲	更换齿轮 更换齿轮
啮合时发响	润滑油型号不对或不足 输出轴上的齿轮磨损 同步器磨损或损伤 更换齿轮时没有成对更换	选用规定润滑油型号或添足润滑油 更换齿轮 更换同步器 应成对更换新件
漏油	润滑油油面太高	排放多余的润滑油

项目一　新能源汽车传动系统

任务工单 5　两轴及新能源汽车变速器

姓名		班级		学号		成绩	
日期		组号		教师签字			
学习目标	知识目标	1.能正确描述两轴变速器的基本组成和作用。 2.能描述两轴变速器动力传递路线。					
	能力目标	1.能正确识别汽车中变速器的安装位置。 2.能根据所给定的车型正确判断其变速器类型、挡位及动力传递路线。					
设备和工具准备		多媒体教学设备和课件、网络教学资源、维修资料、实训汽车、举升机					
实训工作要点与操作		通过学习、查阅相关资料或网络信息回答下列问题。 1.在实训车间及校内观察,汽车是什么类型的变速器,如果是手动变速器,那么是三轴式还是两轴式,以及有几个挡位? 2.结合实训汽车的实物观察,如图1-3-44所示,变速器是(　　)轴式变速器,它是(　　)挡变速器,它主要用于_____驱动车上,输入轴上的齿轮是_____,输出齿轮是_____。 发动机→飞轮→离合器→输入轴→(　　)→(　　)→(　　)→(　　)→(　　)→(　　)→输出轴→差速器。 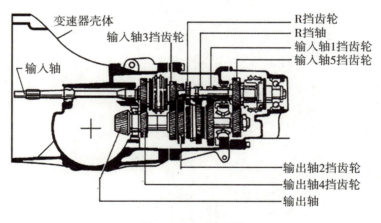 图 1-3-44　变速器 3.结合实训车间的实训汽车,简述比亚迪 E6 变速器的工作过程。					

75

续表

实训工作要点与操作	4.结合实训车间的实训汽车,简述同步器的结构组成和作用。 5.举例说明新能源汽车变速器有哪几种。
	个人扩展知识

任务四　混合动力汽车变速器

案例引入

> 变速箱开始在挂 R 挡时异响，一段时间后，各个挡位都响。

双离合器式自动变速器（Dual Clutch Transmission，DCT）是基于双轴式常啮齿轮、手动变速器 MT 演变而成的，保留了手动变速器结构简单和传动效率高的优点，并升级为电控液压换挡控制，提高了换挡效率，降低了油耗、故障率和制造成本。其原来在大众车系量产车上使用，现在已经是众多汽车品牌选择使用的量产变速器之一。

双离合器变速器在一个变速器中实现了两个手动变速器的功能，DTC 基本结构如图 1-4-1 所示。

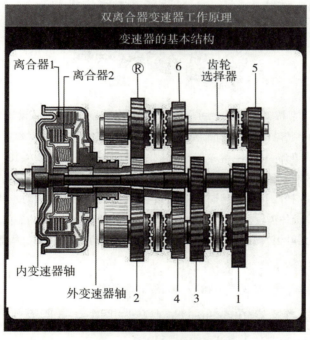

图 1-4-1　DTC 基本结构

在使用标准换挡杆换挡的汽车中，如果驾驶员要从一个挡位换到另一个挡位，他先要踩下离合器踏板。此动作可以操作一个离合器，使发动机与变速器断开连接，中断输送到变速器的动力。然后，驾驶员使用换挡杆选择新的挡位，这个过程涉及将齿形联轴器从一个齿轮移动到另一个不同大小的齿轮。称为"同步器"的设备会让齿轮在结合之前相匹配以防止磨损齿轮。

77

一旦换入了新的挡位,驾驶员就可以松开离合器踏板,从而使发动机重新连接到变速器,并将动力传送给车轮。

由此可见,在传统的手动变速器中,从发动机到车轮没有连续的动力输出。在换挡的过程中,动力传送将从"有"到"无"再到"有"进行变化,这样就会导致"换挡冲击"或"扭矩中断"现象。对于技术不熟练的驾驶员,这种现象会导致车上的乘客在换挡过程中感到前后摇晃。

对比之下,双离合器变速器使用两个离合器,但没有离合器踏板。先进的电子系统和液压系统像控制标准自动变速器那样对离合器进行控制。但在双离合器变速器中,各离合器单独运转。一个离合器控制奇数挡(1挡、3挡、5挡和R挡),另一个离合器控制偶数挡(2挡、4挡和6挡)。这样,不需要中断从发动机到变速器的动力传送就可以换挡。

一、挂 R 挡的注意事项

(一) 奥迪 6 速双离合器式自动变速器构造图

奥迪 Q5 汽车 6 速双离合器式自动变速器构造图如图 1-4-2 所示。

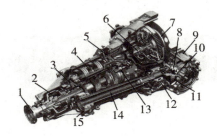

1—输出法兰,到后桥驱动装置;2—自锁式中间差速器,具有非对称式动态力矩分配功能;
3—变速器油道;4—传动轴架在三个轴承上;5—专用接油盘,用于有针对性地润滑轴颈和齿轮;
6—两根输入轴;7—双离合器壳体;8—差速器行星齿轮;9—主传动差速器壳体;10—差速器半轴行星齿轮;
11—锥形齿轮(齿形特殊,同时用于斜向运动的半轴);12—密封式双列角接触球轴承;
13—1挡/2挡和R挡识别开关;14—在两个平面内斜向运动的半轴;
15—斜面体齿轮(圆柱齿轮的齿形特殊,可让轴在两个平面内斜向运动)

图 1-4-2 奥迪 Q5 汽车 6 速双离合器式自动变速器(0B2)构造图

(二) 奥迪 7 速双离合器变速器(0B5/Stronic) 剖视图

奥迪 7 速双离合器变速器(0B5/Stronic)剖视图如图 1-4-3 所示。

(三) 双离合器式自动变速器输入、输出轴构造

奥迪 Q5 汽车 7 挡双离合器式自动变速器(0B5/Stronic)输入、输出轴剖视图如图 1-4-4 所示。

驱动力通过传动盘传到双质量飞轮上。扭矩从这里被传递到电动液压调节的双离合器上,双离合器可根据选择来操纵偶数挡或者奇数挡。因此,变速器就分为两个分变速器。

项目一 新能源汽车传动系统

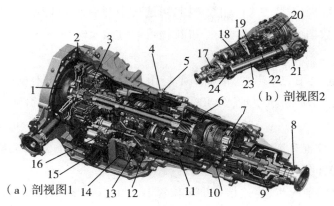

1—传动盘;2—双质量飞轮;3—双离合器总成;4—制动阀;5—换挡杆;6—接油盘;7—滚珠轴承;
8—所有轴油封的保养压入深度;9—自锁式中间差速器(具有非对称式动态力矩分配功能);
10—变速器机油加注和检查螺栓;11—换挡拨叉轴;12—泄油孔;13—供电插头;14—变速器控制单元;
15—ATF冷却器连接模块;16—液压控制系统(电磁阀板);17—中间差速器;18—全同步7挡齿套换挡式变速器;
19—接油盘;20—双离合器总成;21—主传动,带有锥形齿轮;22—换挡杆;23—在两个平面内斜向运动的半轴;
24—齿形特殊的圆柱齿轮,能让轴在两个平面内斜向运动(斜面体齿轮)

图 1-4-3 奥迪 7 速双离合器变速器(0B5/Stronic)剖视图

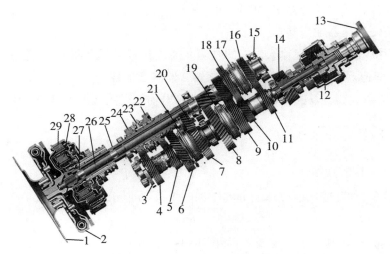

1—传动盘;2—双质量飞轮;3—驻车锁齿轮;4—4挡齿轮(输出轴);5—6挡齿轮(输出轴);
6—2挡齿轮(输出轴);7—R挡齿轮;8—1挡齿轮(输出轴);9—3挡齿轮(输出轴);10—7挡齿轮(输出轴);
11—5挡齿轮(输出轴);12—中间差速器;13—输出到后桥驱动装置;14—圆柱齿轮/输出到前桥驱动装置;
15—圆珠轴承;16—5挡同步齿轮(输入轴);17—5挡、7挡同步器;18—7挡同步齿轮(输入轴);
19—1挡、3挡同步器;20—R挡中间轴齿轮;21—2挡、R挡同步器;22—6挡同步齿轮(输入轴);
23—4挡、6挡同步器;24—4挡同步齿轮(输入轴);25—输入轴2;26—输入轴1;
27—滚柱轴承;28—离合器 K_2;29—离合器 K_1

图 1-4-4 奥迪 Q5 汽车 7 挡双离合器式自动变速器(0B5/Stronic)输入、输出轴剖视图

分变速器 1：奇数挡（1 挡、3 挡、5 挡、7 挡）可通过中间输入轴 1 用离合器 K_1 来驱动。

分变速器 2：偶数挡（2 挡、4 挡、6 挡）和 R 挡可通过输入轴 2（一根空心轴）用离合器 K_2 来驱动。

输出时采用一根公用的输出轴，该输出轴将扭矩直接传到中间差速器。中间差速器将这个扭矩的约 60% 分配给后桥法兰轴，约 40% 的扭矩分配给齿形特殊的圆柱齿轮并经半轴传到前轮。

起步：选挡杆在位置 P 或 N 时挂入的是 1 挡和 R 挡，这样就不会出现起步延迟了。根据驾驶员决定是倒车还是前行，已经预选了正确的挡位。

换挡：驾驶员想向前起步，将选挡杆推至位置 D 以 1 挡起步。当车速超过约 15 km/h 时，分变速器 2 内就挂上了 2 挡（先前挂入的是 R 挡）。如果达到了 1~2 挡的升挡换挡点，那么离合器 K_1 就会闪电般地脱开，与此同时离合器 K_2 会飞快地接合（因此不会出现牵引力中断）。为了改善换挡舒适性并保护离合器，在换挡过程（重叠）中发动机扭矩会降低。整个换挡过程不到 0.01 s 就结束了。现在在分变速器 1 内挂入的是 3 挡（预选的）。再往下的 2~3 挡直至 6~7 挡的换挡过程都是重复上述过程。

同步器：为了能使换挡时间非常短，所有同步器都配备了具有碳涂层的同步环。1~3 挡和 R 挡因负荷较大，所以配备的是三锥同步器。4~7 挡配备的是单锥同步器。

输入轴 1 通过花键与离合器 K_1 相连，用于驱动 1 挡、3 挡、4 挡、7 挡。变速器控制单元通过转速传感器监测变速器输入转速。

输入轴 2 为空心轴，安装在输入轴 1 的外侧。通过花键与离合器 K_2 相连，用于驱动 2 挡、4 挡、6 挡、R 挡。变速器控制单元通过转速传感器 2 监测变速器输入转速。

大众 OAM 7 挡双离合器式自动变速器输入、输出轴剖视图如图 1-4-5 所示。

二、故障检修

（一）变速器壳体的检修

以桑塔纳轿车为例，变速器壳体的分解图如图 1-4-6 所示。

1.变速箱壳体的更换

(1)拆卸变速器，将其固定在支架上，如图 1-4-7 所示。

(2)将变速器的油全部放光。

(3)拆下变速器的后盖和轴承支座。

(4)拆下离合器分离叉轴。

(5)旋下加油螺塞，拆下差速器。

(6)拆下输入轴的密封圈，如图 1-4-8 所示。密封圈一经拆卸，就应更换。

项目一 新能源汽车传动系统

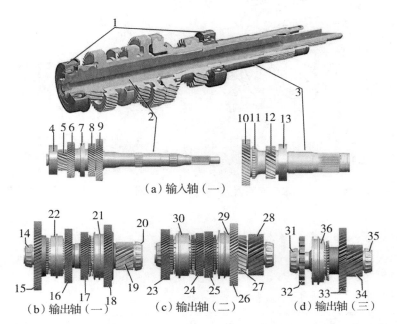

1、4、13—轴承；2—输入轴1；3—输入轴2；5—1挡齿轮；6—5挡齿轮；7—输入轴转速传感器信号靶轮1；8—3挡齿轮；9—7挡齿轮；10—4挡/6挡齿轮；11—输入轴转速传感器信号靶轮2；12—2挡/R挡齿轮；14、20、31、35—轴承；15—1挡齿轮；16—3挡齿轮；17—4挡齿轮；18—2挡齿轮；19—输出齿轮；21—2挡/14挡同步器；22—1挡/3挡同步器；23—5挡齿轮；24—7挡齿轮；25—6挡齿轮；26—R挡中间齿轮1；27—R挡中间齿轮2；28—输出齿轮；29—6挡/R挡同步器；30—5挡7挡同步器；32—P挡锁止机构齿轮；33—R挡齿轮；34—输出齿轮；36—R挡同步器

图 1-4-5 大众 0AM 7 挡双离合器式自动变速器输入、输出轴剖视图

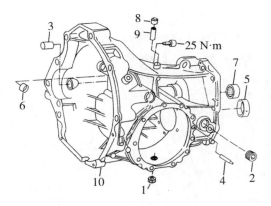

1—放油螺塞(拧紧力矩 25 N·m)；2—注油螺塞(拧紧力矩 25 N·m)；3—起动机衬套；4—圆柱销；5—输出轴前轴承外圈；6—离合器分离叉轴右衬套；7—输入轴滚针轴承；8—防护罩；9—通气管；10—变速器壳体

图 1-4-6 变速器壳体分解图

81

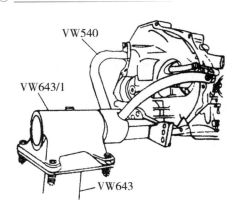
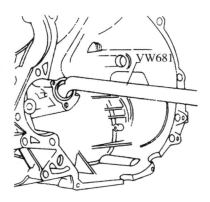

图 1-4-7 将变速器固定在支架上　　图 1-4-8 拆下输入轴密封圈

(7) 小心取下输入轴的挡油圈,如图 1-4-9 所示。

(8) 取下输入轴的滚针轴承,如图 1-4-10 所示。

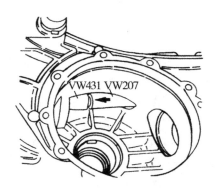
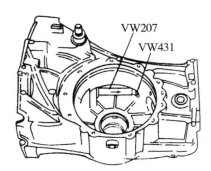

图 1-4-9 取下输入轴挡油圈　　图 1-4-10 取下输入轴滚针轴承

(9) 取下输出轴前轴承外圈,如图 1-4-11 所示。

(10) 装上输入轴的滚针轴承,如图 1-4-12 所示。

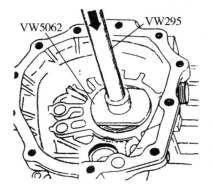
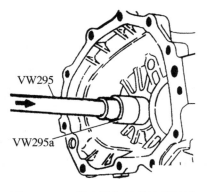

图 1-4-11 取下输出轴前轴承的外圈　　图 1-4-12 装上输入轴的滚针轴承

(11)装上输入轴的挡油圈,如图1-4-13所示。

图1-4-13 装上输入轴挡油圈

(12)用润滑脂润滑衬套。装上离合器分离叉轴,装上左衬套、橡胶衬套和销环。

(13)装上输入轴的密封圈,如图1-4-14所示。装上分离套筒和分离轴承。

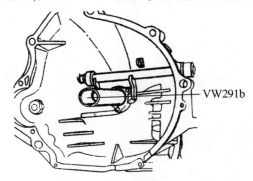

图1-4-14 装上输入轴密封圈

(14)装上输出轴前轴承的外圈,如图1-4-15所示。在装上输出轴前轴承外圈时,注意要将外圈上的小孔与壳体上的小孔对准。

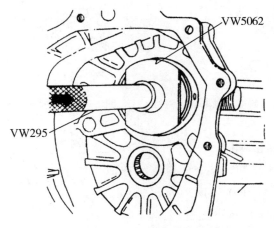

图1-4-15 装上输出轴前轴承外圈

(15)装上输出轴前轴承外圈的固定圆柱销并封住(圆柱销不应全部插入,头部应突出壳体大约3.0 mm)。

(16)计算出输出轴调整垫片 S_3 的厚度。

(17)计算出主减速器主动齿轮调整垫片S_1和S_2的厚度。

(18)装上有成套齿轮的变速器轴承支座,装上变速器后盖。

(19)装上放油螺塞,给变速器加上油。装上注油螺塞,用25 N·m的力矩旋紧。

2. 变速器后盖的拆卸和安装

(1)变速器后盖的拆卸。卸下变速器后盖,将其固定在支架上,固定支架安装如图1-4-16所示。将变速器的油放空,拆下后轴承盖(一经拆卸就应更换)。锁住变速器输入轴,如图1-4-17所示。拆下变速器输入轴的固定螺栓,如图1-4-18所示。拆下变速器后盖的固定螺栓,如图1-4-19所示,取下后盖。如有轴承防护罩,需小心取下,并重新安装在轴承上。

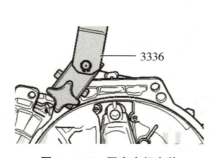

图1-4-16 固定支架安装

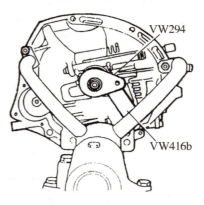

图1-4-17 锁住变速器输入轴

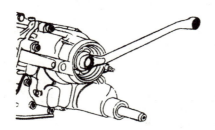

图1-4-18 拆下变速器输入轴的固定螺栓

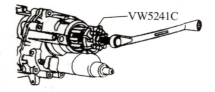

图1-4-19 拆下变速器后盖固定螺栓

(2)变速器后盖的安装如图1-4-20所示。在变速器轴承支座和后盖之间装上新的衬垫。将罩盖放在适当位置,插进带螺母的螺旋销A(M10 mm×70 mm),旋紧螺母,直至罩盖完全顶在变速器上。拆下螺旋销,装上输入轴的固定螺栓,用45 N·m的力矩旋紧。装上轴承支座和后盖的连接螺栓,用25 N·m的力矩旋紧螺栓。

3. 输入轴后轴承的更换

(1)拆卸变速器,将油全部放空。

(2)拆下变速器后盖,再拆下后盖内换挡杆的密封圈。

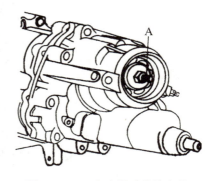

图1-4-20 变速器后盖的安装

（3）拆下内换挡杆的衬套，如图1-4-21所示。

（4）取下挡油圈，如图1-4-22所示，如有必要可用水泵钳帮助拆卸。

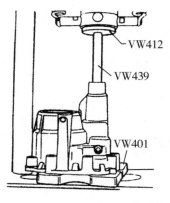
图1-4-21 拆下内换挡杆衬套

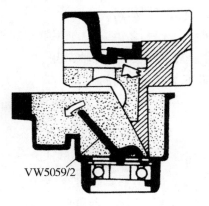
图1-4-22 取下挡油圈

（5）拆下锁环及输入轴后轴承，如图1-4-23所示。

（6）安装新的输入轴轴承，如图1-4-24所示。

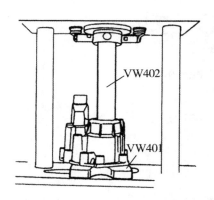
图1-4-23 拆下锁环及输入轴后轴承

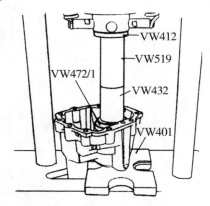
图1-4-24 安装新的输入轴轴承

（7）安装锁环及新的挡油圈，如图1-4-25所示。挡油圈一经拆卸就应更换，在箭头所指的部位冲压将其固定。

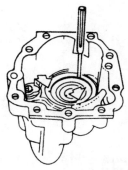
图1-4-25 安装锁环及新的挡油圈

(8)装上内换挡杆的衬套,装上衬套的密封圈。

4.变速器轴承支座的更换

(1)拆下变速器后盖。

(2)拆下1挡和2挡拨叉的锁销,接着把拨叉向左转动。

(3)挂入2挡,取下拨叉轴,如图1-4-26所示。

(4)取下1挡和2挡的拨叉。

(5)取出锁销,取下拨叉轴和5挡齿轮的套管。

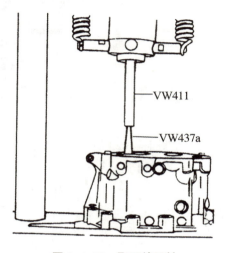

图1-4-26 取下拨叉轴

(6)取下同步器和输入轴的5挡齿轮,如图1-4-27所示。

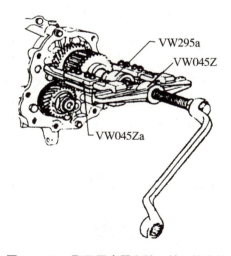

图1-4-27 取下同步器和输入轴5挡齿轮

(7)拆下5挡齿轮滚针轴承内圈和固定垫圈,如图1-4-28所示。

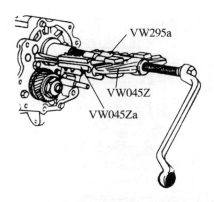

图 1-4-28　拆下 5 挡齿轮滚针轴承内圈和固定垫圈

(8) 挂上 1 挡,锁住输入轴,取下输出轴的 5 挡齿轮紧固螺母,如图 1-4-29 所示。拆下 5 挡齿轮,如图 1-4-30 所示。

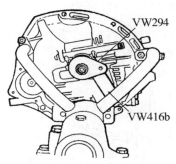

图 1-4-29　取下输出轴 5 挡齿轮紧固螺母

(9) 分开导向锁(不用取下),如图 1-4-31 所示。拆下轴承支座。
(10) 取下 3 挡和 4 挡拨叉的锁销和拨叉轴。
(11) 拆下 R 挡自锁装置及 R 挡拨叉轴。
(12) 拆下输入轴和输出轴,如图 1-4-32 所示。输出轴的外后轴承也在这次操作中取下。
(13) 取出 R 挡轴和齿轮、R 挡传动臂。
(14) 取下输出轴后轴承的止动环。

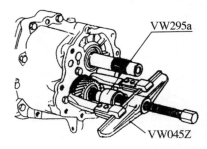

图 1-4-30　拆下输出轴 5 挡齿轮

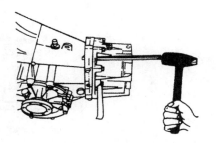

图 1-4-31　分开导向锁(不用取下)

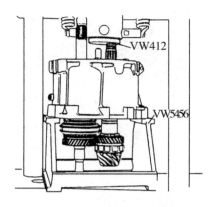

图 1-4-32 拆下输入轴和输出轴

（15）取下拨叉轴衬套，取下互锁销。

（16）拆下输入轴中间轴承，如图 1-4-33 所示。

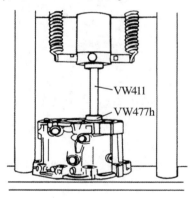

图 1-4-33 拆下输入轴中间轴承

（17）拆下输出轴后轴承外圈，如图 1-4-34 所示。

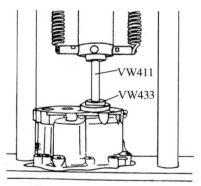

图 1-4-34 拆下输出轴后轴承外圈

(18)钻一个 6 mm 的螺纹,用螺栓将堵塞拆下。拆下自锁弹簧和分离套筒(只要变速器的罩盖更换了,就必须计算输出轴调整垫片 S_3 的厚度)。变速器自锁和互锁装置如图 1-4-35 所示。

(19)将导向套筒和弹簧装在新的轴承支座上。

(20)安装输出轴后轴承外圈,如图 1-4-36 所示。

(21)调整主减速器主动齿轮。

(22)从变速器的壳体上取下轴承支座。装上销环。

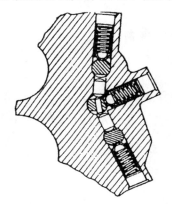

图 1-4-35　变速器自锁和互锁装置

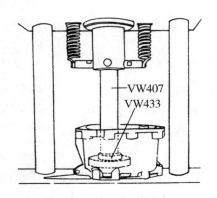

图 1-4-36　安装输出轴后轴承外圈

(23)安装输入轴的中间轴承,如图 1-4-37 所示。

(24)安装后轴承的止动环,用 25 N·m 的力矩旋紧螺栓。

(25)安装拨叉轴衬套,如图 1-4-38 所示。

(26)安装 R 挡齿轮、轴及传动臂,再装上垫圈和 R 挡传动臂的固定螺栓。将传动臂往下(箭头所指方向)压,并插入螺栓,直至碰到传动臂,安装 R 挡传动臂固定螺栓,如图 1-4-39 所示。

(27)将传动臂朝螺栓压去,旋入螺栓,直至听到螺栓旋入的声音。用 35 N·m 的力矩旋紧螺栓,挂几次 R 挡,并证实在各个位置上操作灵活[如果操作不灵活,挂 R 挡就不可能,重复第(26)和(27)步的操作]。

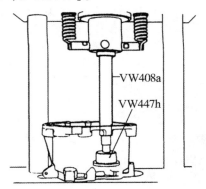

图 1-4-37　安装输入轴中间轴承

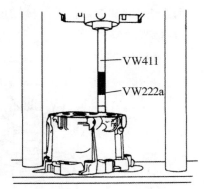

图 1-4-38　安装拨叉轴衬套

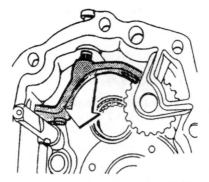

图 1-4-39　安装 R 挡传动臂固定螺栓

(28)安装 R 挡的自锁装置,取下 R 挡轴和齿轮。

(29)将带拨叉的 1 挡和 2 挡拨叉轴及输出轴装在轴承支座上。

(30)安装 R 挡轴和 R 挡齿轮。将带 3 挡和 4 挡拨叉的输入轴及输出轴的外后轴承安装在轴承支座上,如图 1-4-40 所示。

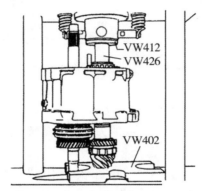

图 1-4-40　将输入轴及输出轴的外后轴承安装在轴承支座上

(31)安装 3 挡和 4 挡的拨叉轴和拨叉,并用锁销固定。

(32)用 120 ℃的温度给输出轴的 5 挡齿轮、滚针轴承的内圈和同步器的壳体加热。

(33)安装固定垫圈和 5 挡齿轮滚针轴承的内圈,如图 1-4-41 所示,使用 VW224b 和锤子正确地将其放在适当的位置。

图 1-4-41　安装固定垫圈和 5 挡齿轮滚针轴承内圈

(34)将5挡齿轮装在输出轴上,如图1-4-42所示。将同步器和5挡拨叉装在输入轴上。

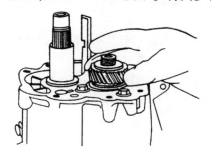

图1-4-42　将5挡齿轮装在输出轴上

(35)将套管装在输入轴上,如图1-4-43所示。

图1-4-43　将套管装在输入轴上

(36)用新的衬垫,将轴承支座装在变速器壳体上,并用25 N·m的力矩旋紧连接螺栓。
(37)挂上1挡,锁住输入轴。装上输出轴的螺母,并用100 N·m的力矩旋紧。
(38)在拨叉轴上装上1挡和2挡拨叉。
(39)安装内换挡杆,如图1-4-44所示,将弹簧的两端放在3挡和4挡的拨叉轴上。将凸缘部分与拨叉轴的凹槽对齐(成直线),将内换挡杆朝左转动。
(40)用锁销固定1挡和2挡拨叉,如图1-4-45所示。用锁销固定5挡的拨叉。
(41)使用新的密封衬垫,装上变速器的后盖。

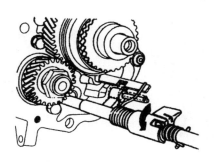

图1-4-44　安装内换挡杆

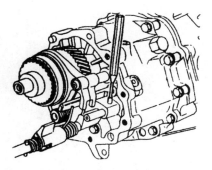

图1-4-45　用锁销固定1挡和2挡拨叉

三、故障分析

三轴变速器的常见故障有自动跳挡、异响和漏油等,三轴变速器的常见故障与排除如表1-4-1所示。

表 1-4-1 三轴变速器的常见故障与排除

故障现象	故障原因	故障排除方法
自动跳挡	齿轮间隙过大 变速器壳松动	更换齿轮 紧固螺栓或重新安装
空挡时发响	轴承磨损或发干 输入轴轴承损坏 齿轮磨损及轮齿折断 齿轮磨损或弯曲 导向轴承松动	更换轴承、添加润滑油 更换轴承 更换齿轮 更换或校正 更换轴承
啮合时发响	润滑油型号不对或不足 输入轴后轴承磨损 更换齿轮时没有成对更换	选用规定润滑油型号或添足 更换轴承 应成对更换新件
漏油	密封件破损 壳体上的紧固螺钉松动 变速器通气管堵塞	更换密封件 按规定扭矩拧紧 检查并排除

项目一 新能源汽车传动系统

任务工单6 三轴变速器构造与动力传递路线

姓名		班级		学号		成绩	
日期		组号		教师签字			
学习目标	知识目标	1.能正确描述混合动力汽车变速器的基本组成和作用。 2.能描述混合动力汽车变速器动力传递路线。					
	能力目标	1.能正确识别汽车中变速器的安装位置。 2.能根据所给定的车型正确判断其变速器类型、挡位及动力传递路线。					
设备和工具准备		多媒体教学设备和课件、网络教学资源、维修资料、实训汽车、举升机					
实训工作要点与操作		通过学习、查阅相关资料或网络信息回答下列问题。 1.在实训车间及校内观察,各种型号的汽车都是什么类型的变速器? 2.结合实训汽车的实物观察,如图1-4-46所示,变速器是(　　)轴式变速器,它是(　　)挡变速器,它主要用于_____驱动车上,中间轴上的齿轮是_____连接在中间轴上,输出齿轮是_____在输出轴上,输出轴上的换挡毂套是_____在输出轴上,当拨叉拨到2时变速器处于(　　)挡,写出动力传递路线。(可以给零件标上号码)。 　　发动机→飞轮→(　　)→输入轴→(　　)→(　　)→(　　)→(　　)→(　　)→(　　)→输出轴→差速器。 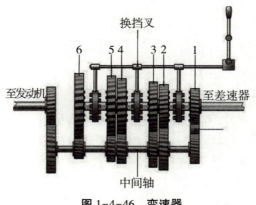 图1-4-46　变速器					

93

续表

实训工作要点与操作	3.结合实训汽车的实物,简述自锁装置、互锁装置的组成,并分别概述其作用。 4.结合实训汽车的实物,简述同步器的结构组成和作用。
	个人扩展知识

任务五　新能源汽车变速器操纵机构

> **案例引入**
>
> 开了五年的科鲁兹汽车挂挡困难，挂 R 挡总是挂到 1 挡，1 挡、2 挡和 4 挡也不好挂，换挡没有吸入感，挂上感觉没到位，轻轻一碰就到空挡了，连离合器都不用踩。

变速器操纵机构的功用是保证驾驶员能准确可靠地将变速器挂入所需要的挡位，并可随时退至空挡。

变速器操纵机构按照变速操纵杆（变速杆）的位置不同，可分为直接操纵式和远距离操纵式两种类型。

一、直接操纵式

直接操纵式的变速器布置在驾驶员座椅附近，变速杆由驾驶室底板伸出，驾驶员可以直接操纵，解放 CA1091 中型货车 6 挡变速器操纵机构就采用这种形式，直接操纵式变速器操纵机构如图 1-5-1 所示。其多用于发动机前置后轮驱动的车辆。

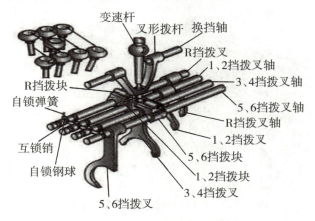

图 1-5-1　直接操纵式变速器操纵机构

拨叉轴两端均支承于变速器盖的相应孔中，可以轴向滑动，所有的拨叉轴和拨叉块都以弹性销固定于相应的拨叉轴上。3、4 挡拨叉上端有拨块。拨叉和拨块的顶部有凹槽。变速器处于空挡时，各凹槽在横向平面内对齐，叉形拨杆下端的球头即深入这些凹槽中。换挡时可使变速杆绕其中部球形支点横向摆动，则其下端推动叉形拨杆绕换挡轴的轴线摆动，从而使叉形拨杆下端球头对准所选挡位对应的拨块凹槽，然后使变速杆轴向摆动，带动拨叉轴及拨叉向前或向后移动，即可实现挂挡。例如横向摆动变速杆是叉形拨杆下端球头深入拨块顶部凹槽中的，拨块连同拨叉轴和拨叉沿纵向向前移动一定距离，便可挂入 2 挡，若向后移动一段距离，则挂入 1 挡。当使叉形拨杆下端球头深入拨块的凹槽中，并使其向前移动距离时，便挂入 R 挡。

各种变速器由于挡位数及挡位排列位置不同，其拨叉和拨叉轴的数量级排列位置也不相同。例如，上述 6 挡变速器的 6 个前进挡用了三根拨叉轴，R 挡独立使用了一根拨叉轴，共有四根拨叉轴，而东风 EQ1092 的 5 挡变速器具有三根拨叉轴，其 2 挡、3 挡和 4 挡、5 挡各用一根拨叉轴，1 挡和 R 挡共用一根拨叉轴。

二、远距离操纵式

在有些汽车上，由于变速器离驾驶员座椅较远，则需要在变速杆与拨叉之间加装一些辅助杠杆或一套传动机构，构成远距离操纵机构。这种操纵机构多用于发动机前置前轮驱动的轿车上，如桑塔纳 2000GSI 型轿车的 5 挡手动变速器。由于变速器安装在前驱动桥处，远离驾驶员座椅，因此需要采用这种操纵方式，远距离操纵式变速器操纵机构，如图 1-5-2 所示。而在变速器壳体上则有类似于直接操纵式的内换挡机构，如图 1-5-3 所示。

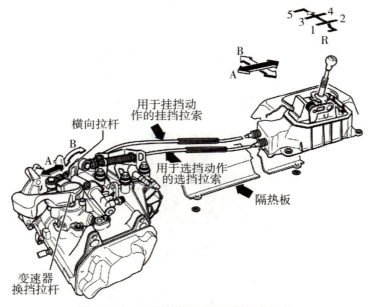

图 1-5-2　远距离操纵式变速器操纵机构

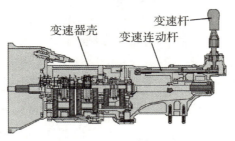

图 1-5-3　直接操纵式的内换挡机构

有些轿车和轻型货车的变速器,将变速杆安装在转向柱管上,如图 1-5-4 所示。

因此,在变速杆与变速器之间也是通过一系列的传动件进行传动的,这也是远距离操纵方式,它具有变速杆占据驾驶室空间小、乘坐方便的优点。

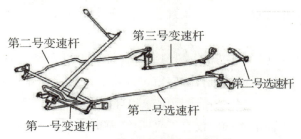

图 1-5-4　变速杆安装在转向柱管上

三、电子换挡装置

电子换挡装置是现代新能源汽车应用比较广泛的一种换挡装置,它是由换挡执行器和挡位控制器组成的。

1.换挡执行器

换挡执行器是人机对话的窗口,自动变速器挡位显示在换挡手柄上,P 挡是驻车挡,踩下制动踏板,启动车辆 OK 灯亮起后,即可将挡位从 P 挡位切换至其他挡位;R 挡是倒车挡,在汽车停稳后方可使用;N 挡是空挡,在需要停车时使用;D 挡是行车挡,供正常行驶时使用。除在启动时要踩下制动踏板外,其他时候挡位之间的切换直接操纵换挡操纵杆即可实现。换挡成功后,手松开,换挡杆自动回到中间位置。比亚迪 E6 换挡执行器如图 1-5-5 所示。

图 1-5-5　比亚迪 E6 换挡执行器

2.挡位控制器

挡位控制器是用来控制电动汽车前进、后退和停车等动作的部件,由于电动汽车与传统燃油汽车的控制方式不同,所以挡位控制类似自动挡。比亚迪 E6 挡位控制器如图 1-5-6 所示。

图 1-5-6　比亚迪 E6 挡位控制器

四、换挡锁止装置

为了保证变速器在任何情况下都能准确、安全、可靠地工作,变速器操纵机构一般都具有换挡锁止装置。换挡锁止装置包括自锁装置、互锁装置和R挡锁止装置。

1. 自锁装置

自锁装置用于防止变速器自动脱挡或挂挡,并保证轮齿以全尺宽啮合,大多数变速器的自锁装置都是采用自锁钢球对拨叉轴进行轴向定位锁止的。自锁和互锁装置如图 1-5-7 所示,在变速器盖中钻有三个深孔,空孔装有自锁钢球和自锁弹簧,其位置正处于拨叉轴的正上方,每根拨叉轴对着钢球的表面沿着轴向设有三个凹槽,槽的深度小于钢球的半径,中间的凹槽对正钢球时为空挡位置,前边或后边的凹槽对正钢球时则处于某一个工作挡位置,相邻凹槽之间的距离保证齿轮处于全齿长啮合或是完全退出啮合。凹槽对正钢球时,钢球便在自锁弹簧的压力作用下潜入该凹槽内,拨叉轴的轴向位置便被固定,不能自行挂入挡位或自行脱挡。当需要换挡时,驾驶员通过变速杆对拨叉轴施加一定的轴向力,克服自锁弹簧的压力而将自锁钢球从拨叉轴凹槽中挤出并推回孔中,拨叉轴便可划过钢球进行轴向移动,并带动拨叉及相应的接合套或员滑动齿轮轴向移动,当拨叉轴移至其另一凹槽与钢球相对正时,钢球又被压入凹槽,驾驶员具有很强的手感,此时拨叉所带动的接合套或滑动齿轮便被拨入空挡或被拨入工作挡位。

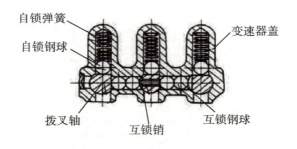

图 1-5-7　自锁和互锁装置

2. 互锁装置

互锁装置用于防止同时挂上两个挡位。互锁装置如图 1-5-8 所示,互锁装置由互锁钢球和互锁销组成。当变速器处于空挡时,所有拨叉轴的侧面凹槽同互锁钢球、互锁销都在一条直线上。当移动中间拨叉轴2时,如图 1-5-8(a)所示,拨叉轴2两侧的内钢球从其侧凹槽中被挤出,而两外钢球6和4则分别嵌入拨叉轴1和拨叉轴3的侧面凹槽中,因而将拨叉轴1和拨叉轴3刚性地锁止在其空挡位置。若移动拨叉轴3,则应该将拨叉轴2退回到空挡位置,于是在移动拨叉轴3时,钢球4便从拨叉轴3的凹槽中被挤出,直接通过互锁销5和其他钢球将拨叉轴2和拨叉轴1均锁止在空挡位置,如图 1-5-8(c)所示。由此可知,互锁装置工作的机理是当驾驶员用变速杆推动某一个拨叉轴时,即可自动锁止其余的拨叉轴,从而防止同时挂上两个挡位。

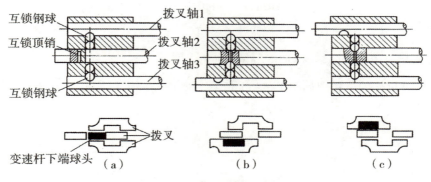

图 1-5-8 互锁装置

有的 3 挡变速器将自锁和互锁装置合二为一,合二为一的自锁和互锁装置如图 1-5-9 所示。

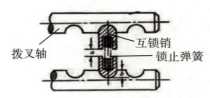

图 1-5-9 合二为一的自锁和互锁装置

3.R 挡锁止装置

R 挡锁止装置用于防止误挂入 R 挡。锁销式 R 挡锁装置如图 1-5-10 所示。当驾驶员想挂入 R 挡时,必须用较大的力量使变速杆下端压缩弹簧,将锁销推入锁销孔内,才能使变速杆下端进入拨块 3 的凹槽中进行换挡。由此可见,R 挡锁的作用是使驾驶员必须对变速杆施加更大的力,才能挂入 R 挡,因而可以起到警示注意作用,以防止误挂入 R 挡。

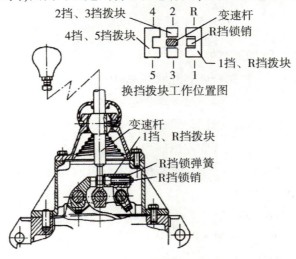

图 1-5-10 锁销式 R 挡锁

五、故障检修

(一)变速器操纵机构的检修

变速器操纵机构的分解图如图 1-5-11 所示。变速器操纵机构有关零部件的拆装与调整均可参考此图。

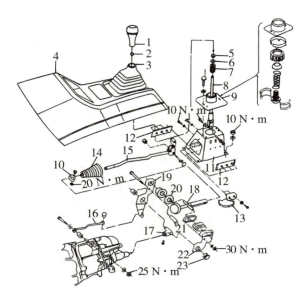

1—换挡手柄;2—防尘罩衬套;3—防尘罩;4—仪表板;5—锁环;6—挡圈;7—弹簧;8—上换挡杆;9—换挡杆支架;10—夹箍;11—变速杆罩壳;12—缓冲垫;13—R 挡缓冲垫;14—密封罩;15—下换挡杆;16—支承杆;17—离合块;18—换挡连接套;19—轴承右侧压板;20—罩盖;21—支承轴;22—轴承左侧压板;23—塑料衬套

图 1-5-11 变速操纵机构分解图

1.变速器操纵机构的调整

(1)挂入 1 挡。

(2)将上换挡杆向左推至缓冲垫处。

(3)慢慢松开上换挡杆,上换挡杆朝右返回约 5~10 mm。

(4)挂入 5 挡。

(5)将上换挡杆向右推至缓冲垫处。

(6)慢慢松开上换挡杆,上换挡杆朝左返回约 5~10 mm。

(7)当上换挡杆朝 1 挡和 5 挡压去时,上换挡杆大致返回同样的距离,如有必要,可通过移动换挡杆支架的椭圆形孔进行调整。

(8)检查各挡齿轮啮合是否平滑。

(9)如果啮合困难,就要进行调整。

(10)将上换挡杆置于极限位置上。

（11）旋松夹箍螺母，如图1-5-12所示，移动上换挡杆，要求下换挡杆在连接时自由滑动。

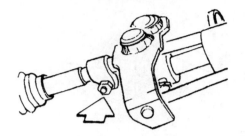

图1-5-12　旋松夹箍螺母

（12）取下换挡手柄和防尘罩。

（13）如图1-5-13所示，将换挡杆支架孔与变速杆罩壳的孔对准，并旋紧螺栓。

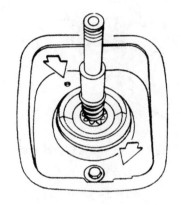

图1-5-13　换挡杆支架孔与变速杆罩壳的孔对准

（14）用专用工具VW5305/7进行安装，将其嵌入换挡杆支架前孔中，将上换挡杆放在"C"位置上，如图1-5-14所示。

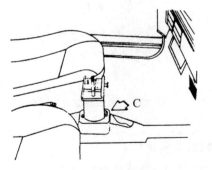

图1-5-14　将上换挡杆放在"C"位置上

（15）轻轻地旋紧下面的螺栓，将专用工具VW5305/7固定好，如图1-5-15所示。

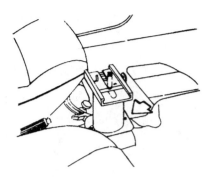

图 1-5-15　固定专用工具 VW5305/7

（16）将上换挡杆放到最右面，直至缓冲垫，旋紧定位器螺栓，如图 1-5-16 所示。

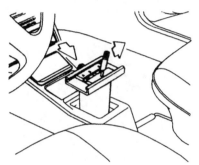

图 1-5-16　旋紧定位器螺栓

（17）将上换挡杆放在"B"位置上，如图 1-5-17 箭头所示。

图 1-5-17　将上换挡杆放在"B"位置上

（18）用 20 N·m 的力矩旋紧夹箍螺母。

（19）取下专用工具 VW5305/7。

（20）挂入 1 挡，将上换挡杆向左压到底。

（21）松开上换挡杆，由于弹簧的作用上换挡杆返回到右边。

（22）挂入 5 挡，将上换挡杆向右压到底。

（23）松开上换挡杆，由于弹簧的作用，上换挡杆返回到左边（在挂入 1 挡和 5 挡时，上换挡杆大致返回相同的距离。如果不是这样，可移动换挡杆支架上的椭圆形孔来修正）。

（24）先后挂入所有的挡位，特别要注意 R 挡的锁止功能。

（25）装上仪表板、防尘罩和换挡手柄。

2. 上换挡杆的拆卸和安装

（1）上换挡杆的拆卸。拆下换挡手柄，取下防尘罩，取下仪表板。拆下固定在上换挡杆的弹簧锁环（注意锁环一经拆卸，就要更换），取下挡圈和弹簧。拆下换挡杆支架，拆下变速控制器罩壳，使上、下换挡杆脱离。

（2）上换挡杆的安装。上换挡杆的安装按照与拆卸相反的顺序进行安装，但要注意以下事项。

①检查所有零件的完好情况，更换已经损坏的零件。

②润滑衬套和挡圈。

③调整上换挡杆。

④使用快干胶固定换挡手柄。

3. 换挡杆支架的拆卸和安装

（1）换挡杆支架的拆卸。取下换挡手柄和防尘罩。拆下锁环、挡圈和弹簧（锁环一经拆卸，就要更换）。拆下换挡杆支架的固定螺栓，取下换挡杆支架。用手取下换挡杆支架，上换挡杆支架零件分解图如图 1-5-18 所示。换挡杆支架只有加润滑油时才分解，一旦发现任何零件损坏，就要全部更换。

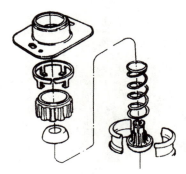

图 1-5-18　上换挡杆支架零件分解图

（2）换挡杆支架的安装。用润滑脂润滑换挡杆支架内部件，装上换挡杆支架，螺栓不用旋紧，将换挡杆支架上的孔与变速操纵机构罩壳上的孔对准，用 10 N·m 的力矩旋紧螺栓。装上弹簧、挡圈和新的锁环。检查各挡的啮合情况（如有必要移动换挡杆支架上的椭圆孔来调整）。装上防尘罩和手柄（使用快干胶固定换挡手柄）。

六、故障分析

新能源汽车变速器的常见故障有换挡困难、自动跳挡等。新能源汽车变速器的常见故障与排除如表 1-5-1 所示。

表 1-5-1　新能源汽车变速器常见故障与排除

故障现象	故障原因	故障排除方法
换挡困难	换挡杆件调整不当 换挡拨叉弯曲	调整换挡杆件 更换或校正换挡拨叉
自动跳挡	换挡杆件调整不当 自锁弹簧弹力不足 拨叉轴定位球槽附近磨损、损伤	调整换挡杆件 更换弹簧 更换新件

项目一 新能源汽车传动系统

任务工单7 新能源汽车变速器操纵机构认知与拆装

姓名		班级		学号		成绩	
日期		组号		教师签字			
学习目标	知识目标	1.能正确描述变速器操纵机构的基本组成和作用。 2.能描述变速器操纵机构的类型。					
	能力目标	1.能正确识别实训汽车的变速器操纵机构组成部分的安装位置。 2.能根据所给定的车型正确判断其变速器操纵机构的类型。					
设备和工具准备	多媒体教学设备和课件、网络教学资源、维修资料、实训汽车、举升机						

实训工作要点与操作

通过学习、查阅相关资料或网络信息回答下列问题。

1.在实训车间内观察,实训汽车是什么类型的变速器操纵机构及有几个挡位?

2.如图1-5-19所示,结合实训车间的实物观察和直接操纵机构,分别写出各零件的名称。

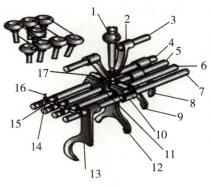

图1-5-19 直接操纵机构

(1)_____;(2)_____;(3)_____;
(4)_____;(5)_____;(6)_____;
(7)_____;(8)_____;(9)_____;
(10)_____;(11)_____;(12)_____;
(13)_____;(14)_____;(15)_____;
(16)_____;(17)_____。

续表

实训工作要点与操作	2.如图1-5-20所示,结合实训汽车的实物,简述远程换挡机构,换挡杆A、B两个运动方向分别是干什么的? 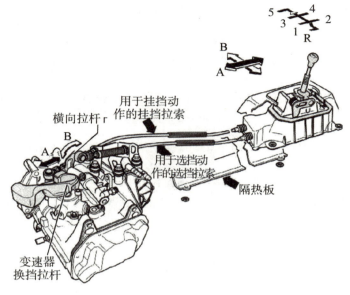 图1-5-20 远程换挡机构 A _____, B _____。 3.变速器操纵机构换挡困难、自动跳挡的故障原因和排除方法有哪些?

个人扩展知识

项目一 新能源汽车传动系统

任务六 驱动桥的保养

案例引入

> 一辆汽车以 40 km/h 以上的速度行驶时,驱动桥会发出一种不正常的响声,且车速越快响声越大,而当滑行或低速时响声减小或消失。

一、驱动桥的功用

驱动桥的功用是将由变速器传来的发动机转矩传给驱动车轮,并经过降速增扭,改变动力传动方向,使汽车行驶,而且允许左右驱动车轮以不同的转速旋转。

二、驱动桥的组成

驱动桥一般由主减速器、差速器、半轴及桥壳等组成,驱动桥的组成如图 1-6-1 所示。

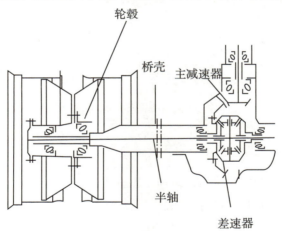

图 1-6-1 驱动桥的组成

驱动桥是传动系统的最后一个总成,发动机的动力传到驱动桥后,首先传到主减速器,在这里将转矩放大并降低转速后,经差速器分配给左右半轴,最后通过半轴外端的凸缘传到驱动车轮,驱动桥的主要零部件都装在驱动桥的桥壳之中。桥壳主要由主减速器壳和半轴套管组成。

三、驱动桥的分类

按照悬架结构的不同,驱动桥可以分为整体式驱动桥和断开式驱动桥。整体式驱动桥又

107

称为非断开式驱动桥。

1. 整体式驱动桥

整体式驱动桥与非独立悬架一起使用。其驱动桥壳为刚性的整体。驱动桥两端通过悬架与车架或车身连接,左右半轴始终在一条直线上,即左右驱动轮不能相互独立跳动,当某一侧车轮通过地面的突出物或者凹坑升高、下降时,整个驱动桥及车身都要随之发生倾斜,车身摆动大。

2. 断开式驱动桥

断开式驱动桥与独立悬架配用,其主减速器固定在车身上或者是车架上,驱动桥壳支承分段并用铰链连接,半轴也分段并用万向节连接,驱动桥两端分别用悬架或车身连接。这样两侧驱动车轮及桥壳可以彼此独立地相对于车架或者车身上下跳动。断开式驱动桥如图1-6-2所示。

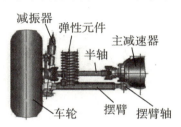

图1-6-2 断开式驱动桥

四、主减速器的功用及分类

(一) 主减速器的功用

主减速器的功用是将输入的转矩增大并相应降低转速,以及当发动机纵置时,还具有改变转矩旋转方向的作用。

(二) 主减速器的分类

为了满足不同的需求,主减速器的结构形式是不同的。按参加减速传动的齿轮副数不同,分为单级主减速器和双级主减速器,在双级主减速器中,若第二级减速器齿轮有两副,并分别置于两侧车轮附近,实际上成为独立部件,则称为轮边减速器。按主减速器主传动比挡数不同,分为单速式和双速式。前者的传动比是固定的,后者有两个传动比供驾驶员选择,以适应不同行驶条件的需要,按齿轮副结构形式不同分为圆柱齿轮式、锥齿轮式和准双齿轮式。

1. 单级主减速器

单级主减速器结构简单、质量小、体积小、传动效率高,主要用于轿车及中型以下货车。对于发动机纵向布置的汽车,由于需要改变动力的传递方向,单级主减速器都采用一对圆锥齿轮传动。桑塔纳等发动机横向布置的汽车,单级主减速器采用一对圆柱齿轮即可。

桑塔纳轿车的单级主减速器如图1-6-3所示,由于发动机纵向前置前轮驱动,整个传动系都集中布置在汽车前部,因此其主减速器装在变速器壳体内,没有专门的主减速器壳。由于省去了变速器到主减速器之间的驱动桥,所以,变速器输出轴即为主减速器主动轴,主减速器由一对准双曲面锥齿轮组成,主动锥齿轮的齿数为9,从动锥齿轮的齿数为40,其转动比约为4.444。主动锥齿轮与变速器输出轴制成一体,双列圆锥滚子轴承在变速器壳体内,属于悬臂式支承。

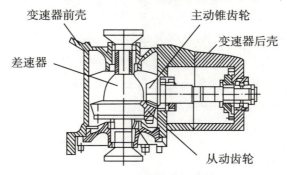

图 1-6-3 桑塔纳轿车的单级主减速器

2.双级主减速器

对一些载重量较大的载货汽车和公共汽车及行驶路面条件差的越野车来说,根据发动机特性和使用条件,要求主减速器具有较大的传动比,由一对锥形齿轮构成的单级主减速器已不能保证足够的离地间隙,这时则需要用两对减速齿轮降速增矩的双级主减速器。

双级减速器相对于单级减速器,多了一个中间过渡齿轮,主动锥齿轮左侧与中间齿轮的从动锥齿轮部分啮合,从动锥齿轮同轴有一个小直径的直齿轮,直齿轮与从动齿轮啮合。这样中间齿轮向后转动,从动齿轮向前转动,就实现了两级减速过程。双级主减速器如图 1-6-4 所示。

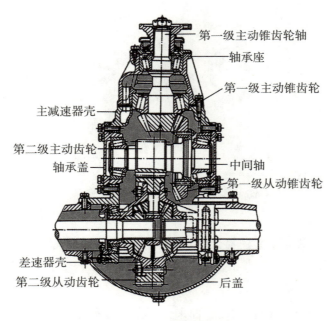

图 1-6-4 双级主减速器

在双级式主减速器中,若第二级减速在车轮附近进行,实际上构成两个车轮处的独立部件,则称为轮边减速器。这样做的好处是可以减小半轴所传递的转矩,有利于减小半轴的尺寸和质量。轮边减速器可以是行星齿轮式的,也可以由一对圆柱齿轮副构成。

第一级传动为一对螺旋锥齿轮,其传动比为 25/13≈1.923,它具有单级锥齿轮的基本调整装置、轴承的预紧度调整装置和齿轮啮合状况的调整装置。主动锥齿轮通常采用悬臂式支承。

第二级传动为一对斜圆柱齿轮,其传动比为 45/15=3。第二级主动齿轮与中间轴制造成一体,用两个圆锥滚子轴承支承在轴承座的座孔中。调整垫片只能调整第一级锥齿轮副的啮合状态,不能调整第二级圆柱斜齿轮的啮合状况,它只能使第二级圆柱齿轮轴向移动,调整齿轮的啮合长度,使啮合副相对正。

五、差速器的功用与分类

差速器的功用是将主减速器传来的动力传给左右两半轴,并在必要时允许左右半轴以不同转速旋转,使左右驱动车轮相对于地面纯滚动而不是滑动。差速器按其工作特性可分为普通齿轮式差速器和防滑差速器两大类,按其用途可分为轮间差速器和轴间差速器。

1.普通齿轮式差速器

普通齿轮式差速器分为圆锥齿轮式和圆柱齿轮式两种,目前应用广泛的是圆锥齿轮式差速器。桑塔纳 3000 轿车差速器如图 1-6-5 所示,差速器由差速器壳、行星齿轮轴、两个行星齿轮、两个半轴齿轮复合式推力垫片等组成。行星齿轮轴装入差速器壳后用止动销定位,行星齿轮和半轴齿轮的背面制成球面,与复合式推力垫片相配合,以减少摩擦。螺纹套用于紧固半轴齿轮。差速器通过一对圆锥滚子轴承支承在变速器壳体中。

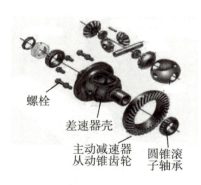

图 1-6-5 桑塔纳 3000 轿车差速器

主减速器传来的动力带动差速器壳转动,经过行星齿轮轴、行星齿轮、半轴齿轮、半轴,最后传给两侧驱动车轮。

2.防滑差速器

汽车上常用的差速器有多种形式,下面来介绍托森差速器的构造和工作原理。奥迪 A4 全轮驱动轿车前后驱动桥之间采用的新型托森差速器如图 1-6-6 所示,"托森"表示转矩灵敏,它是一种轴间自锁差速器,装在变速器后端,转矩由变速器输出轴传给托森差速器,再由差速器直接分配给前驱动桥和后驱动桥。

图 1-6-6 托森差速器

托森差速器由差速器壳、6个涡轮轴、12个直齿圆柱齿轮及前后蜗杆组成。当前后驱动桥无转速差时,涡轮绕自身轴自转,各涡轮蜗杆与差速器壳一起等速转动,差速器不起差速作用。当前、后驱动桥需要有转速差,例如汽车转弯时,因前轮转弯半径大,故差速器起差速作用。此时,涡轮除了公转传递动力外,还要自转,由于直齿圆柱齿轮相互啮合,故前后涡轮自转方向相反,从而使前轴蜗杆转速增加,后轴蜗杆转速减小,实现了差速。托森差速器起差速作用时,蜗杆与涡轮啮合副之间的摩擦作用,使转速较低的后驱动桥比转速高的前驱动桥分配到更大的转矩。若后桥分配的转矩达到一定程度而出现滑转时,则后桥转速升高一点,转矩又立刻重新分配给前桥一些,所以驱动力的分配可根据转弯的要求自动调节,使汽车转弯时具有良好的稳定性。当前、后驱动桥中某一桥因附着力小而出现滑转时,差速器立即起作用,将大部分的转矩分配给附着力好的另一驱动桥,从而提高了汽车通过坏路面的能力。

六、故障检修

(一)主动锥齿轮和从动锥齿轮总成的更换

1.主动锥齿轮和从动锥齿轮总成的拆卸

(1)拆卸变速器,将其固定在支架上。拆下轴承支座和后盖。

(2)取下车速里程表的传感器,如图 1-6-7 所示。

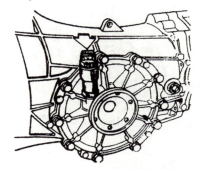

图 1-6-7 取下车速里程表的传感器

(3)锁住传动轴(半轴),拆卸紧固螺栓,如图 1-6-8 所示。取下传动轴。

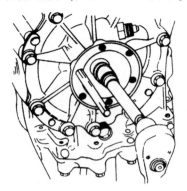

图 1-6-8　拆卸紧固螺栓

(4)取下车速里程表的主动齿轮导向器和齿轮。

(5)拆下主减速器盖,如图 1-6-9 所示。从变速器壳体上取下差速器。

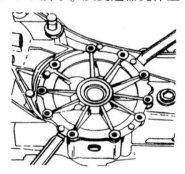

图 1-6-9　拆下主减速器盖

(6)用铝质的夹具将差速器壳固定在台虎钳上,拆下从动齿轮的紧固螺栓。从动锥齿轮的紧固螺栓是自动锁紧的,一经拆卸就必须更换。

(7)拆卸从动锥齿轮,如图 1-6-10 所示。

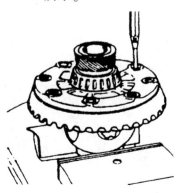

图 1-6-10　拆卸从动锥齿轮

（8）拆下并分解变速器输出轴。仔细检查所有零件，尤其是同步器环和齿轮，对于损坏和磨损的，应进行更换。

2. 主动锥齿轮和从动锥齿轮总成的安装

（1）在变速器输出轴上装上所有齿轮、轴承及同步器，计算输出轴的调整垫片 S_3 的厚度。

（2）安装从动锥齿轮，如图1-6-11所示，用120 ℃的温度给从动锥齿轮加热，并将其装在差速器壳上，安装时用两个螺纹销做导向。

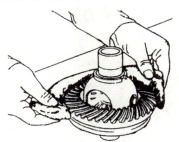

图1-6-11　安装从动锥齿轮

（3）装上新的从动锥齿轮螺栓，并用70 N·m的力矩交替旋紧。

（4）计算从动齿轮的调整垫片 S_1 和 S_2 的厚度。把计算好的垫片装在适当的位置上。

（5）将轴承支座装在变速器壳体上，并使用新的衬垫。装上变速器后盖。

（6）将差速器装在变速器壳体上。将主减速器盖装在壳体上，用25 N·m的力矩旋紧螺栓。

（7）装上车速里程表的主动齿轮和导向器。装上车速里程表的传感器。

（8）装上半轴凸缘中的一个，用凿子将它锁住，装上螺栓，用20 N·m的力矩把它旋紧。装另一个半轴凸缘。

（9）加注齿轮油并装上变速器。

(二) 半轴齿轮和行星齿轮的更换

1. 半轴齿轮和行星齿轮的拆卸

（1）拆下变速器，拆下差速器，拆下从动锥齿轮。

（2）拆下行星齿轮轴的夹紧套筒，如图1-6-12所示。

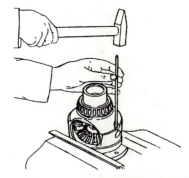

图1-6-12　拆下行星齿轮轴的夹紧套筒

(3)取下行星齿轮轴,再取下行星齿轮和半轴齿轮。

2.半轴齿轮和行星齿轮的安装

在安装之前,检查复合式止推垫片是否损坏,如是应进行更换。

(1)通过半轴凸缘将半轴齿轮固定在差速器壳上,安装半轴齿轮,如图 1-6-13 所示。

图 1-6-13　安装半轴齿轮

(2)将行星齿轮放在适当的位置上,接着转动半轴凸缘使行星齿轮进入差速器壳,安装行星齿轮,如图 1-6-14 所示。

图 1-6-14　安装行星齿轮

(3)安装行星齿轮轴,如图 1-6-15 所示。在行星齿轮轴装上夹紧销。

图 1-6-15　安装行星齿轮轴

(4)取下差速器半轴凸缘。用120 ℃的温度加热,将从动锥齿轮装在差速器壳上。

(5)将差速器装在变速器壳体内,装上半轴凸缘。

(6)装上变速器。

(三)差速器壳的更换

1.差速器壳的拆卸

(1)拆卸变速器,拆下差速器。

(2)拆下差速器轴承(与从动锥齿轮相对的一边),如图1-6-16所示。

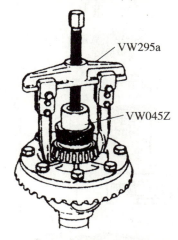

图1-6-16　拆下差速器轴承(与从动锥齿轮相对的一边)

(3)拆下差速器另一边轴承,如图1-6-17所示。同时取下车速里程表主动齿轮和锁紧套筒。

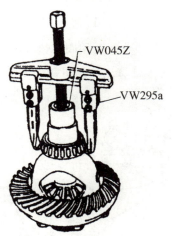

图1-6-17　拆下差速器另一边轴承

(4)拆下变速器侧面的密封圈,如图1-6-18所示。

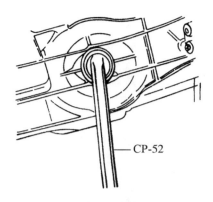

图 1-6-18　拆下变速器侧面的密封圈

(5) 从主减速器盖上拆下差速器轴承外圈和调整垫片 S_1，如图 1-6-19 所示。

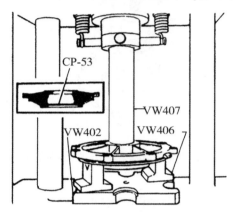

图 1-6-19　拆下差速器轴承外圈和调整垫片 S_1

(6) 从变速器壳体上拆下差速器轴承外圈和调整垫片 S_2，如图 1-6-20 所示。当更换差速器轴承时，外圈需一起更换，同时必须计算出从动齿轮的调整垫片 S_1 和 S_2 的厚度。

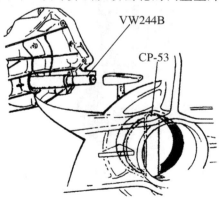

图 1-6-20　拆下另一边差速器轴承外圈和调整垫片 S_2

2. 差速器壳的安装

（1）计算从动锥齿轮调整垫片 S_1 和 S_2 的厚度。

（2）安装调整垫片 S_2 和差速器轴承外圈，如图 1-6-21 所示。

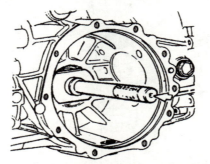

图 1-6-21　安装调整垫片 S_2 和差速器轴承外圈

（3）安装调整垫片 S_1 和轴承外圈，如图 1-6-22 所示。

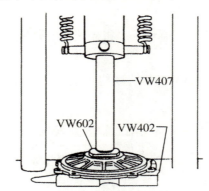

图 1-6-22　安装调整垫片 S_1 和轴承外圈

（4）装上变速器的侧面密封圈。用 120 ℃的温度加热差速器轴承（与从动齿轮相对一面）并装在差速器壳上。

（5）将轴承压到位，压入轴承，如图 1-6-23 所示。

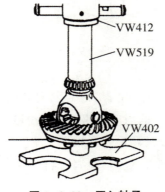

图 1-6-23　压入轴承

(6)用 120 ℃的温度加热差速器另一轴承,并装在差速器罩壳上。

(7)安装车速里程表主动齿轮和锁紧套筒,如图 1-6-24 所示,使 $X=1.8$ mm(VW433a 只能支撑在锁紧套筒上,以免齿轮受损)。

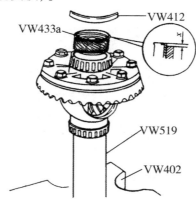

图 1-6-24　安装车速里程表主动齿轮和锁紧套筒

(8)用适当的变速器油润滑差速器轴承。将差速器装入变速器壳体内,装上主减速器盖。拆下变速器后盖和轴承支座。

(9)用专用工具 VW521/4 和 VW521/8,同扭力扳手一起装在差速器上,安装专用工具如图 1-6-25 所示。

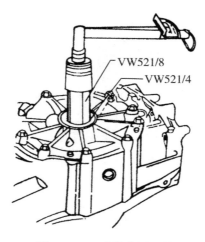

图 1-6-25　安装专用工具

(10)通过扭力扳手,转动差速器,检查摩擦力矩,对新的轴承来说最小应为 2.5 N·m(要检查摩擦力矩,必须将差速器轴承用适当的变速器油润滑过)。

(11)调整从动锥齿轮。装上变速器后盖和轴承支座。

(12)装上半轴凸缘并给变速器加入变速器润滑油。装上变速器。

（四）从动锥齿轮和主动锥齿轮总成的调整

主动锥齿轮和从动锥齿轮调整的正确与否，对于主减速器的使用寿命长短和运转是否平顺起着决定性作用，主减速器和差速器总成拆装后，特别是更换某些零部件后，必须通过精确的测量、计算，选出合适的调整垫片，通过改变垫片的厚度来轴向移动主动齿轮，求得平稳运转的最佳位置。通过改变垫片的厚度来轴向移动变速器输出轴上的从动齿轮，使其啮合承压表面（啮合印痕）在最佳位置，并使啮合间隙在规定的公差范围。

从动齿轮和主动锥齿轮总成的调整部位如图 1-6-26 所示。与理论上的尺寸 R 成比例的偏差 r，在生产过程中已经测量好了，并把它刻在从动锥齿轮的外侧。主动锥齿轮和从动锥齿轮只能一起更换。

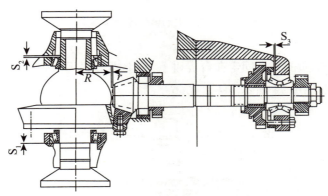

图 1-6-26　从动锥齿轮和主动锥齿轮总成的调整部位

图中：

S_1——调整垫片（从动锥齿轮一边）；

S_2——调整垫片（与从动锥齿轮相对的一边）；

S_3——输出轴的调整垫片；

r——与理论上的尺寸 R 成比例的偏差（偏差 r 用 0.01 mm 来表示，例如"25"表明 $r=0.25$ mm）；

R——主动锥齿轮理论上的尺寸（$R=50.7$ mm）。

根据零件的排列情况，会出现"间隙"，这在调整主动锥齿轮和从动锥齿轮时应该考虑。因此，在拆卸变速器之前，最好测量齿面的平均间隙及偏差 r。只要修理影响到主动锥齿轮和从动锥齿轮位置的零部件，必须重新测定调整垫片 S_1、S_2 和 S_3。

1. 主动锥齿轮的调整

主动锥齿轮的调整 I 如图 1-6-27 所示。只要轴承支座、主动锥齿轮的后轴承、1 挡齿轮的滚针轴承外圈、输出轴的后轴承外圈被更换，就必须通过调整垫片 S_3 来调整主动锥齿轮。

（1）装上轴承支座的后轴承外圈（无调整垫片）。装上轴承的保持架，并用 25 N·m 的力矩旋紧螺栓。

（2）装上输出轴和外后轴承。

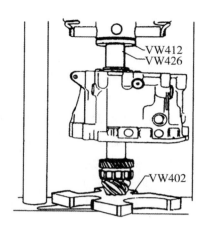

图 1-6-27　主动锥齿轮的调整 Ⅰ

(3)将输出轴用铝质的夹具固定在台虎钳上,装上螺母并用 100 N·m 的力矩旋紧。主动锥齿轮的调整 Ⅱ 如图 1-6-28 所示。

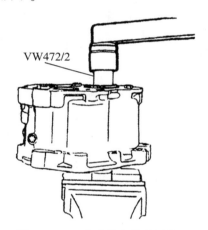

图 1-6-28　主动锥齿轮的调整 Ⅱ

(4)将变速器后盖装在轴承支座上,用新的衬垫。用四个螺栓将其固定(后轴承应往里放入至挡块处)。

(5)将专用工具 VW385/1 支承在 VW406 上,调节环测量 A 的尺寸。主动锥齿轮的调整 Ⅲ 如图 1-6-29 所示。再装上专用工具 VW385/2,主动锥齿轮的调整 Ⅳ 如图 1-6-30 所示。

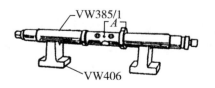

图 1-6-29　主动锥齿轮的调整 Ⅲ

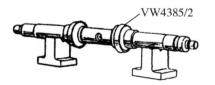

图 1-6-30　主动锥齿轮的调整 Ⅳ

(6)将专用工具 VW5385/D 和 VW5385/C 装在 VW385/1 上,接着放上无调整垫片 S_1 的主减速器盖。装上百分表,将百分表调到零,应考虑到起始压力与离开 20 mm 相一致(百分表的表盘和 VW5385/D 应是同一方向,转动螺母,将活动调节环移至中心),主动锥齿轮的调整 V 如图 1-6-31 所示。

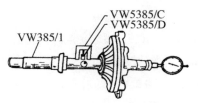

图 1-6-31　主动锥齿轮的调整 V

(7)将专用磁铁 VW385/17 装在主动锥齿轮上,这样上面的缝隙朝向放油螺塞一边。将专用工具 VW385/1 放入变速器的内部,适当地装配好,主动锥齿轮的调整 VI 如图 1-6-32 所示。

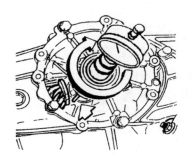

图 1-6-32　主动锥齿轮的调整 VI

(8)装上垫片和主减速器盖的紧固螺栓,用 25 N·m 的力矩旋紧螺栓(不要在盖上敲打,因为这样可能使百分表失灵)。转动螺母调节 VW385/1,保证装配正确。

(9)将 VW385/1 转到表的尖头碰到磁板和表的指针,并达到最大偏差(倒转),所取得的值即 e 尺寸(从逆时针方向读看),主动锥齿轮的调整 VII 如图 1-6-33 所示。当转动 VW385/1 时,表的尖头(VW385/C)应碰到磁板,而且总是在缝隙的相对一边。

图 1-6-33　主动锥齿轮的调整 VII

(10)取得 e 尺寸后,取下主减速器盖。将 VW385/1 放在 VW406 上,用 VW5385/C 标准(样板)检查表是否在零位上,要考虑起始压力与离开 2.0 mm 一致。如果在测量中有误,就重新进行第(5)~(9)项。

测量主动锥齿轮调整垫片 S_3 的厚度:

$$S_3 = e - r$$

式中:e——测量的结果(用百分表的逆时针刻度检验出的指针最大偏差);

r——偏差(用百分之一 mm 刻在从动齿轮上)。

r 值只用于新的从动锥齿轮和主动锥齿轮。例如:e = 0.99 mm,r = 0.48 mm,则 S_3 = e - r = 0.99 mm - 0.48 mm = 0.51 mm。

如果需要将两只调整垫片连在一起,取得需要的厚度,较薄的调整垫片应装在输出轴轴承外圈和较厚的调整垫片之间,下列厚度和调整垫片可供应:0.15 mm、0.20 mm、0.25 mm、0.30 mm、0.40 mm、0.50 mm、0.60 mm、0.70 mm、0.80 mm、0.90 mm、1.00 mm、1.10 mm 和 1.20 mm。

(11)装上输出轴和计算好的调整垫片 S_3。根据第(5)~(9)项进行调节测量。如果计算好的调整垫片是正确的。百分表现在应指在偏差 r(刻在从动齿轮)值上,公差为 ±0.04 mm。

(12)如果测量在规定的公差范围之内,完成变速器的安装。相反,检查所有零件的状况,更换已损坏的零件,接着重新安装主动锥齿轮。

2.从动锥齿轮的调整

调整从动锥齿轮的注意事项如下。

(1)最好在拆卸变速器之前,测量齿面的平均间隙。记录这个值,用于从动锥齿轮调整垫片的计算。

(2)在更换主动锥齿轮、从动锥齿轮总成、变速器壳体、主减速器盖、差速器罩壳或轴承时,必须对从动齿轮进行调整。

从动锥齿轮调整片总厚度的测量步骤如下。

(1)拆下主减速器盖。

(2)拆下密封圈和差速器轴承的外圈,取出调整垫片。

(3)将轴承的外圈装在变速器壳体上,同时装上厚度为 1.2 mm 的标准(样板)垫片(外圈应装入到挡块处)。

(4)将轴承的外圈装在主减速器盖上,不用调整垫片(外圈应装入至挡块处)。

(5)将没有车速里程表主动齿轮的差速器装在变速器壳体上。将主减速器盖装在变速器壳体上,用 25 N·m 的力矩旋紧螺栓。

(6)从动锥齿轮的调整Ⅰ如图 1-6-34 所示,装上专用工具,调节百分表,使其预压缩量为 1.0 mm 以上。

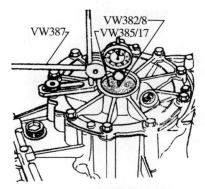

图 1-6-34　从动锥齿轮的调整 Ⅰ

（7）将专用工具 VW521/8 一起装在与从动齿轮相对的一边，从动锥齿轮的调整 Ⅱ 如图 1-6-35 所示。A 为 1.20 mm 的调整垫片。

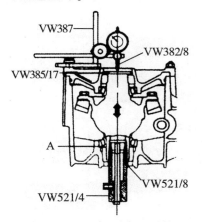

图 1-6-35　从动锥齿轮的调整 Ⅱ

（8）用专用工具 VW521/4 将差速器向上和向下（箭头）移动，从动锥齿轮的调整 Ⅲ 如图 1-6-36 所示，记下在百分表产生的变化（例如：记下的间隙为 0.50 mm）。测量时，不要转动差速器，因为它可能影响测量的结果。

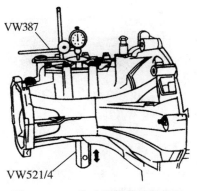

图 1-6-36　从动锥齿轮的调整 Ⅲ

(9)将测量的结果记录下来,并将记录的间隙加上 0.04 mm 的安装压力(稳定值)。测量结果 0.50 mm+安装压力 0.40 mm=0.90 mm。

这个值再加上标准(样板)调整垫片的厚度(1.20 mm),结果就是 S 合计。

测量 S 合计=标准(样板)调整垫片的厚度 1.20 mm+测量结果 0.50 mm+安装压力 0.40 mm=2.10 mm。

(10)拆下主减速器盖和工具。拆下主减速器盖的轴承外圈。

(11)将与测量结果和安装压力的和(0.50 mm+0.40 mm=0.90 mm)一致的调整垫片连同外圈一起装在盖上。

(12)装上主减速器盖。将装配好的输入轴装上变速器壳体,用四个螺栓将其固定并用 20 N·m 的力矩旋紧。

(13)调整从动锥齿轮和主动锥齿轮的齿面间隙,按下列方法进行。

①从动锥齿轮的调整Ⅳ如图 1-6-37 所示,装上专用工具。安装的位置:尺寸 A 为 71 mm,角 α 约为 90°。

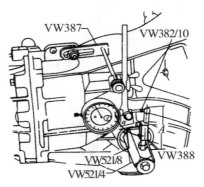

图 1-6-37 从动锥齿轮的调整Ⅳ

②锁住输入轴,从动锥齿轮的调整Ⅴ如图 1-6-38 所示。将从动锥齿轮转至挡块位置,将表的指针对准零,倒转从动齿轮,读出齿面间实际的间隙,将取得的值记录下来。

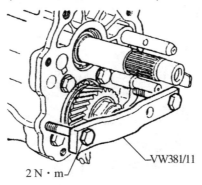

图 1-6-38 从动锥齿轮的调整Ⅴ

③松开输入轴,转动专用工具 VW521/4 和 VW521/8 约 90°,结果差速器也转动(90°)。重新锁住输入轴。

④旋松 VW521/4 的螺栓,将其退回约 90°,直至 VW521/8 碰到百分表的尖头,旋紧 VW521/4 的螺栓。

⑤将第②~④项反复操作四次,并记录下取得的值。

如果在这些测量中,测量的值偏差超过 0.05 mm,可能从动锥齿轮没有装对或者从动锥齿轮和主动锥齿轮总成情况不好。在这种情况下,如需要应更换从动锥齿轮和主动锥齿轮总成。

(14)计算齿面间隙的平均间隙:第一次测量 0.39 mm+第二次测量 0.40 mm+第三次测量 0.39 mm+第四次测量 0.42 mm=1.60 mm,平均间隙=1.60 mm÷4=0.40 mm。

(15)计算调整垫片 S_2 的厚度(与从动锥齿轮相对的一面)。S_2=标准(样板)调整垫片-平均间隙+抬起(稳定值)。

如果不更换从动锥齿轮和主动锥齿轮总成,使用在拆下前测得的平均间隙值。例如:S_2=标准(样板)调整垫片 1.20 mm-平均间隙 0.40 mm+抬起(稳定值)0.15 mm=0.95 mm。

(16)计算调整垫片 S_1 的厚度(从动锥齿轮一面)。S_1=S 合计-S_2,即 S_1=2.10-0.95 mm=1.15 mm。

下列厚度的调整垫片可供选择:0.15 mm、0.20 mm、0.25 mm、0.30 mm、0.40 mm、0.50 mm、0.60 mm、0.70 mm、0.80 mm、0.90 mm、1.00 mm、1.10 mm 和 1.20 mm。

(17)拆下差速器和差速器轴承的外圈。将调整垫片 S_2 装在主减速器盖上,将 S_2 同轴承外圈一起装在壳体上。

(18)将密封圈装在主减速器盖和壳体上,从动锥齿轮的调整Ⅵ,如图 1-6-39 所示。

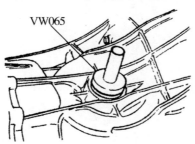

图 1-6-39　从动锥齿轮的调整Ⅵ

(19)装上车速里程表的主动齿轮和锁紧套筒,如图 1-6-24 所示,并使图中 $X≈1.8$ mm。

(20)装上差速器,重新测量齿面间隙,如图 1-6-26 所示。

(21)根据第(13)项的步骤,检查四个不同位置上的间隙。各次测量的间隙偏差不超过 0.05 mm。如果调整垫片 S_1 和 S_2 装配正确的话,齿面间的平均间隙应在 0.10 mm 和 0.20 mm 之间。

七、故障分析

主减速器和差速器常见故障与排除如表 1-6-1 所示。

表 1-6-1　主减速器和差速器常见故障与排除

故障现象	故障原因	故障排除方法
漏油	油封有磨损或毁坏 轴承固定螺母松脱 变速器壳断裂	更换油封 更换固定螺母 修理
主动锥齿轮轴漏油	油量太多或油质不良 油封磨损或损坏 前端凸缘松开或磨损	泄掉、更换油料 更换油封 扭紧或更换凸缘
有杂音	油量太少或油质差 主、从动锥齿轮或差速器齿轮之间齿隙过大 主、从动锥齿轮或差速器齿轮磨损 主动锥齿轮轴承有磨损 轮毂轴承有磨损 差速器轴承松脱或磨损	添加、更换新油 检查齿隙 检查齿轮 更换轴承 更换轴承 扭紧或更换轴承

任务工单 8　驱动桥的认知与拆装

姓名		班级		学号		成绩	
日期		组号		教师签字			

学习目标	知识目标	1.能正确描述驱动桥的组成及作用。 2.能描述驱动桥的工作原理。
	能力目标	1.能正确识别汽车中驱动桥的安装位置。 2.能熟知驱动桥拆装方法及拆装注意事项。

设备和工具准备	多媒体教学设备和课件、网络教学资源、维修资料、实训汽车、举升机

实训工作要点与操作	通过学习、查阅相关资料或网络信息回答下列问题。 1.驱动桥如图 1-6-40 所示,驱动桥处于传动系的末端,主要由_____、_____、_____、_____组成。  图 1-6-40　驱动桥 2.驱动桥的类型有_____和_____两种。 3.简述主减速器的功用。 4.简述差速器的功用。

续表

实训工作要点与操作	5.观察不同的车辆，找出并记录驱动桥的安装位置。 6.驱动桥的功用是什么？ 7.车间内的工作安全有哪些？ 8.工具和设备使用时的注意事项有哪些？
个人扩展知识	

任务七　更换球笼式等速万向节

> **案例引入**
>
> 当车辆在直线行驶时,低速情况下急踏油门,此时如内球笼损坏时会发出金属的"咔咔"声,当急踏油门达到极限时会发出异响。调头大角度转向时有异响,在直线行驶时,感觉有人在和驾驶员抢夺方向。

一、万向传动装置的功用及组成

万向传动装置的功用是在汽车上任何一对轴间夹角和相对位置经常变化的轴之间的动力传动。它主要包括万向节和传动轴,对于传动距离较远的分段式传动轴,为了提高传动轴的刚度,还需要设置中间支承,如图 1-7-1(a)所示。

前置前驱的轿车传动轴为空心传动轴,其两端采用了两种不同型号的球笼式等速万向节。RF 型万向节(固定型球笼式万向节)通过花键轴与前轮连接,摆动角度大。VL 型万向节(伸缩型球笼式万向节)用螺栓与差速器罩壳连接,其内外星轮可做轴向移动,以补偿由于前轮跳动而引起的横向轴距变化。传动轴及其分解图如图 1-7-1(a)、图 1-7-1(b)所示,变速器和驱动桥之间的万向转动装置如图 1-7-1(c)所示。

二、万向传动装置在汽车上的应用

(1)变速器与驱动桥之间:一般 FR 型汽车变速器的输出轴线难以重合,并且汽车在负荷变化及在不平路面行驶时引起的跳动,将使驱动桥输入轴与变速器输出轴之间的夹角和距离发生变化,故需用万向传动装置连接。

(2)越野车变速器与分动器之间:为消除车架变形及制造、装配误差等引起的轴线同轴误差对动力传动的影响,也常常装有万向传动装置。

(3)转向驱动桥和断开式驱动桥中:汽车的转向驱动桥需满足转向和驱动的功能,其半轴是分段的,转向时两端半轴轴线相交且交角发生变化,因此要用万向传动装置。在断开式驱动桥中,主减速器壳在车架上是固定的,桥壳上下摆动,半轴是分段的,也需要用万向传动装置。

(4)转向操纵机构中:有些汽车的转向操纵机构受整体布置的限制,转向盘轴线与转向器输入轴轴线不能重合,因此转向操纵机构中也常常采用万向传动装置。

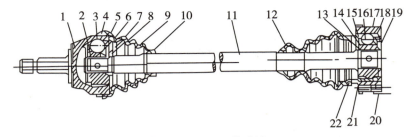

图 1-7-1(a) 传动轴

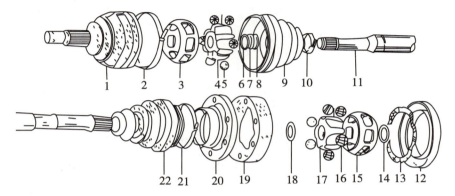

1—RF节外星轮；2—夹箍；3—RF节球笼；4—RF节内星轮；5—钢球；6—卡簧；7—中间挡圈；8—碟形弹簧；9—橡胶护套；10—夹箍；11—花键轴；12—塑料护套；13—密封垫片；14—卡簧；15—VL节球笼；16—钢球；17—VL节内星轮；18—碟形弹簧；19—VL节外星轮；20—VL节护盖；21—夹箍；22—橡胶护套

图 1-7-1(b) 传动轴分解图

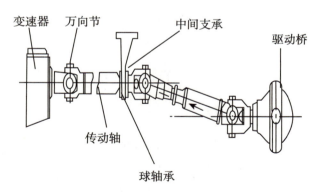

图 1-7-1(c) 变速器和驱动桥之间的万向传动装置

三、万向节的种类

目前,在汽车上常用的万向节有十字轴式万向节、等角速度万向节和挠性万向节。

1.十字轴式万向节

十字轴式万向节是刚性的不等速万向节,它结构简单,工作十分可靠,允许相邻两轴的最大交角为150°~200°,在汽车上应用最广泛,主要应用于发动机前置后轮驱动的变速器与驱动桥之间,传动轴多用于十字轴式万向节连接。

十字轴式万向节主要由万向节叉、十字轴及滚针轴承等组成,十字轴式万向节如图1-7-2所示,两个万向节叉分别与主、从动轴相连。其叉形上的孔分别套在十字轴的四个轴径上。为了减小摩擦和磨损,提高传动效率,在十字轴轴径与万向节叉孔之间装有滚针和套筒,然后用带有锁片的螺钉和轴承盖来使之轴向定位,通常十字轴做成中空的,并有油路通向轴径,润滑脂从润滑脂嘴注入十字轴内,十字轴润滑油道及密封装置如图1-7-3所示。

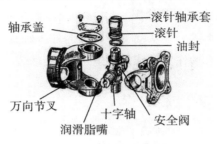

图1-7-2 十字轴式万向节

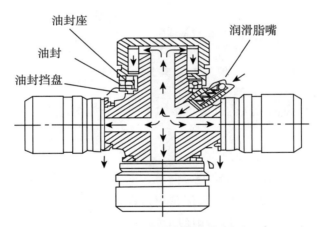

图1-7-3 十字轴润滑油道及密封装置

为了避免润滑脂流出及尘垢进入轴承,十字轴轴径的端套装着带金属壳的毛毡油封或者橡胶油封。在十字轴中部装有安全阀,当十字轴内润滑脂压力超过允许值时,安全阀打开使润滑脂外溢。防止油封因油压过高而损坏。现代轿车多采用橡胶油封,多余的润滑脂从油封端表面与十字轴轴径接触处溢出,故这类轿车无须安装安全阀。

(1)单十字轴式刚性万向节。其优点是结构简单、工作可靠。缺点是在输入轴和输出轴之间有夹角的情况下,当主动叉轴以等角速旋转时,从动叉轴是不等角速的,且两转轴之间的夹角越大,不等速性就越大。但主从动轴的平均转速是相等的,即主动轴转一圈,从动轴也转一圈。所谓不等速性是指从动轴在转速一周内,其角速度不均匀。

(2)双十字轴式刚性万向节的等速传动条件。为避免上述缺陷,在汽车上均采用两个十字轴万向节,且中间以传动轴相连,利用第二个万向节的不等速效应来抵消第一个万向节的不等速效应,从而实现输入轴与输出轴等角速传动。但要达到这一目的还必须满足以下两个条件。

①第一个万向节的从动叉和第二个万向节的主动叉应在同一个平面上,即传动轴两端的万向节叉在同一个平面内。

②输入轴、输出轴与传动轴的夹角相等。

2.等角速万向节

等角速万向节常见的有球叉式万向节和球笼式万向节。

(1)球叉式万向节。球叉式万向节如图1-7-4所示,主要由主从动叉、四个传动钢球、一个定心钢球、定位销及锁止销组成。主从动叉分别与内外半轴支撑一体,叉内各有四条曲面凹槽,装合后形成两条相交的环形槽作为钢球的滚道,定心钢球装在两叉中心凹槽内以定心。

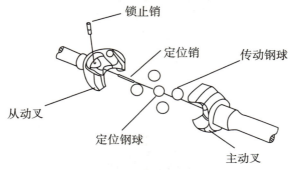

图1-7-4　球叉式万向节

(2)球笼式万向节。万向节按内外滚道结构不同可分为固定式球笼万向节、伸缩式万向节和双补偿式万向节。

①固定式球笼万向节。

固定式球笼万向节又称为RF型球笼万向节。固定式球笼万向节如图1-7-5所示,奥迪100型和上海桑塔纳轿车半轴万向节均采用是固定式球笼万向节。它主要由内球座、球笼、外球座及钢球等组成。内球座通过花键与中段半轴相连。内球座的外表面有六条曲面凹槽,形成内滚道。外球座与带外花键的外半轴制成一体,内表面制有相应的六条曲面凹槽,形成外滚道。六个钢球分别装于六条凹槽中,并用球笼使之保持在一个平面上。

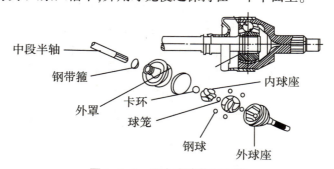

图1-7-5　固定式球笼万向节

②伸缩式球笼万向节。

伸缩式球笼万向节又称为 VL 型球笼万向节。伸缩式球笼万向节如图 1-7-6 所示,奥迪 100 型和上海桑塔纳轿车转向驱动桥半轴内万向节均采用的是伸缩式球笼万向节。其内外滚道为圆筒形,且内外滚道不与轴线平行,而是以相同的角度相对于轴线倾斜着。装合后,同一轴向位置内外滚道的倾斜方向刚好相反,即对称交叉,而钢球处于内外滚道的交叉部位。当内半轴与中半轴以任意夹角相交时,所有传力钢球都位于轴间交角的平分线上,从而实现等角速度传动。在动力传递过程中,内外球座可以沿着轴向相对移动,故采用这种万向节可以省去万向传动装置中的滑动花键。

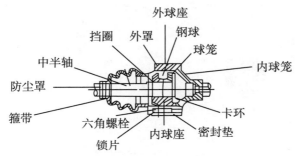

图 1-7-6　伸缩式球笼万向节

③球笼双补偿万向节。

球笼式双补偿万向节又称为球笼式万向节的滑动式,球笼式双补偿万向节如图 1-7-7 所示,其外球座为圆筒形,内外滚道是与轴线平行的直线凹槽,在传递转矩的过程中,内球座与外球座可以相对轴向移动。球笼的内外球面在轴线方向是偏心的,内球表面中心 B 与外球表面中心 A 分别位于万向节中心 O 的两边,且 $OA=OB$。同样,钢球中心 C 到 A、B 的距离相等,以保证万向节做等角速度传动。

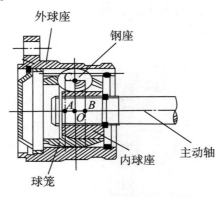

图 1-7-7　球笼双补偿万向节

这种万向节能轴向相对移动,因此可省去万向传动装置中的滑动花键伸缩机构,使结构简化,且轴向位移是通过钢球沿外滚道的滚动来实现的,与滑动花键相比,滚动阻力小,磨损轻,寿命长,故最适用于断开式驱动桥。

④三叉式等速万向节。

三叉式等速万向节又称三销轴式万向节。三叉等速万向节如图1-7-8所示,主要由三销总成还有万向节套组成。三销总成的花键孔与传动轴内花键配合,三个销轴上均装有轴承,以减小磨损,万向节套的凸缘用螺栓连接,以防止润滑脂外漏。万向节由防护罩封护,并用卡箍紧固。

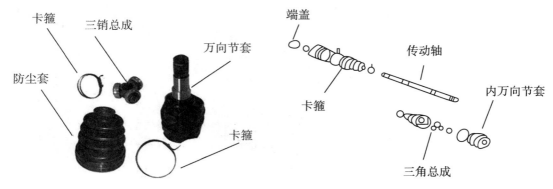

图1-7-8 三叉等速万向节

三叉式等速万向节结构简单,磨损小,并且可以轴向伸缩,在轿车上的应用也逐渐增多,常用于转向驱动桥半轴内端。

(3)挠性万向节。

挠性万向节的特点是其传力原件采用加布橡胶盘、橡胶块、橡胶环等弹性元件,依靠这些弹性元件的弹性变形来保证两轴间传动时不发生机械干涉的。

挠性万向节如图1-7-9所示,它由一个十字轴刚性万向节、传动轴和一个挠性万向节组成。由于橡胶弹性元件的变形量有限,故此万向节一般用于两轴夹角不大于3°到5°和微量轴向位移的传动场合。其优点是能消除制造安装误差和车架变形对传动的影响、吸收冲击、衰减扭转振动、结构简单、无须润滑。

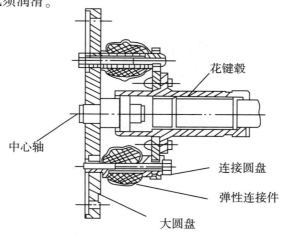

图1-7-9 挠性万向节

项目一　新能源汽车传动系统

四、故障检修

(一)前悬架总成的拆装

1.前悬架总成的拆卸

(1)取下车轮装饰罩。

(2)拆下轮毂与传动轴的紧固螺母(力矩230 N·m),车轮必须着地,拆下轮毂与传动轴紧固螺母,如图1-7-10所示。

图1-7-10　拆下轮毂与传动轴紧固螺母

(3)卸下垫圈。旋松车轮紧固螺母(力矩110 N·m),拆下车轮。

(4)旋下制动钳紧固螺栓(力矩70 N·m),如图1-7-11所示。旋下制动盘。

(5)取下制动软管支架,并用铁丝将制动钳固定在车身上(如图1-7-11上部箭头所示,注意不要损坏制动软管)。拆下球形接头紧固螺栓(如图1-7-11下部箭头所示)。

(6)压下横拉杆接头(力矩30 N·m),如图1-7-12所示。

(7)旋下稳定杆的紧固螺栓(力矩25 N·m),如图1-7-13所示。

(8)向下掀压下臂,从车轮轴承壳内拉出传动轴,或利用两个固定车轮凸缘上的螺孔,将压力装置V.A.G1389固定在轮毂上,用液压装置从轮毂中压出传动轴,如图1-7-14所示。

(9)拆掉压力装置。取下盖子,支撑减振器支柱下部,旋下活塞杆的螺母,如图1-7-15所示,用内六角扳手阻止活塞杆的转动。

图1-7-11　旋下制动钳紧固螺栓

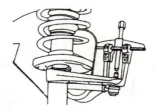

图1-7-12　压下横拉杆接头

图1-7-13　旋下稳定杆的紧固螺栓

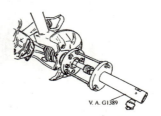

图1-7-14　压出传动轴

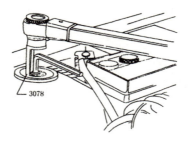

图 1-7-15 旋下活塞杆螺母

2.前悬架总成的安装

前悬架总成的安装顺序基本上与拆卸顺序相反,但在安装时应注意以下事项。

(1)不允许对前悬架总成进行焊接或整形处理,不合格的要更换新的零部件总成。

(2)安装传动轴时,应擦净传动轴与轮毂花键齿面上的油污,去除防护剂的残留物。将外等速万向节(RF节)花键面涂上一圈5 mm宽的防护剂D6,然后进行传动轴装配,外等速万向节花键轴安装前涂防护剂D6,如图1-7-16所示。涂防护剂D6的传动轴装车后应停车60 min之后才可使用。

图 1-7-16 外等速万向节花键轴安装前涂防护剂 D6

(3)安装时,所有螺栓和螺母的紧固力矩应符合规定。所有自锁螺母,必须更换新件。

(二)传动轴(半轴)总成的拆装

1.传动轴(半轴)总成的拆卸

(1)在车轮着地时,旋下轮毂的紧固螺母。

(2)旋下传动轴凸缘上的紧固螺栓,如图1-7-17所示。将传动轴与凸缘分开。

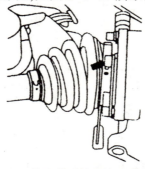

图 1-7-17 旋下传动轴凸缘上的紧固螺栓

（3）从车轮轴承壳内拉出传动轴或利用 V.A.G1389 压力装置拉出传动轴。拆卸传动轴时轮毂绝对不能加热，否则会损坏车轮轴承，原则上应使用拉具。其次，拆掉传动轴后，应装上一根连接轴来代替传动轴，防止移动卸掉传动轴的车辆时，损坏前轮轴承总成。

2.传动轴（半轴）总成的安装

（1）在等速万向节的花键涂上一圈 5 mm 的防护剂 D6，然后装上传动轴花键套。涂防护剂 D6 后的传动轴装车后应停车 60 min 之后才可使用汽车。

（2）如图 1-7-18 所示，安装球头销接头，将球头销接头重新装配在原位置，并拧紧螺母。在安装球头销接头时，不能损坏波纹管护套。

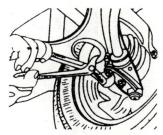

图 1-7-18　安装球头销接头

（3）必要时检查前轮外倾角。

（4）车轮着地后，拧紧轮毂固定螺母。

（三）传动轴总成的检修

1.万向节的分解

（1）用钢锯将等速万向联轴器金属环锯开，拆下万向节防尘罩（带金属环），如图 1-7-19 所示。

图 1-7-19　拆下万向节防尘罩（带金属环）

（2）用一把轻金属锤子用力从传动轴上敲下万向节外圈，拆卸万向节外圈，如图 1-7-20 所示。

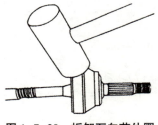

图 1-7-20　拆卸万向节外圈

(3) 如图 1-7-21 所示,拆卸弹簧销环。压出万向节内圈,如图 1-7-22 所示。

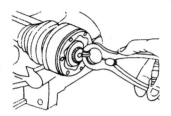

图 1-7-21　拆卸弹簧销环

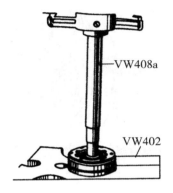

图 1-7-22　压出万向节内圈

(4) 分解外等速万向节。拆卸之前用电蚀笔或油石在钢球球笼和外星轮上标出内星轮的位置。旋转内星轮与球笼,依次取出钢球,如图 1-7-23 所示。用力转动钢球笼直至两个方孔与外星轮对齐,连外星轮一起拆下球笼,球笼的拆卸如图 1-7-24 所示。把内星轮上扇形齿旋入球笼的方孔,然后从球笼中取下内星轮,内星轮的拆卸如图 1-7-25 所示。

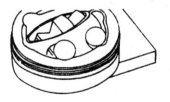

图 1-7-23　依次取出钢球

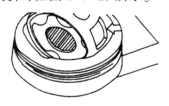

图 1-7-24　球笼的拆卸

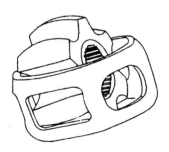

图 1-7-25　内星轮的拆卸

（5）分解内等速万向节。转动内星轮与球笼，取出钢球，如图1-7-26所示方向压出球笼里的钢球。内星轮与外星轮一起选配，不能互换。从球槽上面取出球笼里的内星轮，如图1-7-27所示。

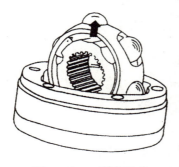

图1-7-26 取出钢球

图1-7-27 取出球笼里的内星轮

2.万向节的检查

（1）检查外星轮、内星轮、球笼及钢球有无凹陷与磨损。
（2）各球节处的6颗钢球要求一定的配合公差，并与内星轮一起成为一组配合。
（3）如果万向节间隙已经明显过大，万向节必须更换。如果万向节呈光滑无损，或者能看到钢球在运转，则不必更换万向节。

3.万向节的组装

（1）组装内万向节。
①对准凹槽，将内星轮嵌入球笼，内星轮在球笼内的位置无关紧要。
②将钢球压入球笼，如图1-7-28所示，并注入润滑脂。
③将带钢球与球笼的外星轮垂直装入壳体，将球笼垂直装入壳体，如图1-7-29所示。安装时应注意旋转之后，外星轮上的宽间隔a应对准内星轮上的窄间隔b，转动球笼。嵌入到位。内星轮内径（花键齿）上的倒角必须对准外星轮的大直径端。

图1-7-28 将钢球压入球笼

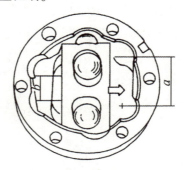

图1-7-29 将球笼垂直装入壳体

④扭转内星轮，将内星轮转出球笼，如图1-7-30所示，使钢球在与壳体中的球槽相配合有足够的间隙。

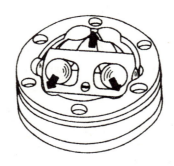

图 1-7-30　将内星轮转出球笼

⑤用力按压球笼,使装有钢球的内星轮完全转入外星轮内,如图 1-7-31 所示。

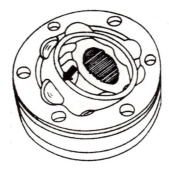

图 1-7-31　使内星轮完全转入外星轮内

⑥用手能将内星轮在轴向范围内来回推动,应灵活。

(2)组装外万向节。

①用汽油清洗各部件。将 G6 润滑脂总量的一半(45 g)注入万向节内。

②将球笼连同内星轮一起装入外星轮。

③对角交替地压入钢球,必须保持内星轮在球笼及外星轮内的原先位置。

④将弹簧销环装入内星轮。将剩余的润滑脂压入万向节。

⑤用手将内星轮在轴向范围内来回推动,检查安装是否正确。

4.万向节与传动轴的组装

(1)在传动轴上安装防护罩。正确安装碟形座圈,碟形座圈和间隔垫片的安装位置如图 1-7-32 所示。

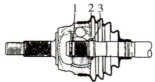

1—弹簧锁环;2—间隔圈;3—碟形座圈

图 1-7-32　碟形座圈和间隔垫片的安装位置

（2）把万向节压入传动轴，如图1-7-33所示。使碟形座圈贴合，内星轮内径（花键齿）上的倒角必须面向传动轴靠肩。

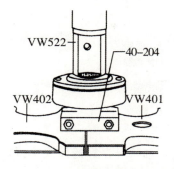

图1-7-33 把万向节压入传动轴

（3）安装弹簧销环，装上外万向节。

（4）在万向节上安装防尘罩时，防尘罩经常受到挤压。因而在防尘罩内部产生一定的真空，它在车辆行驶中会产生一个内吸的折痕，如图1-7-34所示。因此在安装防尘罩小口径之后，要稍微充点气，使得压力平衡，不产生皱褶。

图1-7-34 内吸的折痕

（5）用夹箍夹住防尘罩，如图1-7-35所示。

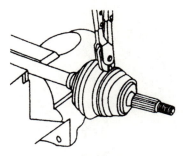

图1-7-35 夹箍夹住防尘罩

五、故障分析

万向传动装置的常见故障是异响和游动角度增大。

1. 万向节和伸缩节响

（1）现象：在汽车起步或车速突然改变时，传动装置发出"抗"的一声；当汽车缓车时，传动装置发出"呱啦、呱啦"的响声。

（2）原因：

①万向节轴承因磨损或冲击造成松旷。

②传动轴伸缩节花键因磨损或冲击造成松旷。

③万向节凸缘盘连接螺栓松动。

2. 传动轴响

（1）现象：在万向节与伸缩节技术状况良好的情况下，传动轴于汽车行驶中发出周期性响声；车速越快时响声越大，严重时车身发生抖振，甚至握转向盘的手有麻木感。

（2）原因：

①传动轴弯曲或轴管凹陷。

②传动轴管与万向节叉焊接时未找正或传动轴未进行动平衡。

③传动轴上的平衡片掉落。

④伸缩节未按标记安装，使传动轴失去平衡，并有可能造成传动轴两端的叉不在同一平面上。

⑤中间支承吊架的固定螺栓或万向节凸缘盘连接螺栓松动，使传动轴位置偏斜。

⑥橡胶夹紧时中间支承紧固方法不妥，造成中间传动轴前端偏离原轴线。

3. 中间支承响

（1）现象：汽车行驶中产生一种连续的"呜、呜"的响声，车速越快响声越大。

（2）原因：

①滚动轴承脱层、麻点、磨损过甚或缺油。

②中间支承安装方法不当，造成滚动轴承承受附加载荷。

③橡胶圆环损坏。

④车架变形。

任务工单9　万向节认知与拆装

姓名		班级		学号		成绩	
日期		组号		教师签字			
学习目标	知识目标	1.能正确描述万向节的作用及类型。 2.能描述万向节的工作过程。					
	能力目标	1.能正确识别汽车中万向节的安装位置。 2.能熟知万向节的拆装方法及拆装注意事项。					
设备和工具准备		多媒体教学设备和课件、网络教学资源、维修资料、实训汽车、举升机					

实训工作要点与操作

通过学习、查阅相关资料或网络信息回答下列问题。

1.变速器和驱动桥之间的万向传动装置如图1-7-36所示,其主要由_____、_____、_____、_____、_____、_____组成。

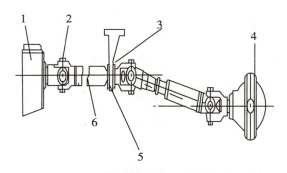

图1-7-36　变速器和驱动桥之间的万向传动装置

2.断开式驱动桥万向传动装置的组成如图1-7-37所示,请写出各零件名称。

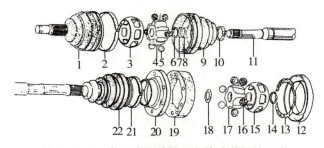

图1-7-37　断开式驱动桥万向传动装置的组成

(1)_____;(2)_____;(3)_____;(4)_____;
(5)_____;(6)_____;(7)_____;(8)_____;
(9)_____;(10)_____;(11)_____;(12)_____;

续表

实训工作要点与操作	(13)_____;(14)_____;(15)_____;(16)_____; (17)_____;(18)_____;(19)_____;(20)_____; (21)_____;(22)_____。 3.观察不同的车辆,找出并记录相应的万向传动装置结构。 4.球笼式万向节拆卸与安装的注意事项有哪些? 5.车间内的工作安全有哪些? 6.工具和设备使用的注意事项有哪些?
个人扩展知识	

项目二
新能源汽车行驶系统

学思课堂

"汽车工业十三五"以绿色制造、智能制造为思路,制造强国战略上升为国家战略高度,"十三五"时期是中国智能制造十年战略的第一个五年关键期。"十三五"期间扩大产能和规模不再是汽车工业的发展重点,而是要主攻产品功能低碳化的绿色制造,其中新能源汽车是重点,同时信息化、智能化的智能制造也是主攻方向。因此,未来中国汽车工业不再把扩大产能和规模作为战略任务,而是面临着担当先导产业、承担社会经济技术创新平台升级和引领产业结构调整的任务,生产智能化、产品智能化,智能制造是汽车强国路径。

项目导言

对于当今路况做出调节,显而易见这不足具备前瞻性。而悬挂系统对于突发性的路况转变,不是可以保证瞬间调节的。魔毯悬挂是一套系统软件,空气悬挂是魔毯悬挂系统软件中的构成部分,魔毯悬挂除了有空气悬挂以外,也有监控摄像头、雷达探测和信号分析的电子计算机。并且魔毯悬挂会全自动鉴别行车路况来调节悬架的情况,有别于一般的空气悬挂,魔毯悬挂的车系搭乘舒适度比空气悬挂高些。

随着我国汽车行业的迅猛发展,修车技术也有了很大进步,无论是从传统机械到电子产品的发展,还是在职教模式上的改革或是在汽车维修上的应用。作为当代大学生,我们应该通过不断的努力丰富自身知识储备,时刻关注新能源前沿技术,在学习中做到理论和实践相结合,提高维修技能,为我国汽车工业的发展贡献应有之力。

新能源汽车底盘技术

> **思考题**
>
> 一辆雷克萨斯LS400尾部趴下去后起不来,导致底盘后部离地间隙很小,严重影响了车辆的通过性。作为一名专业技术人员,我们如何帮助车主找到故障并解决故障?

概 述

一、行驶系统的功用

行驶系统的功用是通过车轮与路面之间的附着作用,使传动系统传来的力矩变为汽车行驶的驱动力矩;支承汽车总质量,传递路面作用于车轮上的各种力及力矩;缓和冲击,减小振动,保证汽车的行驶平顺性,行驶系统还与转向系统配合保证汽车的操纵稳定性。

二、轮式行驶系统组成

轮式行驶系统主要由车架、车桥、悬架和车轮组成,普通汽车行驶系的组成如图2-0-1所示。

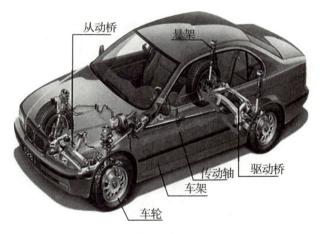

图2-0-1 普通汽车行驶系的组成

(1)车架。

车架俗称"大梁",用来安装汽车的各总成和部件,并承受来自车上和地面的载荷,如汽车加速、制动时的纵向力,汽车转弯、侧坡行驶时的侧向力,不良路面传来的冲击力等。

汽车上采用的车架有四种类型:边梁式车架如图2-0-2所示,中梁式车架如图2-0-3所示,综合式车架如图2-0-4所示,无梁式车架如图2-0-5所示。其中梁式和综合式已少有采用。许多轿车和公共汽车没有单独的车架,而以车身代替车架,主要部件连接在车身称为承载式车身。这种结构的车身底板用纵梁和横梁进行加固,车身刚度较好,质量较轻,但制造要求高,且一般有副车架,如图 2-0-6 所示。

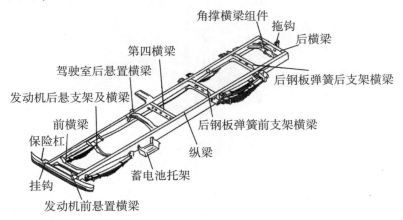

图 2-0-2　边梁式车架

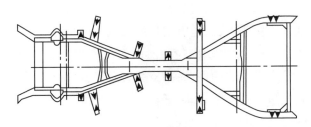

图 2-0-3　中梁式车架

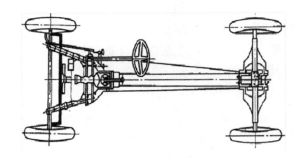

图 2-0-4　综合式车架

图 2-0-5　无梁式车架

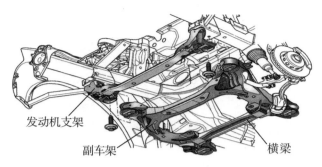

图 2-0-6 无梁式车架(有副车架)

副车架是为平衡汽车底盘舒适性和操控性而设计产生的。简单地说,副车架可以看成是前后车桥的骨架,是前后车桥的组成部分。前后悬挂可以先组装在副车架上,构成一个车桥总成,然后再将这个总成一同安装到车身上。

副车架与车身的连接点就如同发动机悬置一样。通常一个车桥总成需要由四个悬置点与车身连接,这样既能保证其连接刚度,又能有很好的振动隔绝效果。这种带有副车架的悬挂总能分 5 级减小振动的传入。第一级振动由轮胎胎面的软橡胶变形来吸收;第二级为轮胎的整体变形吸收振动,比如石子之类引起的振动;第三级为悬挂摇臂各个连接点内的橡胶衬套进行振动的隔绝;第四级为悬挂系统的上下运动,吸收过沟过槛时引起的振动;第五级为副车架悬置对振动的吸收,这里主要吸收的是前四级没有完全屏蔽的振动。

综上所述,副车架具有如下特点:

①副车架能够带来很好的悬架连接刚度。

②能够隔绝路面振动,带来良好的舒适性。

③把悬架变成总成部件,提高了悬架的通用性,降低了研发成本。

④总成部件安装方便,降低了装配成本。

(2)车桥。

车桥位于悬架与车轮之间,其两端安装车轮,通过悬架与车架(或车身)相连,其功用是传递车架(或车身)与车身之间各种的载荷。

按悬架结构不同,分为整体式车桥和断开式车桥两种。整体式车桥有如一个巨大的杠铃,两端通过悬架系统支撑着车身,因此整体式车桥通常与非独立悬架配合;断开式车桥像两把雨伞插在车身两侧,再各自通过悬架系统支撑车身,所以断开式车桥与独立悬架配用。

按车桥上车轮的作用不同,车桥可分成转向桥、驱动桥、转向驱动桥和支承桥四种。其中转向桥和支承桥都属于从动桥。大多数汽车采用前置后驱动(Front-engine Rear-drive,FR),因此前桥作为转向桥,后桥作为驱动桥;而前置前驱动(Front-engine Front-drive,FF)汽车前桥则既是转向桥又是驱动桥,后桥充当支持桥。越野汽车或大部分轿车的前桥既是转向桥也是驱动桥,故称为转向驱动桥;只起支承作用的车桥是支承桥。

(3) 悬架。

悬架是车架与车桥之间一切传递动力连接装置的统称。汽车悬架弹性地连接车桥与车身,缓和行驶中车辆受到的由于不平路面引起的冲击力,保证乘坐舒适和货物完好;迅速减轻由于弹性系统引起的振动,传递垂直、纵向、侧向反力及其力矩;并起导向作用,使车轮按一定轨迹相对车身运动。

悬架一般由弹性元件、导向装置、减振器和横向稳定杆组成。

弹性元件用来承受并传递垂直载荷,缓和不平路面、紧急制动、加速和转弯引起的冲击或车身位置的变化;导向装置用来使车轮按一定的运动轨迹相对车身运动,同时传递力的作用;减振器用来减轻由于弹性系统引起的振动。横向稳定杆目的是提高侧倾刚度,使汽车具有不俗的转向特性,改善汽车的操纵稳定性和行驶平顺性。

(4) 车轮。

车轮是外部装轮胎,中心装车轴并承受负荷的旋转部件,由轮毂、轮辋和轮辐组成。车轮主要分为辐板式车轮和辐条式车轮。

车轮的功用:支承汽车及货物总质量;保证车轮和路面的附着性,以提高汽车的牵引性、制动性和通过性;与汽车悬架一同减少汽车行驶中所受到的冲击,并减轻由此而产生的振动,以保证汽车有良好的乘坐舒适性和平顺性。

轮胎的种类大致分为三类:普通斜交轮胎、子午线轮胎和无内胎轮胎。

三、行驶系统的受力情况

汽车行驶系统的受力情况如图 2-0-7 所示。汽车的总重量 G_a 通过前、后车轮传到地面,引起地面作用于前轮和后轮上的垂直反力 F_{Z1} 和 F_{Z2}。当驱动桥中的半轴将驱动转矩 M_k 传到驱动轮上时,产生路面作用于驱动轮边缘上的向前的纵向反力 F_t,被称作驱动力。驱动力用以克服驱动轮本身的滚动阻力,其余大部分则依次通过驱动桥壳、后悬架传到车架,用来克服作用于汽车上的空气阻力和坡道阻力;还有一部分驱动力由车架经过前悬架传至从动桥,作用于自由支撑在从动桥两端转向节上的从动轮中心,使前轮克服滚动阻力向前滚动。于是,整个汽车便向前行驶了。

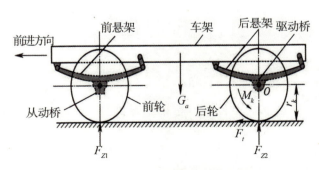

图 2-0-7 汽车行驶系统的受力情况

驱动力作用在轮缘与地面的接触点上,因而对整车造成了一个反力矩,该反力矩力图使整个汽车前部都有向上抬起的趋势,具体表现为前轮上的垂直荷载减少而后轮上的垂直荷载增加。

汽车在制动时,同样产生一个与驱动转矩相反的制动转矩,作用于车轮上,产生一个与汽车行驶方向相反的制动力,迫使汽车减速或停车,并且使汽车产生后部向上抬起、前部下沉的趋势,从而使作用在后轮上的垂直荷载减小,前轮上的垂直荷载增大。紧急制动时,作用尤其明显。

汽车在弯道上或路面拱度较大的道路上行驶时,由于离心或汽车质量在横向坡道上的分力作用,使汽车具有侧向滑动的趋势,路面将阻止车轮侧滑而产生路面作用给车轮的侧向力,此力由行驶系统来承受。

项目二 新能源汽车行驶系统

任务工单 10　行驶系统的整体认知

姓名		班级		学号		成绩	
日期		组号		教师签字			
学习目标	知识目标	1.能正确描述汽车行驶系统的作用及组成。 2.能描述实训汽车行驶系统组成部分的名称。					
	能力目标	1.能正确识别汽车行驶系统组成部分的安装位置。 2.能熟知汽车行驶系统的拆装注意事项。					
设备和工具准备		多媒体教学设备和课件、网络教学资源、维修资料、实训汽车、举升机					
实训工作要点与操作		通过学习、查阅相关资料或网络信息回答下列问题。 1.如图 2-0-8 所示变速器和驱动桥之间的万向传动装置,汽车行驶系主要由_____、_____、_____、_____组成。  图 2-0-8　变速器和驱动桥之间的万向传动装置 2.写出实训车辆的车架、车桥、悬架和车轮的类型。					

151

续表

实训工作要点与操作	3.车间汽车举升机使用步骤是什么？
	4.车间内的工作安全有哪些？
	个人扩展知识

任务一　更换轮毂轴承

> **案例引入**
>
> 车辆向前行驶,车轮有"嗡嗡"的响声且轮毂发热,响声连续且频率随车速提高而提高,经诊断为轮毂轴承损坏所致,需对其更换。

车轮的轮毂通过轴承安装在车桥两端的短轴上,前桥通常为转向桥,因此具有转向节,其轮毂轴承的装配与后桥不同。另外,车桥可以与独立悬架匹配,也可以与非独立悬架匹配,更换轮毂轴承的拆装过程也不同。

一、前桥

(1)与非独立悬架匹配的前转向桥。

与非独立悬架匹配的前转向桥主要由前轴、转向节、主销、轮毂等几个部分组成。非独立悬架汽车转向桥(常用于货车)如图 2-1-1 所示。

图 2-1-1　非独立悬架汽车转向桥

前轴通过主销和转向节连接,转向节前端用内外两个推力滚子轴承,与轮毂和制动鼓连接,并通过锁止螺母使前轮毂轴承调整螺母与转向节安装成一体,轮毂与车轮用螺栓连接。转向节两耳部有通孔,通过主销与前轴两端相接,车轮可绕转向主销偏转,从而实现汽车转向。

内外轮毂轴承的预紧度是需要调整的,方法是将调整螺母拧紧使轮毂转动困难,再将螺母退回 1/6~1/4 圈,感到轮毂转动灵活即可。调好后用锁止垫圈、锁圈和锁紧螺母锁紧即可。

(2)与独立悬架匹配的前转向桥。

现代轿车大部分采用独立悬架的结构形式,车桥上端通过左、右悬架与承载式车身相连接,下端通过左、右下摆臂与固定在车身上的副车架相连接。

前置前驱布置形式轿车的前桥,既起转向桥的作用,又起驱动桥的作用,故称为转向驱动桥。独立悬架前转向桥如图 2-1-2 所示。

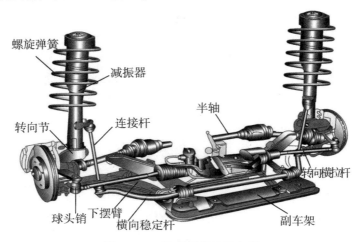

图 2-1-2 独立悬架前转向桥

前轮轴承位于前桥的前轮轮毂和转向节之间,前轮毂、轴承和转向节压合在一起,轴承用卡簧固定在转向节上。前轮毂内有花键,与传动轴外半轴上的花键通过轴头螺母相连接,前轮毂外端和制动盘及车轮总成连在一起。

转向节的上端通过螺栓与悬架弹簧及减振器组件相连。转向节的下端通过转向球头与悬架控制臂相连。此外转向节上还安装有转向横拉杆,其连接方式为球铰连接。汽车转向时,转向横拉杆带动转向节转动来实现汽车转向。独立悬架转向节结构如图 2-1-3 所示。

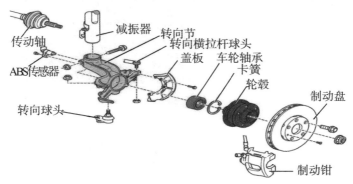

图 2-1-3 独立悬架转向节结构

二、后桥

轿车后桥通常为从动桥,一般采用非独立悬架,非独立悬架后桥如图 2-1-4 所示。整个后桥通过两个纵摆臂及后悬架与车身相连。纵摆臂端头有凸缘用来固定轮毂轴。轮毂轴是装有轴承内圈和带有轴承的轮毂,轮毂安有制动盘,在制动器处于非制动状态下制动盘能自由转动。轮毂轴外端部加工有螺纹,将轮毂装上,然后拧上自锁螺母。最外端安装的是防尘盖,以防止灰尘和泥水进入轴承,也可防止轴承润滑脂外溢。

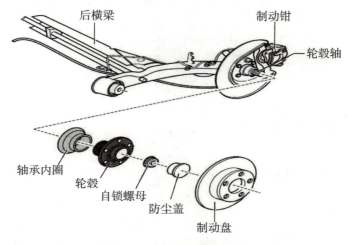

图 2-1-4 非独立悬架后桥

三、故障检修

(1)听声音:路试时听一下声音是否来自车外;车速达到某一速度以上时,挂空挡滑行时嗡嗡声没有变化,加油收油时声音有所变化,多半是车轮轴承有问题;仔细判断声音来自车辆的哪个部位,以便于下一步检查。

(2)摸温度:临时停车,用手摸一下四个轮毂温度是否一致(刹车蹄、片间隙正常时,前后轮的温度是有差距的,前轮要高点),温度过高的轮毂轴承可能损坏。

(3)试轴承间隙:举升车辆检测,车轮悬空,双手上下握住轮子,前后拉动(也可用百分表测量),感觉有没有间隙,如果有则轴承损坏。

(4)听诊器或检测仪检测:较难判断的需举升车辆,并将举升机牢牢锁住,启动发动机,挂高挡让驱动轮旋转,加大油门配合轴承检测仪或听诊器检测声音是否异常,非驱动轮可用手快速旋转来试,若异常则更换。

(5)轴承拆分和组装如图 2-1-5 所示,关键拆装步骤如图 2-1-6(a)~(f)所示。

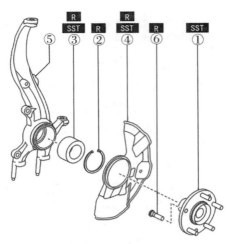

1—轮毂组件；2—固定夹；3—车轮轴承；4—防尘盖；5—转向节；6—轮毂螺栓

图 2-1-5　轴承拆分和组装

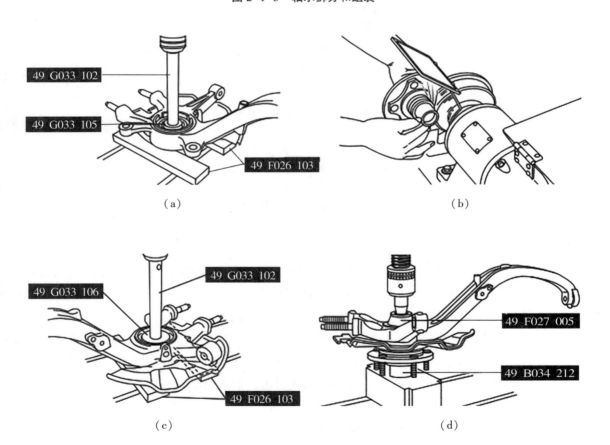

图 2-1-6　关键拆装步骤

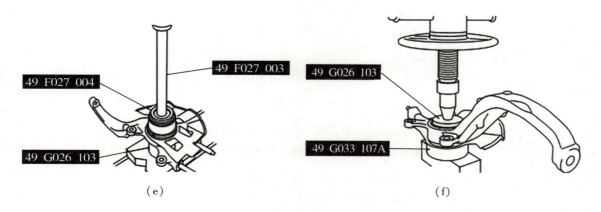

续图 2-1-6　关键拆装步骤

四、故障分析

轴承异响要和轮胎噪声还有风噪区分开，一般轮胎噪声和风噪多在车速 40 km/h 以下明显，超过 60 km/h 后不明显，个别偏磨轮胎除外，速度越快则轴承响声越明显。

注意下列事项：

(1) 自锁螺母每次拆卸后要更换新件。

(2) 不允许损坏轮毂轴的螺纹。

(3) 防尘盖每次拆卸后更换，并保证安装后的防尘盖密封可靠。

(4) 维修前悬架时，不要松开制动管，并用金属线将制动钳挂起。

(5) 如果前轮更换了车轮轴承座，则汽车必须进行定位检测。

(6) 安装车轮轴承或轮毂时，一定要压到止点位置。

任务工单 11　新能源汽车车桥的认知与拆装

姓名		班级		学号		成绩	
日期		组号		教师签字			
学习目标	知识目标	1.能正确描述汽车行驶系统车桥的作用及组成。 2.能描述实训汽车行驶系统车桥组成部分的名称。					
	能力目标	1.能正确识别实训汽车车桥组成部分的安装位置。 2.能熟知汽车行驶系统车桥拆装注意事项。					
设备和工具准备		多媒体教学设备和课件、网络教学资源、维修资料、实训汽车、举升机					
实训工作要点与操作		通过学习、查阅相关资料或网络信息回答下列问题。 1.独立悬架前转向桥如图2-1-7所示,请写出汽车行驶系统独立悬架前转向桥的结构名称。 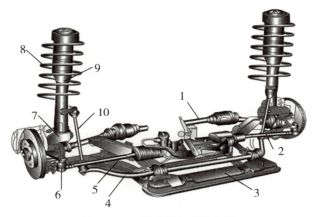 图2-1-7　独立悬架前转向桥 (1)＿＿＿＿＿＿;(2)＿＿＿＿＿＿;(3)＿＿＿＿＿＿;(4)＿＿＿＿＿＿; (5)＿＿＿＿＿＿;(6)＿＿＿＿＿＿;(7)＿＿＿＿＿＿;(8)＿＿＿＿＿＿; (9)＿＿＿＿＿＿;(10)＿＿＿＿＿＿。 2.根据实训教师教授的内容,写出如图2-1-8所示独立悬架转向节结构的部件名称。 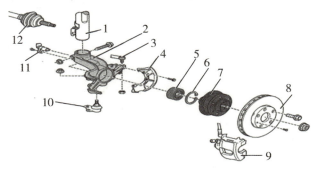 图2-1-8　独立悬架转向节结构					

续表

实训工作要点与操作	(1)_____;(2)_____;(3)_____;(4)_____; (5)_____;(6)_____;(7)_____;(8)_____; (9)_____;(10)_____;(11)_____;(12)_____。 3.拆卸轮毂轴承的注意事项有哪些? 4.车间内的工作安全有哪些? 5.工具和设备使用时的注意事项有哪些?
	个人扩展知识

任务二　车轮定位检查与调整

> **案例引入**
>
> 轮胎偏磨或车辆行驶时跑偏，需对车轮定位进行检查，必要时进行调整。

车轮定位，就是汽车的每个车轮、转向节和车桥与车架的安装应保持一定的相对位置。转向轮定位有主销后倾、主销内倾、前轮外倾、前轮前束4个参数。通常车轮定位主要是指前轮定位，现在也有许多车辆需要进行四轮定位。车轮定位的作用是保持汽车直线行驶的稳定性，保证汽车转弯时转向轻便，且使转向轮自动回正，减少轮胎的磨损等。

一、转向轮定位

（1）主销后倾如图2-2-1所示。

主销后倾角是从车辆正面看，转向主销轴线与铅垂直线的夹角。主销安装到前轴上，且其后上部略向后倾，称为主销后倾。主销后倾的作用是保持汽车直线行驶的稳定性，并使汽车转弯后能自动回正。简要地说，后倾角越大，车速越高，车轮的稳定性越强。但是后倾角过大会造成转向沉重，因此主销后倾角不宜过大，一般为2°～3°。现代汽车为了提高行驶速度，普遍采用扁平低压胎，轮胎变形增加，引起稳定性增加，因此主销后倾角可以减小甚至接近于零，有的甚至为负值。

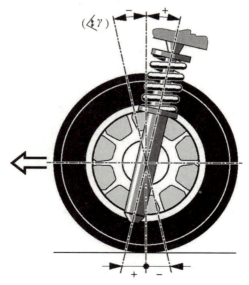

图2-2-1　主销后倾

(2)主销内倾如图 2-2-2 所示。

主销内倾角是从车辆前方看,转向主销轴线与铅垂线的夹角。主销后上部略向内倾,称为主销内倾,主销内倾的作用是使车轮转向后能自动回正,且操纵轻便。内倾角一般为 5°~8°。主销后倾与主销内倾都有使汽车转向后自动回正、保持汽车直线行驶的作用,二者主要的区别在于主销后倾的回正作用与车速有关,而主销内倾的回正作用与车速无关。高速时后倾的回正作用大,低速时主要靠内倾的回正作用。直线行驶时车轮偶尔遇到冲击而偏转时,也主要靠主销内倾的回正作用回正。

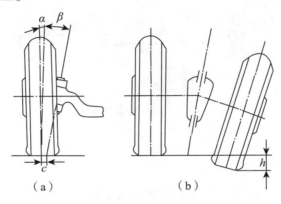

图 2-2-2 主销内倾

(3)前轮外倾如图 2-2-3 所示。

前轮外倾角是由车前方看,车轮中心线与铅垂线所成的角度。前轮旋转平面上略向外倾斜,称为前轮外倾(顶端向外为正外倾,向内为负外倾)。前轮外倾的作用是为了提高转向操纵的轻便性和车轮行驶的安全性。前轮外倾与主销内倾相配合能使汽车转向轻便。前外倾角一般为 1°。外倾角不宜过大,否则会使轮胎产生偏磨损。车轮正外倾角过大时,导致外侧单边过度磨损,车辆会朝着正外倾角较大的一侧跑偏。车轮负外倾角过大时,导致内侧单边过度磨损。

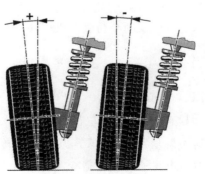

图 2-2-3 前轮外倾

(4)前轮前束如图 2-2-4 所示。

前轮前束角是俯视车轮,车辆中心线与前车轮中心线的夹角。汽车的两个前轮的旋转平面并不完全平行,而是稍微带一些角度,这种现象被称为前轮前束(车轮前端向内倾斜为正前束)。前轮前束的作用是消除车轮外倾引起的前轮"滚锥效应"。正前束太大时,轮胎外侧会出现羽毛状磨损,转向不稳定,直行性差,车轮发抖。负前束太大时,轮胎内侧会出现羽毛状磨损,转向不稳定,直行性差,车轮发抖。

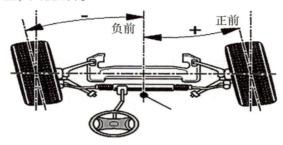

图 2-2-4　前轮前束

二、四轮定位

由于车辆的四轮、转向机构、前后车轴之间的安装应具有一定的相对位置,这个相对位置是由厂家制定的标准值,所以后轮也需要做定位,这就是四轮定位。后轮定位通常包括外倾角和前束,其定位机理与前轮相同。

三、什么情况下做四轮定位

(1) 车辆的行驶性能受到了影响(转向沉重、发抖、跑偏、不正、不归位或者车感漂浮、颠簸、摇摆等现象)。

(2) 因事故造成底盘及悬架的损伤。

(3) 轮胎出现磨损异常或安装新的轮胎后(但也要考虑因胎压不正常导致的磨损)。

(4) 车桥以及悬架的零件被拆下过。

(5) 每行驶 10 000 km 或六个月后或新车行驶 3 000 km 后。

四、故障检修

(1) 询问客户故障现象,并进行路试。

(2) 进行底盘状态的检查。检查轴承间隙、左右轮胎尺寸是否相同、轮胎磨损是否均匀、车轮与轮胎跳动情况、制动钳和制动盘是否咬死、球笼万向节和转向联动装置是否过度松动、上下摇晃车辆检查减振器、车轮中心距翼子板边缘高度左右差值不大于 10 mm。

(3) 胎压检测。在被测车辆开上举升机之前,需要检查四个车轮的胎压是否符合标准胎压,轮胎磨损是否均匀,有无严重磨损。

(4) 停放车辆并安装定位设备。将车开到举升机上,使车轮位于转盘中心,拉紧驻车制动手柄,取下转盘锁销。固定卡爪,安装传感器,并调整为水平位置。转向盘摆正后,用转向盘锁定杆锁定,然后制动杆下端抵住制动踏板,上端卡在座椅上,使汽车处于制动状态。

(5)启动电脑,选择车系和车型信息;选择检测项目,做轮胎偏位补偿,按电脑提示进行操作,测量结果会显示在屏幕上,四轮定位检测结果如图2-2-5所示。

(6)根据屏幕上显示的结果对各车轮定位进行调整,直到合格为止。调整顺序为后轮外倾→后轮前束→前轮外倾→前轮前束。

(7)合格后完善车辆信息连同结果存档并打印。

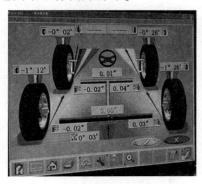

图2-2-5　四轮定位检测结果

案例分析:

在不同的修理厂做的四轮定位数据差异很大,除操作因素外,还与机器长期未调校,精准度不够、传感器安装不正确、未调好水平等有很大关系,还要做好底盘检查、轮胎磨损及胎压的检查,必要时可进行倒胎,也不能忽视路面对定位的影响。

任务工单 12　新能源汽车车轮定位与保养

姓名		班级		学号		成绩	
日期		组号		教师签字			
学习目标	知识目标	1.能正确描述汽车车轮定位的作用及组成。 2.能描述实训汽车车轮定位调整部位。					
	能力目标	1.能正确掌握实训汽车的车轮定位调整方法。 2.能熟知汽车在什么情况下需要做四轮定位。					
设备和工具准备		多媒体教学设备和课件、网络教学资源、维修资料、实训汽车、举升机					
实训工作要点与操作		通过学习、查阅相关资料或网络信息回答下列问题。 1.什么是车轮定位？ 2.车轮定位如图 2-2-6 所示，分别由左至右，由上到下的顺序写出四轮定位的四个参数。 (1)＿＿＿＿＿＿＿＿；(2)＿＿＿＿＿＿＿＿；(3)＿＿＿＿＿＿＿＿；(4)＿＿＿＿＿＿＿＿。 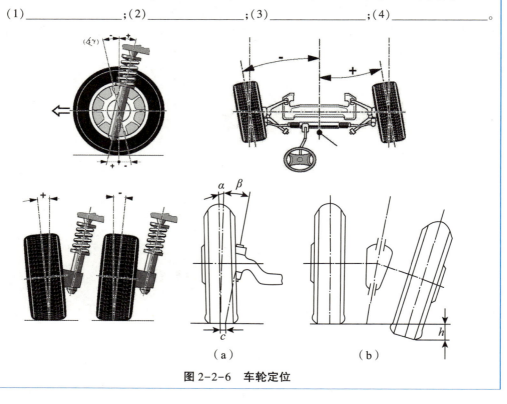 图 2-2-6　车轮定位					

164

续表

实训工作要点与操作	3.汽车在什么情况下需要做四轮定位？
	4.简述汽车做四轮定位的步骤。
	5.车间内的工作安全有哪些？
	6.工具和设备使用时的注意事项有哪些？

个人扩展知识

任务三　轮胎更换与修补

> **案例引入**
>
> 在正常使用的情况下,轮胎更换时间是3~5年或者行驶里程60 000~100 000 km。但是在例如经常堵车、激烈驾驶等恶劣的使用状况下,轮胎的更换时长要根据实际情况缩短,平常注意保养可增加使用时间。

车轮由轮圈和轮胎组成,轿车上广泛采用铝合金辐板式车轮。对轿车轮胎要求有良好的行驶安全性、负荷能力、使用寿命、经济性、舒适性和操纵性,对转向要有快速的响应,不因自身的弹性有滞后现象,轮胎与地面产生的侧向力要稳定不变,轮胎接地转向阻力要小。

一、轮胎的结构

轮胎(这里主要指无内胎轮胎或有内胎轮胎的外胎)的结构基本上分成两类:斜交轮胎和子午线轮胎。两者结构基本一致,由胎面、缓冲层、帘布层和胎圈四部分组成,只是帘布层排列上的差异,因而造成了一些差别。普通轮胎的结构如图2-3-1所示。

(1)胎面是轮胎的外表面,包括胎冠、胎肩和胎侧三部分。

(2)帘布层是轮胎承载的骨架,也称为胎体,主要材料有棉线、人造丝、尼龙、聚酯纤维和钢丝等。帘布层的作用是承受负荷、保持轮胎外缘尺寸和形状。

(3)缓冲层位于胎冠和帘布层之间,能加强胎冠和帘布层的结合,直接缓冲路面传来的各种冲击。

(4)胎圈是帘线末端折起将钢丝圈包住形成的,是帘布层(胎体)的根基,它有较大的刚度和强度。

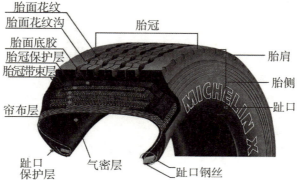

2-3-1　普通轮胎的结构

斜交轮胎的帘线一般与轮胎中心的平面成20°~40°排列,并且从一侧胎边穿过胎面到另一侧胎边,层层相叠,成为胎体的基础,所以称为斜交线轮胎。斜交线轮胎如图2-3-2所示。

子午线轮胎(轿车上几乎都装用)的帘布层与轮胎中心平面成90°,使其强度得到充分利用,帘布层数比普通斜交轮胎少约40%~50%,若干层帘线与断面呈大角度(交角为70°到75°),胎侧柔软,在侧向力的作用下,胎侧变形较大,胎冠的接地面积基本不变。子午线轮胎如图2-3-3所示。

子午线轮胎的优点是:接地面积大,附着性能好,胎面滑移小,抗湿滑能力强;胎冠较厚且有坚硬的带束层,不易刺穿,安全性好,行驶时变形小,滚动阻力小,减少汽车油耗;因为帘布层数少,胎侧薄,所以散热性能好,适于长时间行驶;径向弹性大,缓冲性能好,有利于提高汽车行驶平顺性。

子午线轮胎缺点是:胎侧较薄,胎冠较厚,轮胎气压超过标准气压时易爆胎;胎侧柔软,受侧向力变形较大,导致汽车横向稳定性差;制造技术要求高,成本也高。

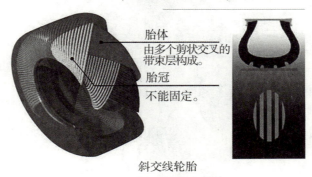

图 2-3-2　斜交线轮胎

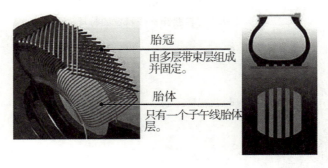

图 2-3-3　子午线轮胎

二、轮胎的规格

轮胎的胎侧标注很多表示自身特性的符号,轮胎侧标注特性的符号如图2-3-4所示。

斜交轮胎规格:我国采用国际标准,斜交轮胎的规格用 B-d 表示,B 和 d 均用 in(英寸,1 in=2.54 cm)为单位,B 是轮胎名义断面宽度代号,d 是轮辋名义直径代号。

子午线轮胎规格常用一组数字表示,前一个数字表示轮胎断面宽度,后一个表示轮辋直径,以英寸为单位。轮胎规格如图 2-3-5 所示。负载指数如图 2-3-6 所示。

速度等级:轮胎在规定条件承载规定负荷的最高速度,轮胎的负载指数如图 2-3-6 所示。字母 A 至 Z 代表轮胎从 4.8 km/h 到 300 km/h 的认证速度等级。

常用速度等级:Q:160 km/h;R:170 km/h;S:180 km/h;T:190 km/h;H:210 km/h;V:240 km/h;W:270 km/h;Y:300 km/h;Z:ZR 速度高于 240 km/h。

图 2-3-4　轮胎侧标注特性的符号

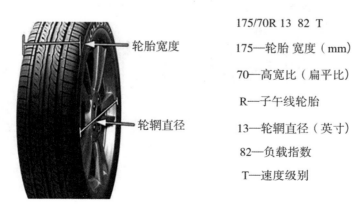

175/70R 13 82 T

175—轮胎宽度(mm)

70—高宽比(扁平比)

R—子午线轮胎

13—轮辋直径(英寸)

82—负载指数

T—速度级别

图 2-3-5　轮胎规格

项目二 新能源汽车行驶系统

载重指数	每条轮胎载重/kg	载重指数	每条轮胎载重/kg	载重指数	每条轮胎载重/kg
62	265	84	500	106	950
63	272	85	515	107	975
64	280	86	530	108	1 000
65	290	87	545	109	1 030
66	300	88	560	110	1 060
67	307	89	580	111	1 090
68	315	90	600	112	1 120
69	325	91	615	113	1 150
70	335	92	630	114	1 180
71	345	93	650	115	1 215
72	355	94	670	116	1 250
73	365	95	690	117	1 285
74	375	96	710	118	1 320
75	387	97	730	119	1 360
76	400	98	750	120	1 400
77	412	99	775	121	1 450
78	425	100	800	122	1 500
79	437	101	825	123	1 550
80	450	102	850	124	1 600
81	462	103	875	125	1 650
82	475	104	900	126	1 700
83	487	105	925		

图 2-3-6 负载指数

三、轮胎换位

前轮驱动车辆每行驶 10 000 km 换位,如果行驶 20 000 km 以上都没有换位,轮胎的磨损已经形成,就不建议进行轮胎换位了,以免发生跑偏的现象。轮胎换位如图 2-3-7 所示。

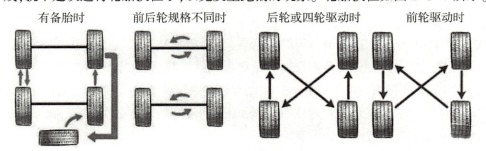

图 2-3-7 轮胎换位

四、车轮与轮胎的平衡

车轮与轮胎是高速旋转的组件,如果不平衡,会使其在超过某一速度行驶时产生共振,造成轮胎爆破,引发交通事故。不平衡也会引起底盘总成零部件损伤,使转向节上的磨损增加,造成减振器和其他悬架元件的变形。就车轮本身而言,由于装有气门嘴,同时还与轮胎和传动轴等传动装置旋转部件组装在一起,产生不平衡在所难免,所以必须进行平衡的监测与调整。

静平衡是质量围绕车轮等量分配，就是车轮在静止时平衡。车轮在车轴上处于任何位置都能保持不转动，这就达到了静平衡，静平衡如图 2-3-8 所示。

图 2-3-8　静平衡

动平衡是在中心线每一侧使质量等量分配，就是使车轮在运动中平衡。动不平衡的车轮会引起车轮摆动和磨损。

五、轮胎保养

延长轮胎使用寿命的有效措施：及时检查轮胎气压，按规定充气；正确选配和安装轮胎；不超载、偏载，定期进行换位；轮胎的正确存放；确保行驶系统的各总成处于良好技术状态；养成良好的驾驶习惯。

轮胎磨损指示点：轮胎胎面花纹内均匀分布 6 个磨损指示点；指示点处的胎侧上有对应的标记 TWI；磨损指示点的高度为 1.6 mm；当胎面磨损到磨耗指示点平台时，表示轮胎已经达到使用界限，为安全起见，必须更换新轮胎。

轮胎气压的高低都会影响到轮胎的使用寿命，标准轮胎气压参看燃油加注口盖板上的标准轮胎气压表。轮胎气压过高会造成轮胎中心快速磨损；容易冲击爆破及产生外伤；抓地力减少，制动性能下降；胎面张力过大，造成胎面脱层及胎面沟底龟裂；悬挂系统易损坏；轮胎容易发生跳动，舒适性差，令驾驶员产生疲劳。

轮胎非正常磨损表现在：两侧胎肩磨损严重（轮胎经常处于低气压状态、车辆经常大负荷行驶、匹配轮辋过宽或轮辋倾斜角不合理）；胎面出现锯齿状磨损（前轮前束调整不当、磨损由外向内；前束过大，磨损由内向外；前束过小，底盘悬挂系统失常）；胎侧鼓包或损坏（胎侧受坚硬物体挤蹭、帘线断裂）；轮胎露钢丝或帘线（轮胎受到强烈的冲击或刺伤、轮胎气压不足或长期超载、使用时间过长或受化学物质腐蚀）。

六、故障检修

1.轮胎修补

在轮胎拆卸机上拆下轮胎，进行轮胎修补。修补轮胎的方法基本上有以下三种。

（1）冷补胶条修补：将一个稍大于扎伤孔尺寸的塞放在工具上的眼中，从轮胎外侧将塞插入被扎伤的孔中，我们把"锥子"扎进轮胎上的孔。"锥子"扎进孔后，冷补胶条也被带到孔内，并把孔塞住。把冷补胶条塞到孔里以后就可以把工具抽出来。使用这种冷补胶条修补钉孔后，胶条随着轮胎使用发热会受热变软并更好地阻止轮胎内部气体从钉孔泄漏。这种冷补胶条在使用一定时间后便会"起泡",此时钉孔便会有可能再次漏气。因此,冷补胶条只能作为一种临时补胎材料。

(2)冷补片修理。首先,需要稍微打磨一下轮胎的气密层,使气密层变得粗糙,让冷补胶片更易黏合在上面。打磨好气密层,在打磨的区域涂上冷补胶水并稍微烘干一下。最后,贴上冷补胶片并用滚轮在胶片上来回滚压,使冷补胶片和气密层黏合得更紧密。

(3)热补片修理。轮胎热补片的用法和冷补片相似,区别是将热补片夹在刺伤区加热使补片粘牢。

2.车轮动平衡的检测及调整

轮胎修补之后破坏了原胎的动平衡,需要重新对其进行检测。

(1)从车上卸下轮胎(车轮组件),对被测车轮进行清洁,去掉泥土沙石,拆掉旧平衡块。将轮胎充气至规定气压值。

(2)将车轮安装在平衡机上。打开电源开关,检查指示装置是否正确指示。输入轮辋直径、宽度,测出轮边缘到机箱之间的距离并输入。放下防护罩,按下启动键,开始测量。

(3)在车轮自动停转后,从指示装置读出车轮内、外动不平衡量和位置。用手慢慢旋转车轮,当动平衡机指示装置发出信号时,停止转动车轮。将动平衡机显示的动不平衡量按内、外位置,置于车轮12点钟位置的轮辋边缘,并装卡牢固。平衡机如图2-3-9所示。

(4)重新启动平衡机,进行动平衡试验,直至动不平衡量小于5g,机器显示合格。最后取下车轮,关闭电源,测试结束。

由于动平衡的车轮一定处于静平衡状态,所以,只要检测了动平衡,就没有必要检测静平衡。

图2-3-9 平衡机

七、故障分析

轮胎漏气不明显的,可将轮胎放入水槽中看气泡来检查漏点,补完胎后应再次检漏。受损面积较大的轮胎、胎侧严重受损的轮胎、鼓包的轮胎、帘布层损伤的轮胎均应更换,不可以修理,补胎后必须做动平衡。

任务工单 13　新能源汽车轮胎保养与更换

姓名		班级		学号		成绩	
日期		组号		教师签字			
学习目标	知识目标	1.能正确描述汽车轮胎的作用及组成。 2.能描述实训汽车轮胎换位类型。					
	能力目标	1.能正确掌握实训汽车轮胎换位方法。 2.能熟知汽车轮胎动平衡的检测及调整。					
设备和工具准备		多媒体教学设备和课件、网络教学资源、维修资料、实训汽车、举升机					
实训工作要点与操作		通过学习、查阅相关资料或网络信息回答下列问题。 1.轮胎的结构有哪些？ 2.车轮定位如图 2-3-10 所示,本轮胎的品牌是＿＿＿＿,225 表示＿＿＿＿,50 表示＿＿＿＿,R 表示＿＿＿＿,17 表示＿＿＿＿,98 表示＿＿＿＿,H 表示＿＿＿＿。  图 2-3-10　车轮定位 3.轮胎修补的方法有哪些?					

172

续表

实训工作要点与操作	4.简述汽车轮胎动平衡检测步骤。 5.车间内的工作安全有哪些？ 6.工具和设备使用时的注意事项有哪些？
	个人扩展知识

任务四　更换摆臂总成

案例引入

紧急制动时车身后部有异响，被诊断为后桥上横控制臂橡胶衬套损坏，需更换控制摆臂总成。

摆臂属于汽车悬架系统中的导向部件，因此我们先来了解关于悬架的结构知识。

悬架系统包含了减振器、悬架弹簧、稳定杆、悬吊副梁、下控制臂、纵向杆、转向节臂、橡皮衬套和连杆等部件。当汽车行驶在路面上时因地面的变化而受到振动及冲击，这些冲击的力量其中一部分会由轮胎吸收，但绝大部分是依靠轮胎与车身间的悬架装置来吸收的。

一、悬架系统的功能

汽车悬架是车架（或承载式车身）与车桥（或车轮）之间传力装置总称。它具有以下功用。

（1）把路面作用于车轮的垂直反力、纵向反力、侧向反力及这些反力所造成的力矩传递到车架上。

（2）与轮胎一起，吸收和缓冲汽车行驶中由于路面不平所造成的各种振动和冲击，从而保证乘客乘坐舒适和货物的安全。

（3）使车身与车轮之间保持适当的动态几何关系，当车轮跳动时应有正确的运动规律，以保证汽车操纵稳定性。

二、悬架系统的组成

悬架系统由弹性元件、减振器和导向机构三部分组成，悬架系统的结构如图 2-4-1 所示。

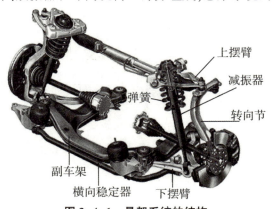

图 2-4-1　悬架系统的结构

1.弹性元件

弹性元件承受并传递垂直载荷,缓和不平路面引起的冲击,使车架(或承载式车身)与车桥(或车轮)之间保持弹性连接。

2.减振器

减振器用于衰减振动,提高乘坐舒适性。

3.导向机构(包括横向稳定杆和纵向推力杆)

导向机构用来传递除垂直力以外的各种力和力矩,并确定车轮相对于车架(或车身)的运动关系。

上述三部分装置所起的作用侧重点不同,分别是缓冲、减振和导向,但三者共同的任务是传递车轮与车架之间的各种力和力矩,控制车身的各种振动。摆臂是悬架系统中控制车轮运动轨迹的导向机构。

4.横向稳定器

除了以上三种原件外,在大多数轿车和客车的悬架系统中还设有横向稳定器,其作用是防止车身在转向等情况下发生过大横向倾斜。

需要指出的是,并不是每一个悬架系统都必须设有上述装置。例如在装有钢板弹簧的汽车上,由于钢板弹簧不但起到缓冲作用,还可起到传递所有力矩和决定车轮运动轨迹的作用,所以就不必再设置导向机构。此外,钢板弹簧本身就有一定的减振能力,所以在对减振要求不高时,这类汽车可以不装减振器。例如,一般中型货车的后悬架和重型货车的前、后悬架可不装减振器。

三、簧载质量和非簧载质量

1.簧载质量

有悬架弹性元件所支撑的汽车质量称为簧载质量,如发动机、变速器、离合器、车身、车架等。簧载质量是汽车质量的主要组成部分,有时也称为悬架质量,簧载质量如图 2-4-2 所示。

2.非簧载质量

不由弹性元件支撑的元件的质量称为非簧载质量,如悬架系统的一部分、车轮、车轴、传动轴、固定在非独立悬架车桥上的主减振器和差速器等,有时也称为非悬架质量。非簧载质量如图 2-4-2 所示。非簧载质量相对整车来说占比较小。

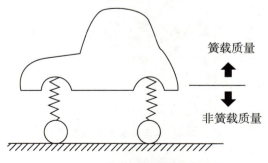

图 2-4-2 簧载质量和非簧载质量

四、悬架的分类

汽车悬架可分为两大类：非独立悬架与独立悬架，如图 2-4-3 所示。

非独立悬架结构特点是汽车两侧车轮安装在一根整体式车轴的两端。一侧车轮上下跳动时，必然会影响到另一侧车轮的定位参数的改变，但车轮轮距不会变动。非独立悬架通常总是和非断开式车桥联系在一起的，又称整体桥悬架或刚性悬架。

独立悬架结构特点是左右两侧车轮之间没有刚性的车轴，车轮独自通过悬架的弹性元件和导向杆件与车架相连。在左右车轮的运动关系上，当一侧车轮跳动时，对另一侧车轮的定位参数不产生影响，因此称为独立悬架。

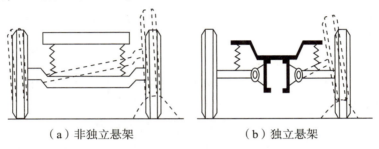

（a）非独立悬架　　　　（b）独立悬架

图 2-4-3　非独立悬架与独立悬架

1.非独立悬架

非独立悬架的车轮装在一根整体车轴的两端，当一边车轮跳动时，影响另一侧车轮也做相应的跳动，使整个车身振动或倾斜，汽车的平顺性和舒适性较差，但由于非独立悬架构造较简单，承载力大，所以目前仍有部分轿车的后悬架采用这种形式。

（1）钢板弹簧式非独立悬架如图 2-4-4 所示。

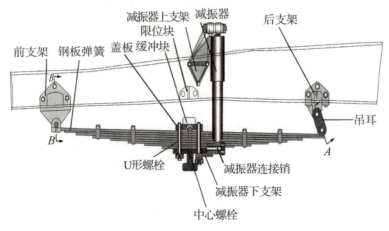

图 2-4-4　钢板弹簧式非独立悬架

钢板弹簧的中部用两个 U 形螺栓固定在前桥上。钢板弹簧的前端卷耳用钢板弹簧销与前支架相连，形成固定铰链支点，起传力作用。钢板弹簧后端采用吊耳销与可在车架上摆动的吊耳相连，形成摆动的铰链支点，它能够使钢板弹簧变形时，两端卷耳中心线间的距离做相应的改变。

汽车在不平路面上行驶遇到冲击载荷作用时，车轮带动车桥上跳，钢板弹簧与减振器下端也同时上移。钢板弹簧上移过程中长度增长，可通过后部吊耳的伸展予以协调，不会发生干涉。减振器因上端固定而下端上移，相当于处在压缩状态工作，阻尼增大，衰减了振动。当车轴上跳量超过缓冲块与限位块之间的距离时，缓冲块与限位块接触并被压缩。钢板弹簧式非独立悬架主要应用于货车，但是，有些乘用车上如开迪的后悬架也是采用这种类型。

(2) 螺旋弹簧式非独立悬架如图 2-4-5 所示。

因为螺旋弹簧作为弹性元件，只能承受垂直载荷，所以悬架系统要加设导向机构和减振器。

螺旋弹簧式非独立悬架由螺旋弹簧、减振器、纵向推力杆、横向推力杆、加强杆等组成。其结构特点是：左、右车轮用一根整轴连接为一体。减振器下端固定在后轴支座上，上端与车身铰接。螺旋弹簧套装在减振器外部的弹簧上、下座之间。纵向推力杆的后端焊在车轴上，前端铰接到车架上。横向推力杆一端铰接在车身上，另一端铰接到车轴上。工作时弹簧承受垂直载荷作用，纵向力和横向力分别由纵向和横向推力杆承受。车轮跳动时整个车轴绕纵向推力杆和横向推力杆在车身上的铰接点摆动。铰接点的橡胶衬套可以消除车轴摆动时产生的运动干涉。螺旋弹簧非独立悬架适用于乘用车的后悬架。

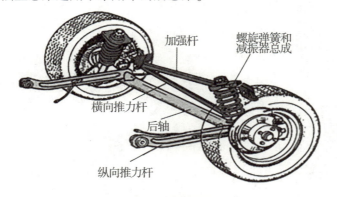

图 2-4-5 螺旋弹簧非独立悬架

2. 独立悬架

独立悬架的车轴分成两段，每只车轮用螺旋弹簧独立地安装在车架（或车身）下面，当一边车轮发生跳动时，另一边车轮不受波及，汽车的平顺性和舒适性好。但这种悬架构造较复杂，承载力小。现代轿车前后悬架大都采用了独立悬架，并已成为一种发展趋势。

独立悬架采用较多的有麦弗逊式、双横臂式、多连杆式等多种，麦弗逊式悬架构造简单，布置紧凑，前轮定位变化小，具有良好的行驶稳定性，所以，目前轿车使用最多的独立悬架是麦弗逊式悬架。

(1) 麦弗逊式独立悬架如图 2-4-6 所示。

麦弗逊式悬架也称滑柱连杆式悬架,它是由滑动立柱和横摆臂组成的。它是以国外汽车公司的工程师 Earle Steele MacPherson 的名字命名的。捷达轿车的麦弗逊式独立悬架如图 2-4-6 所示。筒式减振器的外面为滑动立柱(筒体),悬架横摆臂的内端通过铰链与车身相连,其外端通过球铰链与转向节相连。减振器的上端通过减振器内的柱塞连杆上的带轴承的隔振块总成(可看作减振器上的铰链点)与车身上的车轮翼子板相连,减振器的下端由外面的滑动立柱与转向节固定连接在一起。当车轮上下跳动时,减振器的下支点要随横摆臂摆动,同时减振器的滑动立柱要沿活塞连杆上下移动。

麦弗逊式独立悬架突出的优点:增大了两前轮内侧的空间,便于发动机和其他一些部件的布置。在前置发动机前轮驱动的汽车上,当发动机横向布置时,发动机舱内部需要有足够的横向空间,特别是采用双横杆独立悬架要缩短其上臂长度,缩至极限就成为麦弗逊式悬架。从运动学的角度来看,麦弗逊式悬架可看作为双横臂悬架的变形。麦弗逊式悬架将部分导向机构和减振器集成在一起,简化了结构、减轻了质量。作为前悬架,其主销轴线不是筒式减振器的轴线而是由减振器上球铰中心与横摆臂外端的铰链中心的连线构成的,所以也属于无主销结构。

麦弗逊式悬架是目前前置前驱轿车和某些轻型客车首选的较好的悬架结构形式。例如桑塔纳、高尔夫、奥迪 100、红旗 CA7220 型、爱丽舍和宝马 5 系等轿车也都采用此种结构形式。

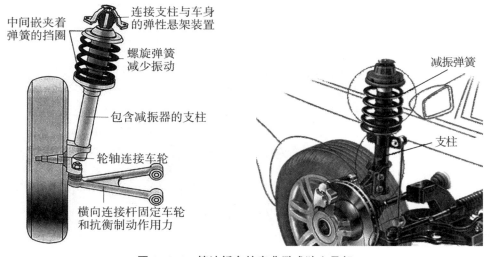

图 2-4-6 捷达轿车的麦弗逊式独立悬架

缺点:由于质量较轻,麦弗逊式悬架的响应速度很快,车轮的主销可以摆动,外倾角度可以调整,这样在车辆转弯时,轮胎的接地面积可以达到最大化。但简单的结构也使得悬架刚性较弱,稳定受到影响,转弯时侧倾会略微明显。

(2) 双横臂式独立悬架如图 2-4-7 所示。

双横臂式独立悬架分为等长式双横臂独立悬架和不等长式双横臂独立悬架。(等长式双

横臂独立悬架现在已经很少采用了)

两摆臂等长的悬架,当车轮上下跳动时,车轮平面没有倾斜,但轮距却发生了较大的变化,这将增加车轮侧向滑移的可能性,加剧轮胎的磨损。在摆臂不等长的独立悬架中,如将两臂长度选择适当,可以使车轮和主销的角度及轮距的变化都不太大。不大的轮距变化在轮胎较软时可以由轮胎变形来适应,目前轿车的轮胎可容许轮距的改变在每个车轮上达到4~5 mm而不致使车轮沿路面滑移。由此可见,摆臂不等长的双横臂式独立悬架既改善了汽车的乘坐舒适性和行驶平顺性,又保证了轮胎的寿命,所以在轿车前轮上的应用非常广泛。

摆臂不等长的双横臂式独立前悬架采用球头结构代替主销,变成无主销式结构,上、下球头销的连心线相当于主销轴线,转向时车轮即围绕此轴线偏转。奥迪A4轿车应用的就是不等长双横臂式独立悬架。

优点:不等长式双横臂独立悬架上下各有一个不等长摇臂,共同吸收横向力,因此横向刚度大,并且通过合理地布置,可以使轮距和前轮的定位参数在可接受的限定范围内变化,这就克服了等长式双横臂悬架轮胎磨损严重的弊端。路面的适应力好,轮胎接地面大、贴地性好。可以应用在轿车的前后悬架上,运动型轿车、赛车的后轮也采用这一布置。

缺点:由于存在上摇臂,占用空间大,所以许多中小型轿车都放弃了这种选择。

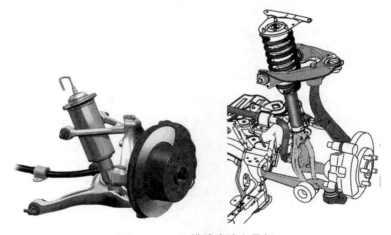

图2-4-7 双横臂式独立悬架

(3)多连杆式悬架。

最近比较流行的一种后悬架为多连杆式悬架,多连杆式悬架如图2-4-8所示。多连杆悬架是1982年Mercedes Benz公司为190系列车首次开发的。从此,多连杆悬架被作为驱动或非驱动桥的悬架开始使用。多连杆式悬架是由3~5根杆件组合起来控制车轮位置变化的悬架,能满足不同的使用性能要求。连杆在左右两侧各有一对,分为上拉杆和下拉杆,作为传递横向力(汽车驱动力)的机构,通常再与一根横向推力杆一起组成五连杆式构成。横向推力杆一端连接车身,一端连接车轴,其目的是防止车轴(或车身)横向窜动。当车轴因颠簸而上下运动时,横向推力杆会以与车身连接的接点为轴做画圆弧的运动,如果摆动角度过大会使车轴与车身之间产生明显的横向相对运动,与下摆臂的原理类似,横向推力杆也要设计得比较长,以减小摆动角度。

目前在中高档轿车上使用的多连杆式后悬架并不新鲜,但随着技术的发展,多连杆式后悬架也开始被用在紧凑型轿车上,成了厂家宣传的卖点。多连杆式悬架能够更加精确地控制车轮与地面接触的角度,因此它是一种比较先进的后悬架结构方案。因独立悬架中多采用螺旋弹簧,对于侧向力及纵向力需加设导向装置即采用杆件来承受和传递,故一些轿车为减轻车重和简化结构采用多连杆式独立悬架。这种悬架是双横臂式独立悬架的改进。

目前只有福特福克斯、雪铁龙(雪铁龙 C5 轿车后悬架如图 2-4-9 所示)、马自达 3、大众速腾等高端紧凑型车才采用这种后悬架设计。

优点:它有双横臂悬架的所有性能,在双横臂的基础上通过连杆接收的约束作用使得轮胎在上下运动时前束角度也能相应改变,这意味着弯道适应性更好,如果用在前驱车的前悬架,可以缓解转向不足,有精确转向的感觉;如果用在后悬架上,在转向侧倾的作用下改变后轮的前束角,这就意味着后轮可以随前轮一同转向,达到舒适操控两不误的目的;可以自由独立地确定主销偏移距,减小因径向荷载引起的干扰力和力矩;很好地控制了在制动和加速期间车的纵向点头运动;有利于控制车轮的前束、外倾和轮距宽度变化,因此具有良好的操纵稳定性;可有效地降低轮胎的磨损,延长其使用寿命;从弹性运动学角度来看,在侧向力和纵向力条件下前束角的改变及行驶舒适性都能得到精确的控制;车轮受力点分散,因此连杆可以制作得较细小,减轻了质量。

缺点:跟双横臂一样,多连杆悬架同样需要占用较多的空间。多连杆悬架的制造成本、研发成本都是最高的,所以常用在中高级车的后桥上。由于连杆和衬套增多,导致费用增加;悬架运动过程中过约束的可能性增加。因此,在车轮垂直和纵向运动过程中衬套必须有必要的变形,对连接衬套的磨损比较敏感;对于相关的几何体位置和衬套硬度公差要求较高。

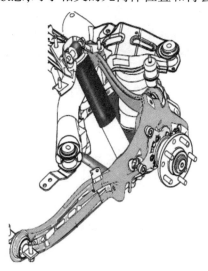

图 2-4-8　多连杆式悬架

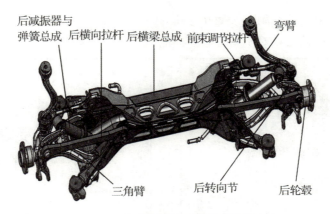

图 2-4-9 雪铁龙 C5 轿车后悬架

五、故障检修

1. 如图 2-4-10 所示,拆卸上横控制臂

图 2-4-10 拆卸上横控制臂

(1) 拆下车轮。
(2) 拆下螺旋弹簧。
(3) 将转速传感器的导线用箭头 A 挂在上横控制臂外。
(4) 拧出螺栓 1。
(5) 用记号笔标记偏心螺栓箭头相对于副车架的位置。
(6) 拧出箭头所示的螺栓。
(7) 将上横控制臂取出。

2. 如图 2-4-11 所示,安装上横控制臂

将上横控制臂安装在汽车上并用手将螺栓拧紧。
(1) 在空载位置下放上后桥。

（2）将上横控制臂拧装在副车架上并将新的螺母拧紧。

（3）注意偏心螺栓箭头相对于副车架的标记。

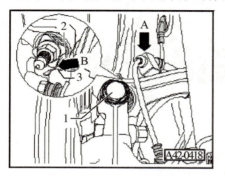 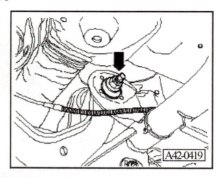

图 2-4-11　安装上横控制臂

六、故障分析

更换新控制臂后，要重新调整车轮定位。拆卸和安装零部件后是否做定位检测如表 2-4-1 所示。

表 2-4-1　拆卸和安装零部件后是否做定位检测

更换前桥零部件	需要进行定位检测		更换后桥零部件	需要进行定位检测	
	是	否		是	否
下控制臂		X	下横控制臂	X	
控制臂橡胶金属支座		X	上横控制臂	X	
车轮轴承壳体	X		转向横拉杆	X	
转向横拉杆/转向拉杆球头	X		车轮轴承壳体	X	
转向器	X		副车架	X	
副车架		X	螺旋弹簧		X
减振支柱		X	减振器		X
副车架托架	X		稳定杆		X
稳定杆		X	纵控制臂	X	

任务工单14　新能源汽车悬架认知与拆装

姓名		班级		学号		成绩	
日期		组号		教师签字			
学习目标	知识目标	1.能正确描述汽车悬架的作用及组成。 2.能描述实训汽车悬架结构及类型。					
	能力目标	1.能正确熟知实训汽车悬架拆卸方法。 2.能掌握汽车悬架常见故障检测方法。					
设备和工具准备		多媒体教学设备和课件、网络教学资源、维修资料、实训汽车、举升机					

实训工作要点与操作

通过学习、查阅相关资料或网络信息回答下列问题。

1.根据实训汽车和指导教师的指导,常见车型独立悬架结构如图2-4-12所示,写出1~7零件名称。

图2-4-12　独立悬架结构

(1)＿＿＿＿＿；(2)＿＿＿＿＿；(3)＿＿＿＿＿；(4)＿＿＿＿＿；
(5)＿＿＿＿＿；(6)＿＿＿＿＿；(7)＿＿＿＿＿。

2.根据所学知识和实训汽车,悬架类型如图2-4-13所示,请写出两幅图分别是什么类型的悬架。
(a)＿＿＿＿＿；(b)＿＿＿＿＿。

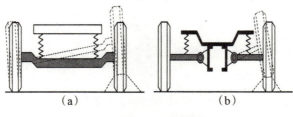

图2-4-13　悬架类型

续表

| 实训工作要点与操作 | 3.根据所学知识和实训汽车,请说明如图 2-4-14 所示的独立悬架零件结构名称。
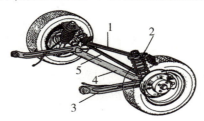
图 2-4-14　独立悬架

(1)_____;(2)_____;(3)_____;
(4)_____;(5)_____。
4.车间内的工作安全有哪些?

5.工具和设备使用的注意事项有哪些? |

个人扩展知识

任务五　更换减振器

案例引入

> 汽车在颠簸路面上行驶时,底盘没有弹性缓冲,振动冲击明显,经常诊断为减振器损坏,需要更换减振器。

悬架系统中的导向机构主要承受来自地面对车轮的各项力及力矩,并控制车轮的运动轨迹,它工作性能的好坏主要影响车辆的操纵稳定性。而影响到车辆行驶的平顺性及乘坐的舒适性的悬架部件主要是弹性元件、减振器及横向稳定器。下面对这三个部件进行研究分析。

一、弹性元件

弹性元件的作用是支撑垂直载荷,缓和和抑止不平路面引起的振动和冲击,用具有弹性较高材料制成的零件,在车轮受到大的冲击时,动能转化为弹性势能储存起来,在车轮下跳或恢复原行驶状态时释放出来。弹性元件主要有钢板弹簧、螺旋弹簧、扭杆弹簧、空气弹簧等。

1. 钢板弹簧

钢板弹簧如图 2-5-1 所示,是由若干片等宽但不等长的合金弹簧片组合而成的一根近似等强度的弹性梁,多片式钢板弹簧可以同时起到缓冲、减振、导向和传力的作用。开迪车后桥采用了钢板弹簧结构。

图 2-5-1　钢板弹簧

2. 螺旋弹簧

螺旋弹簧如图 2-5-2 所示,是用弹簧钢棒料卷制而成的,具有不需润滑、防污性强、占用空间小及质量轻等优点,螺旋弹簧只能承受垂直载荷,要加装导向装置,必须加装减振器来衰减冲击产生的振动。螺旋弹簧大多应用在独立悬架上,后轮非独立悬架中也有使用。除开迪后桥外,一汽大众其他车型均采用螺旋弹簧。

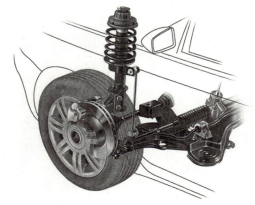

图 2-5-2　螺旋弹簧

3. 扭杆弹簧

扭杆弹簧如图 2-5-3 所示，通常简称为扭杆，它是用自身的扭转弹性来抵抗扭曲力的弹簧钢杆。扭杆的一端固定在车架或其他构件上，另一端连接在悬架的摆臂上。扭杆通常是纵向安装的。

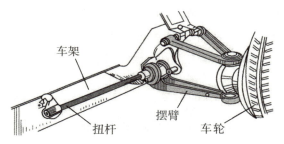

图 2-5-3　扭杆弹簧

4. 气体弹簧

气体弹簧如图 2-5-4 所示，是以空气作为弹性介质，即在一个密闭的容器内装入压缩空气（气压为 0.5~1 MPa），利用气体的压缩弹性实现弹簧的作用的。

图 2-5-4　气体弹簧

二、减振器

减振器如图 2-5-5 所示。由于螺旋弹簧只具备固有频率,不能起到衰减振动的作用,因此需要减振器来衰减振动。在汽车悬架系统中广泛采用的液力减振器是筒式减振器,由于其在压缩和伸张行程中均能起减振作用,因此又称为双向作用筒式减振器。

对减振器提出如下要求:在悬架压缩行程中,减振器阻尼力应较小,充分发挥弹性元件的作用,缓和冲击,这时弹性元件起主要作用;在悬架伸张行程中,减振器阻尼力应较大,以迅速减振,此时减振器起主要作用;当车架与车桥间的相对运动速度过大时,要求减振器能自动加大液流量,使阻尼力始终保持在一定限度内,避免车架或车身承受过大的冲击荷载。

图 2-5-5 减振器

工作原理:当车架与车桥做往复相对运动时,减振器中的活塞在缸筒内也做往复运动,减振器壳体内的油液便反复地从一个内腔通过一些窄小的孔隙流入另一内腔。孔壁与油液间的摩擦及液体分子内的摩擦便形成对振动的阻尼力,使车身和车架的振动能量转化为热能,被油液和减振器壳体所吸收,并散到大气中,双向作用筒式减振器工作原理如图 2-5-6 所示。

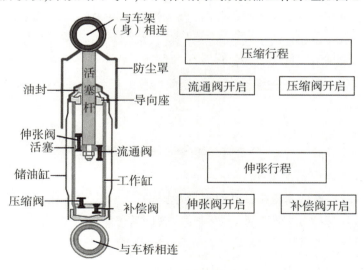

图 2-5-6 双向作用筒式减振器工作原理

三、横向稳定杆

宝马 E60 主动横向稳定控制系统如图 2-5-7 所示。现代轿车悬架很软,即固有频率很低。汽车高速行驶转弯时,车身会产生较大的侧向倾斜和侧向角振动。为了提高悬架的侧倾角刚度,减小侧倾,常在悬架中加设横向稳定杆。

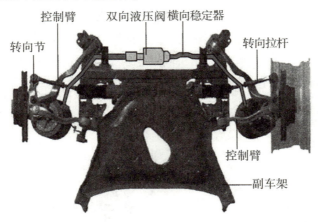

图 2-5-7 宝马 E60 主动横向稳定控制系统

四、故障检修

(1) 在车上检查。

①看减振器是否漏油。在没下雨或没洗车的情况下直接看减振器壳体或防尘套是否损坏,若漏油,则需进一步检查。

②听行驶时是否有异响。在低速行驶时,当车轮通过路面的凸起部或有轻微的振动时有怦怦的声音。减振器的异响有别于其他底盘异响,很沉闷。如果是前减振器方向盘上还有明显的振感,要准确判断是哪个悬挂发出的。

③用手压每个车轮悬挂部分的上方,比如压前后翼子板。有故障的减振器压着偏硬,这是减振器漏油到了后期的症状。

(2) 拆卸检查。

①拆下车辆的前减振器,检查是否有裂缝、损坏和漏油。

②检查橡胶衬套是否变质、磨损。

③压缩并伸展减振器活塞至少 3 次,确定操作作用力未发生变化。如果与规定的数值不同,则更换该减振器(压缩减振器活塞,然后松开,确认活塞能够以正常的速度完全伸展)。

④出现故障只能更换,没办法修复。

(3) 减振器拆卸与装配如图 2-5-8 所示。

项目二 新能源汽车行驶系统

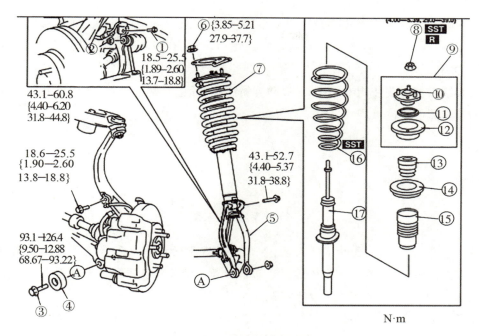

图 2-5-8 减振器拆卸与装配

减振器拆卸顺序如表 2-5-1 所示,按与拆卸相反的顺序进行安装。

表 2-5-1 减振器拆卸顺序

1	螺栓(制动软管支架)	10	安装橡胶垫
2	螺母(前稳定器控制链杆)	11	轴承
3	螺栓(前减振器下侧)	12	弹簧座
4	动态阻尼器	13	止位垫
5	减振叉	14	橡胶弹簧座
6	螺母(前减振器上侧)	15	防尘罩
7	前减振器和螺旋弹簧	16	螺旋弹簧
8	活塞杆螺母	17	前减振器
9	安装橡胶垫总成		

五、故障分析

检测基本步骤如下。

故障问讯(从异响、工况、气候、发生频率、道路、负载情况、路面、钣金维修情况 8 个方面进

189

行问询)→车辆预检(从车身表面及底盘2个部分进行预检)→故障再现(静态再现法、动态再现法)→故障点确认→维修作业准备及维修处置→车辆自检/互检及交车。逐步缩小故障范围,以防误判和返修。

在安装减振器时要使用专用工具,以防弹簧飞出;标记好螺旋弹簧、防尘罩及安装橡胶垫,以确保安装位置的正确性。

拓展延伸

行驶系统新技术

随着汽车制造研发水平的不断提高,人们对于汽车的操控性和舒适性有了更高的要求。其中,车辆减振系统起着至关重要的作用。而采用普通螺旋弹簧很难做到两全其美。于是,适应能力更强,感受更完美的可变悬挂系统就诞生了。

电控悬架系统如图2-5-9所示,是能够根据车身高度、车速、转向角度及速率、制动等信号,由电子控制单元(Electronic Control Unit,ECU)控制悬架执行机构,使悬架系统的刚度、减振器的阻尼力及车身高度等参数得以改变,从而使汽车具有良好的乘坐舒适性和操纵稳定性。

图2-5-9 电控悬架系统

1.电控悬架系统

按控制理论不同,电控悬架系统可分为半主动式电控悬架系统和主动式电控悬架系统两大类。

主动式电控悬架系统:根据载荷、车速、路面等条件的变化,自动调节弹簧刚度、减振器阻尼、车身高度。按弹簧的种类又可分为空气弹簧主动悬架和油气弹簧主动悬架。

半主动式电控悬架系统:通过传感器感知路面状况和车身姿态,对阻尼参数进行调节,从而改善汽车行驶平顺性和稳定性。半主动悬架系统中只有弹簧刚度或减振器阻尼之一可以调节。通过监测车身振动加速度,然后控制减振器阻尼力的大小。

2.电控悬架系统组成如图2-5-10所示

电控悬架由传感器、电子控制单元和执行器三部分组成。

传感器:车速传感器、启动传感器、加速度传感器、转向传感器、制动传感器、路面状况传感器、车身高度传感器等。

电子控制单元:电控模块(悬架 ECU)。

执行元件:电磁阀、步进电机、电动机等。

图 2-5-10　电控悬架系统组成

3.电控悬架系统的控制功能

(1)车速与路面感应控制。

当车速高时,提高弹簧刚度和减振器阻尼力,以提高汽车高速行驶时的操纵稳定性。

当前轮遇到凸起时,减小后轮悬架弹簧刚度和减振器阻尼力,以减小车身的振动和冲击。

当路面差时,提高弹簧刚度和减振器阻尼力,以抑制车身的振动。

(2)车身姿态控制。

转向时侧倾控制:当急转向时,提高弹簧刚度和减振器阻尼力,以抑制车身的侧倾。

制动时点头控制:当紧急制动时,提高弹簧刚度和减振器阻尼力,以抑制车身的点头。

加速时后坐控制:当急加速时,提高弹簧刚度和减振器阻尼力,以抑制车身的后坐力。

(3)车身高度控制。

高速感应控制:当车速超过 90 km/h 时,降低车身高度,以减少空气阻力,提高汽车行驶的稳定性。

连续差路面行驶控制:车速在 40~90 km/h 时,提高车身高度,以提高汽车的通过性;车速在 90 km/h 以上时,降低车身高度,以满足汽车行驶的稳定性。

点火开关 OFF 控制:驻车时,在点火开关关闭后,降低车身高度,便于乘客的乘坐。

自动高度控制:当乘客和载重量变化时,保持车身高度恒定。

4.电控悬架系统工作原理

电控悬架系统工作原理:传感器将汽车行驶的路面情况(汽车的振动)和车速及启动、加速、转向、制动等工况转变为电信号,输送给电子控制单元,电子控制单元将传感器送入的电信号进行综合处理,输出对悬架的刚度和阻尼及车身高度进行调节的控制信号。

任务工单 15　新能源汽车减振器的检测与拆装

姓名		班级		学号		成绩	
日期		组号		教师签字			
学习目标	知识目标	1.能正确描述汽车减振器的作用及组成。 2.能描述实训汽车减振器类型。					
	能力目标	1.能正确熟知实训汽车减振器拆卸方法。 2.能掌握汽车减振器常见故障检测方法。					
设备和工具准备		多媒体教学设备和课件、网络教学资源、维修资料、实训汽车、举升机					
实训工作要点与操作		通过学习、查阅相关资料或网络信息回答下列问题。 1.根据学习理论知识内容,汽车底盘行驶系统弹性元件有＿＿＿＿＿、＿＿＿＿＿、＿＿＿＿＿、＿＿＿＿＿四种。 2.汽车减振器检测方法有哪两种？如何检测？ 3.减振器拆卸与安装顺序如图 2-5-11 所示,填写各元件的名称,如表 2-5-2 所示。 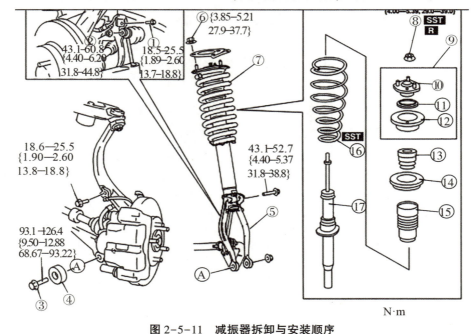 图 2-5-11　减振器拆卸与安装顺序					

续表

<table>
<tr><td colspan="5">表 2-5-2　各元件的名称</td></tr>
<tr><td>1</td><td></td><td>10</td><td></td></tr>
<tr><td>2</td><td></td><td>11</td><td></td></tr>
<tr><td>3</td><td></td><td>12</td><td></td></tr>
<tr><td>4</td><td></td><td>13</td><td></td></tr>
<tr><td>5</td><td></td><td>14</td><td></td></tr>
<tr><td>6</td><td></td><td>15</td><td></td></tr>
<tr><td>7</td><td></td><td>16</td><td></td></tr>
<tr><td>8</td><td></td><td>17</td><td></td></tr>
<tr><td>9</td><td></td><td></td><td></td></tr>
</table>

实训工作要点与操作

4.车间内的工作安全有哪些？

5.工具和设备使用时的注意事项有哪些？

个人扩展知识

项目三
新能源汽车转向系统

学思课堂

> 从人类社会的历史与未来的层面讲,习近平总书记指出:"人类是劳动创造的,社会是劳动创造的。"劳动创造了人类,创造了社会,这个观点跟马克思主义的观点是一脉相承的。他还强调:"劳动是推动人类社会进步的根本力量,劳动光荣、创造伟大是对人类文明进步规律的重要诠释。"推动人类社会进步,有很多种力量,包括科学、技术、资本、管理,但根本力量是劳动。总结人类文明进步的规律,上升到规律的层面上而不是停留在表象上,就能看出劳动光荣、创造伟大。

项目导言

> 一汽大众高级技师年少志立足模修质改岗位,在创新开拓、带队攻坚方面做出了突出贡献,荣获全国"五一劳动奖章",当选吉林工匠年度人物。年少志是一汽大众长春生产冲压中心模修车间质改工段工长,在职17年来,先后参与大众、奥迪、捷达众多车型模具的验收、调试和质量改进,取得了一系列重大突破,节创价值6 000多万元,成为业界公认专家。在产业数智化、电动化的大趋势下,他与时俱进,将前沿技术与一线生产进行高效融合,首创发明模具废料监控系统、氮气缸无线压力监控系统、车身质量改进数字化方向分析等维修方法,一次性改进成功率从80%提升至95%以上,改进效率提升30%以上,填补了行业数字化模具维修技术空缺。
>
> 幸福不是毛毛雨,幸福不是免费午餐,幸福不会从天而降。人世间的一切成就、一切幸福都源于劳动和创造。劳动与一个人的成功、辉煌、财富、幸福都是关联在一起的。一切劳动者,只要肯学肯干肯钻研,练就一身真本领,掌握一手好技术,就能立足岗位成

新能源汽车底盘技术

长成才,就能在劳动中发现广阔的天地,就能在劳动中体现价值、展现风采、感受快乐。对我们来讲,虽然并不一定马上就能在劳动中体现价值,展现风采,感受快乐,但一旦真正掌握了劳动的技能,在工作和职业中找到了成就感,就会越来越感受到人生的价值。

思考题

劳动在新时代为什么依然重要?

概　　述

汽车在行驶过程中,需按驾驶员的意志改变其行驶方向,即汽车转向。对轮式汽车而言,实现汽车转向的方法是驾驶员通过一套专设的机构,使汽车转向桥(一般是前桥)上的车轮(转向轮)相对于汽车纵轴线偏转一定角度。在汽车直线行驶时,往往转向轮也会受到路面侧向干扰力的作用,自动偏转而改变行驶方向。此时,驾驶员也可以利用这套机构使转向轮向相反方向偏转,从而使汽车恢复原来的行驶方向。这一套用来改变或恢复汽车行驶方向的专设机构,称为汽车转向系统。汽车转向系统的功用是保证汽车能按驾驶员的意志而进行转向行驶。转向系统对汽车行驶的适应性、安全性都具有重要的意义。

一、对转向系统的主要要求

(1)满足汽车对于机动性能的要求,尽可能减小转弯半径,以便于能在较狭窄的地方完成转弯,同时使操作轻便。

(2)使汽车转向时保持平衡和稳定,避免侧滑,转向轮绕转向中心旋转。

(3)减小传递到方向盘的反冲力,以保护驾驶员。

(4)完成转向后汽车进入直线行驶状态,此时车轮应该能够及时地自动回正,并在直线行驶时阻止由于各种扰动引起的汽车方向偏摆,尽可能保持汽车的稳定性。

(5)转向系统应能在车祸发生时避免驾驶员受伤,尤其当转向操作部件由于车架变形而向后移动时。

包括我国在内的大多数国家都规定车辆右侧通行。相应地应将转向盘安置在驾驶室左侧。这样,驾驶员的左方视野较广阔,有利于两车安全交会。相反,在一些规定车辆左侧通行的国家,汽车的转向盘则应安置在驾驶室右侧。过去,汽车的转向器一般是与转向盘同轴线的,因而其间没有转向万向节和转向传动轴。但是,为了兼顾汽车底盘和车身(驾驶室)总体布置的要求,往往需要将转向器和转向盘的轴线布置成一定角度,甚至处于不同平面内,而且在基本型汽车与各种变型汽车上,这两个部件的距离和轴线相对位置都存在着相当大的差别。

目前,许多国内外生产的新车型在转向操纵机构中采用了万向传动装置。这有助于转向盘和转向器等部件和组件的通用化和系列化。只要适当改变转向万向传动装置的几何参数,就可满足各种变型车的总布置要求。即使在转向盘与转向器同轴线的情况下,其间也可采用万向传动装置,以补偿由于部件在车上的安装误差和安装基体(驾驶室、车架)的变形所造成的两者轴线实际上的不重合。动力转向系统是兼用驾驶员体力和发动机动力为转向能源的转向系统。在正常情况下,汽车转向所需能量,只有一小部分由驾驶员提供,而大部分是由发动机通过转向加力装置提供的。但在转向加力装置失效时,一般还应当能由驾驶员独力承担汽车转向任务。因此,动力转向系统是在机械转向系统的基础上加设一套转向加力装置而形成的。对最大总质量在 50 t 以上的重型汽车而言,一旦转向加力装置失效,驾驶员通过机械传动系统加于转向节的力远不足以使转向轮偏转而实现转向。故这种汽车的转向加力装置应当特别可靠。

二、转向系统的分类

转向系统可按转向能源的不同分为机械转向系统和动力转向系统两大类,而动力转向系统包括电子液压助力转向系统(Electronic Hydrostatic Power Steering, EHPS)和电动助力转向系统(Electronic Power Steering, EPS)。

1.机械转向系统

机械转向系统以驾驶员的转向力作为转向能源,其中所有传力件都是机械的。机械转向系统由转向操纵机构、转向器和转向传动机构三大部分组成,机械转向系统结构如图3-0-1所示。当需要转向时,驾驶员对转向盘1施加一个转向力矩,该力矩通过转向轴2输入转向器3,从转向盘到转向轴这一系列的部件和零件共同组成转向操纵机构。作为减速传动装置的转向器中有1~2级减速传动副。经转向器放大后的力矩和减速后的运动传到转向摇臂4,再通过转向主拉杆5传给固定于左转向节7上的转向节臂6,使左转向节和它所支承的左转向轮偏转。为使右转向节11及其所支承的右转向轮随之偏转相应角度,设置了由固定在左、右转向节上的梯形臂8和10,两端与梯形臂做球铰链连接的转向横拉杆9组成转向梯形。自转向摇臂4至转向梯形这一系列的部件和零件(不含转向节)共同组成转向传动机构。

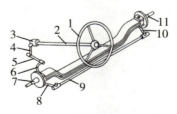

1—转向盘;2—转向轴;3—转向器;4—转向摇臂;5—转向主拉杆;6—转向节臂;7—左转向节;
8—左转向梯形臂;9—横拉杆;10—右转向梯形臂;11—右转向节

图 3-0-1　机械转向系统结构

2. 动力转向系统

新能源汽车全部采用动力转向系统,部分新能源汽车上采用电子液压助力转向系统,系统工作不受发动机有无或是否启动等因素的影响。

电子液压助力转向系统如图 3-0-2 所示,是在机械式液压助力转向系统的基础上增设电动转向泵和电子控制装置,取代发动机驱动的液力转向泵。

在高速行驶时,电子液压助力转向系统通过减小转向角度与行驶速度相关的转向助力,达到最大的节能效应。

电子液压助力转向系统在保持传统的机械式液压助力转向系统优良性能的同时,还具备以下优点。

(1)更舒适:车辆在规定速度范围内行驶时,方向盘转动十分轻松。

(2)节约燃料:能量的输入量、消耗量,与发动机的工作状态无关。

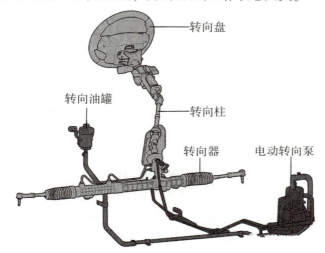

图 3-0-2 电子液压助力转向系统

电动助力转向系统(Electronic Power Steering, EPS)普遍安装在新能源汽车中。电动助力转向系统是一种直接依靠电动机提供辅助扭矩的动力转向系统,控制系统框图如图 3-0-3 所示。

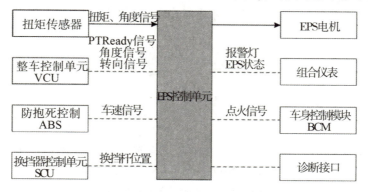

图 3-0-3 控制系统框图

根据电动机布置位置不同,EPS 可分为转向柱助力式、齿轮助力式和齿条助力式三种。

①转向柱助力式如图 3-0-4 所示:助力电动机固定在转向柱一侧,通过减速机构与转向轴相连,直接驱动转向轴助力转向。

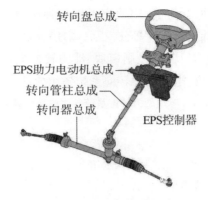

图 3-0-4　转向柱助力式

②齿轮助力式如图 3-0-5 所示:助力电动机和减速机构与小齿轮相连,直接驱动齿轮助力转向。北汽 EV200 电动汽车采用这种方式。

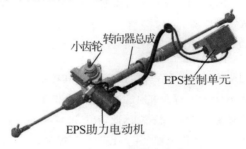

图 3-0-5　齿轮助力式

③齿条助力式如图 3-0-6 所示:助力电动机和减速机构则直接驱动齿条提供助力。

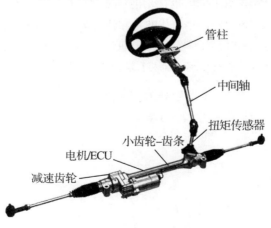

图 3-0-6　齿条助力式

不同类型的EPS基本原理是相同的：扭矩传感器与转向轴(小齿轮轴)连接在一起,当转向轴转动时,扭矩传感器开始工作,把输入轴和输出轴在扭杆作用下产生的相对转动位移变成电信号传给ECU,ECU根据车速传感器和扭矩传感器的信号决定电动机的旋转方向和助力电流的大小,从而完成实时控制助力转向。因此它可以很容易地实现在车速不同时提供电动机不同的助力效果,保证汽车在低速行驶时轻便灵活,高速行驶时稳定可靠。

电动助力转向系统主要由动力转向控制模块、动力转向电动机、扭矩传感器、动力转向减速机构和动力转向器总成等组成,电动助力转向系统各组成部分具体描述如表3-0-1所示。

表3-0-1 电动助力转向系统各组成部分具体描述

序号	部件	描述
1	动力转向控制模块	动力转向控制模块是根据扭矩传感器信号和车速传感器信号进行逻辑分析与计算后,发出指令控制电动机动作。此外,ECU还有安全保护和自我诊断功能,ECU通过采集车速、扭矩、角度VCU等信号判断其系统工作状况是否正常,一旦系统工作异常,助力就自动取消,同时ECU将进行故障诊断分析
2	动力转向电动机	动力转向电动机根据电子控制单元的指令输出适宜的辅助扭矩,是EPS的动力源,多采用无刷永磁式直流电动机。电动机对EPS的性能有很大影响,是EPS的关键部件之一。所以EPS对电动机有很高要求,不仅要求低转速大扭矩、波动小、转动惯量小、尺寸小、质量轻,而且要求可靠性高、易控制
3	扭矩传感器	扭矩传感器集成在转向管柱内部,其功能是检测驾驶员作用在方向盘上的力矩大小与方向,以及方向盘转角的大小和方向,是EPS的控制信号。扭矩测量系统比较复杂且成本较高,因此精确、可靠、低成本的扭矩传感器是决定EPS能否占领市场的关键因素之一。目前采用较多的是在转向轴位置加一扭杆,通过检测扭杆的变形得到扭矩。另外也有采用非接触式扭矩传感器
4	动力转向减速机构	动力转向减速机构与电动机相连,起降速增扭作用。动力转向减速机构常采用蜗轮蜗杆机构,也有采用行星齿轮机构。有的EPS还配用离合器,装在减速机构一侧,是为了保证EPS只在预先设定的车速行驶范围内起作用。当车速达到某一值时,离合器分离,电动机停止工作,转向系统转为手动转向。另外,当电动机发生故障时,离合器将自动分离
5	动力转向器总成	动力转向器总成与传统燃油汽车转向机结构原理相同,是汽车转向系统的最终执行机构,这里不再详细说明

任务工单 16　新能源汽车转向系统的整体认知

姓名		班级		学号		成绩	
日期		组号		教师签字			
学习目标	知识目标	1.能正确描述汽车转向系统的作用及组成。 2.能描述实训汽车转向系统的类型。					
	能力目标	1.能正确熟知实训汽车转向系统结构。 2.能掌握汽车转向系统的安装位置及相互关系。					
设备和工具准备		多媒体教学设备和课件、网络教学资源、维修资料、实训汽车、举升机					
实训工作要点与操作		通过学习、查阅相关资料或网络信息回答下列问题。 1.根据自己所学知识,完成如图 3-0-7 所示机械转向系统结构的结构标注。 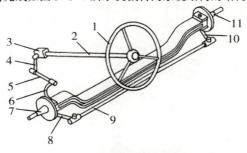 图 3-0-7　机械转向系统结构 (1)_____;(2)_____;(3)_____;(4)_____; (5)_____;(6)_____;(7)_____;(8)_____; (9)_____;(10)_____;(11)_____。 2.根据所学知识,完成如图 3-0-8 所示电子液压助力转向系统的结构标注。 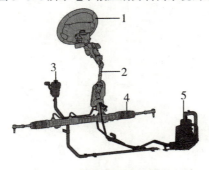 图 3-0-8　电子液压助力转向系统 (1)_____;(2)_____;(3)_____;(4)_____; (5)_____。					

续表

实训工作要点与操作	3.车间内的工作安全有哪些？
	4.工具和设备使用时的注意事项有哪些？
	个人扩展知识

项目三　新能源汽车转向系统

任务一　新能源汽车更换转向操纵机构

> **案例引入**
>
> 一辆新能源汽车在行驶转向过程中，转向间隙过大，不能良好地实现转向，原地打方向盘有"咔咔"声出现。

转向柱是转向系统连接转向盘和转向器的元件，通过转向柱，驾驶员把扭矩传递给转向器，带动转向器实现转向。

转向柱的功能是当驾驶员对方向盘施加一个转向力矩时将这个转向力矩传递到转向器上，转向器安装于汽车底盘上。转向柱一端连接转向盘，另一端连接转向器。转向系统是汽车最重要的系统之一，其性能好坏直接决定着汽车的整体操控性、乘坐舒适性、驾驶员安全性、车身稳定性和平衡性；操控性好的汽车能让驾驶员体会到驾驶的乐趣，所以说转向系统还影响着驾驶员的驾驶感受。好的转向系统应该具有操作方便、可以智能调节、安全性和可靠性突出等一系列优点，其中安全性是评价转向系统性能的最重要指标。

一、吸能式转向盘

吸能式转向盘如图 3-1-1 所示，它由轮圈、轮辐和轮毂组成。转向盘轮毂的细牙内花键与转向轴连接，转向盘上都装有喇叭按钮，有些轿车的转向盘上还装有车速控制开关和安全气囊。

图 3-1-1　吸能式转向盘

203

当汽车发生前撞时,驾驶员的头部或胸部较易与转向盘发生碰撞,从而加大头部和胸部的伤害指标值。为解决这一问题,可将转向盘的刚度进行优化,使其在满足转向刚性要求的前提下,尽量降低驾驶员的碰撞刚度,其骨架能产生变形,以吸收冲击能量,减轻驾驶员的受伤程度;同时使转向盘的塑胶覆盖层尽量软化,以降低其表面接触刚度。

二、吸能式转向管柱

据统计,在碰撞过程中,人体受到的伤害约有 30% 是转向盘造成的。撞击时,汽车的转向盘会对人体造成比较大的伤害,特别是对人体的胸腹部造成伤害。吸能式转向盘和吸能式转向管柱能有效地减少转向盘对人体的伤害。

吸能式转向管柱如图 3-1-2 所示,由转向管柱、调整机构、中间传动轴、下传动轴等组成。

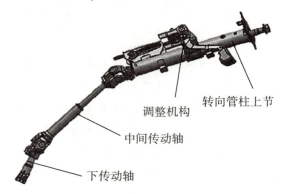

图 3-1-2　吸能式转向管柱

三、吸能式转向轴

吸能式转向轴如图 3-1-3 所示,是连接转向盘和转向器的传动件,转向管柱固定在车身上,转向轴从转向管柱中穿过,支承在柱管内的轴承和衬套上。

图 3-1-3　吸能式转向轴

四、转向轴和转向管柱吸能装置的基本工作原理

轿车除要求装有吸能式转向盘外,还要求转向柱管必须装备能够缓和冲击的吸能装置。转向轴和转向管柱吸能装置的基本工作原理是:当转向轴受到巨大冲击而产生轴向位移时,通过转向柱管或支架产生塑性变形、转向轴产生错位等方式,吸收冲击能量,常见的轿车转向柱

吸能方式主要分为以下三种。

(一) 转向轴错位缓冲

错位缓冲转向轴如图3-1-4所示。从图中可以看出,上、下转向轴是错位连接的,并且连接的柱销强度较低。当发生碰撞时,柱销折断,上下转向轴分离,下转向轴向车内运动时不会带动上转向轴运动,从而避免了转向盘挤压人体。

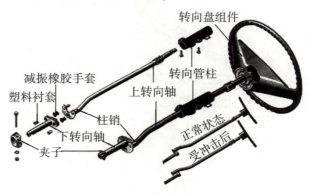

图3-1-4　错位缓冲转向轴

(二) 支架变形缓冲

Mazda6轿车转向管柱吸能装置的工作原理是:发生碰撞时,转向器向后移动,下转向传动轴插入上转向传动轴的孔中,上转向传动轴被压扁,吸收了冲击能量。此外,转向柱管通过支架和U形金属板固定在仪表板上。在驾驶员身体撞击转向盘后,转向管柱和支架将从仪表板上脱离下来向前移动。这时,一端固定在仪表板上而另一端固定在支架上的U形金属板就会产生扭曲变形并吸收冲击能量。Mazda6轿车转向管柱吸能装置示意图如图3-1-5所示。

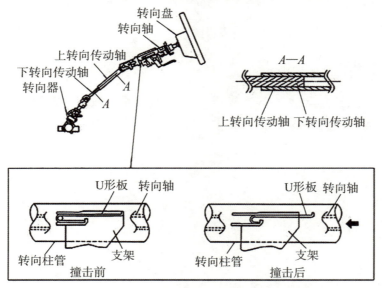

图3-1-5　Mazda6轿车转向管柱吸能装置示意图

(三) 转向管柱变形吸收冲击能量并缓冲

如果汽车上装用了网格状或波纹管式转向管柱吸能装置,当发生猛烈撞车导致人体冲撞转向盘时,网格部分或波纹管部分将被压缩产生塑性变形,吸收冲击能量。转向管柱如图 3-1-6 所示。

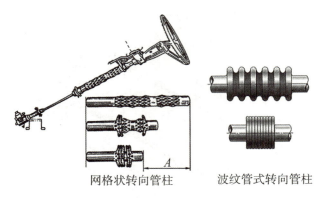

图 3-1-6 转向管柱

五、故障检修

(1) 询问客户故障现象,并进行路试,发现客户所描述的故障现象基本属实,初步怀疑有可能是转向器故障或是转向球头间隙过大导致。

(2) 停车熄火后原地转动转向盘,转向自由间隙过大,有异响声音出现;将车辆在举升器上升起,检查转向器外观,无漏油现象;检查两侧的转向球头间隙,两侧转向球头间隙均正常。

(3) 检查转向柱万向节,发现万向节磨损严重,万向节轴承缺失,因此判断故障原因就是转向柱万向节损坏导致。

(4) 更换转向柱万向节,再次试车故障排除。

六、故障分析

转向柱一端连接转向盘,另一端连接转向器,在转向系统故障的案例中,大多数为转向器故障,转向器故障往往会出现转向器漏油、转向沉重等情况,与转向柱故障有一定差异,要区分开来。

项目三　新能源汽车转向系统

任务工单 17　新能源汽车转向操纵机构的认知与拆装

姓名		班级		学号		成绩	
日期		组号		教师签字			
学习目标	知识目标	\multicolumn{6}{l}{1.能正确描述汽车转向操纵机构的作用及组成。 2.能描述实训汽车转向操纵机构的类型。}
	能力目标	\multicolumn{6}{l}{1.能正确熟知实训汽车转向操纵机构结构。 2.能掌握汽车转向操纵机构的安装位置及相互关系。}
设备和工具准备	\multicolumn{7}{l}{多媒体教学设备和课件、网络教学资源、维修资料、实训汽车、举升机}

实训工作要点与操作

通过学习、查阅相关资料或网络信息回答下列问题。

1.机械转向系统结构如图 3-1-7 所示,根据自己所学知识完成机械转向系统结构的标注。

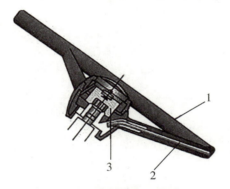

图 3-1-7　机械转向系统结构

(1)_____;(2)_____;(3)_____。

2.转向管柱结构如图 3-1-8 所示,根据自己所学知识完成转向管柱结构标注。

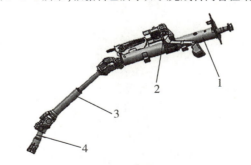

图 3-1-8　转向管柱结构

(1)_____;(2)_____;(3)_____;(4)_____。

207

续表

实训工作要点与操作	3.车间内的工作安全有哪些？
	4.工具和设备使用时的注意事项有哪些？
	个人扩展知识

任务二　新能源汽车更换机械转向器

案例引入

> 一辆桑塔纳轿车出现转向沉重现象。

助力转向是指借助外力转向助力泵，使驾驶员用更少的力就能完成转向。助力转向起初应用于一些大型车上，不用那么费力就能够轻松地完成转向。现在助力转向已经广泛应用于各种车型上，使得驾驶更加轻松、敏捷，一定程度上提高了驾驶安全性。助力转向系统按动力的来源可分为液压助力转向系统和电动助力转向系统两种。循环球式液压助力转向系统结构如图 3-2-1 所示。

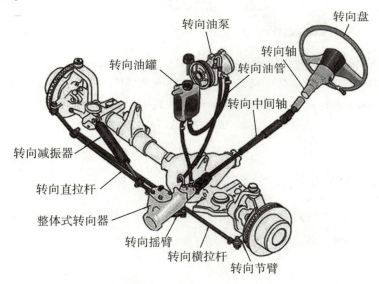

图 3-2-1　循环球式液压助力转向系统结构

一、循环球式液压助力转向器

循环球式液压助力转向器是目前国内外应用最广泛的结构形式之一，一般有两级传动副，第一级是螺杆螺母传动副，第二级是齿条齿扇传动副。循环球式液压助力转向器的特点是：效率高，操纵轻便，有一条平滑的操纵力特性曲线，主要使用在货车和越野车等车型上。

循环球式液压助力转向器如图 3-2-2 所示，其工作原理是：转向螺杆转动时，通过钢球将力传给转向螺母，螺母即沿轴向移动。同时，在螺杆与螺母两者和钢球间的摩擦力矩作用下，所有钢球便在螺旋管状通道内滚动,形成"球流"。在转向器工作时,两列钢球只是在各自的封闭流道内循环,不会脱出。钢球在管状通道内绕行两周后,流出螺母后进入导管的一端,再由导管另一端流回螺旋管状通道。故在转向器工作时,两列钢球只是在各自的封闭流道内循环,而不致脱出。通过转向盘和转向轴转动转向螺杆时,转向螺母不能转动,只能轴向移动,驱使摇臂轴转动,从而驱动转向摇臂。

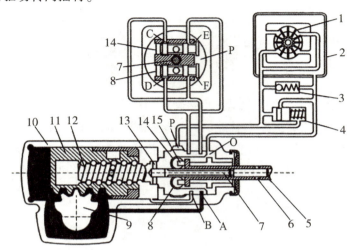

1—转向油泵;2—转向油罐;3—安全阀;4—流量控制阀;5—转向轴;6—连接销;7—扭杆;8—下滑阀;9—齿扇轴;10—转向器壳体;11—活塞(带转向螺母);12—转向螺杆;13—连接销;14—上滑阀;15—指销;A—进油环槽;B—回油环槽;C、D—上下滑阀回油环槽;E、F—上下滑阀进油环槽;P—进油腔;O—回油腔

图 3-2-2 循环球式液压助力转向器

二、齿轮齿条式液压助力转向器

齿轮齿条式液压助力转向系统结构如图 3-2-3 所示。其主要包括齿轮齿条转向结构和液压系统(液压助力泵、液压缸、活塞等)两部分。

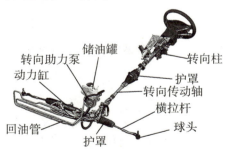

图 3-2-3 齿轮齿条式液压助力转向系统结构

齿轮齿条液压助力转向系统工作过程如图 3-2-4 所示。在转向盘没有转动时,阀体保持原位,活塞两侧的油压相同,处于平衡状态。当转向盘转动时,转向控制阀就会相应地打开或

关闭,一侧油液不经过液压缸而直接回流至储油罐,另一侧油液继续注入液压缸内,这样活塞两侧就会产生压差而被推动,进而产生辅助力推动转向拉杆,使转向更加轻松。

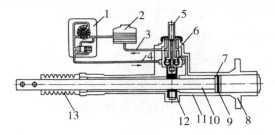

1—转向油泵;2—转向油罐;3—回油管;4—进油管;5—转向轴;6—转阀式转向控制阀;7—动力缸活塞;8—转向器壳体;9—活塞密封圈;10—转向齿条;11—动力缸;12—主动齿轮;13—防尘罩

图 3-2-4 齿轮齿条液压助力转向系统工作过程

转阀式转向控制阀的工作原理如图 3-2-5 所示,扭杆 3 具有弹性,一端与转向轴连接,另一端通过连接销与阀芯 4 连接,圆柱形阀芯外表面、阀体的内表面开出若干油槽,两者装配后形成若干油道。汽车直线行驶时如图 3-2-5(a) 所示,转向控制阀处于中间位置,所有油道相通,来自转向油泵 6 的油液从进油道流入转向控制阀,再从回油道流回转向油罐 5,此时动力转向不起作用。

当汽车左转向时,如图 3-2-5(b)所示,转向盘带动扭杆逆时针转动一个小角度,扭杆带动阀芯 4 也逆时针转动一个小角度,此时来自转向油泵 6 的高压油液从进油道流入转向控制阀,经过油道流入转向动力缸 1 左腔室(图中高压油道以黑色表示),而动力缸 1 的右腔室油液通过回油道流回转向油罐 5,在压力差的作用下推动活塞右移,起到助力作用,使得转向轻便。

当汽车右转向时,如图 3-2-5(c)所示,转向盘带动扭杆顺时针转动一个小角度,扭杆 3 带动阀芯 4 也顺时针转动一个小角度,此时来自转向油泵 6 的高压油液从进油道流入转向控制阀,经过油道流入转向动力缸 1 右腔室(图中高压油道以黑色表示),而动力缸 1 的左腔室油液通过回油道流回转向油罐 5,在压力差的作用下推动活塞左移,起到助力作用,使得转向轻便。

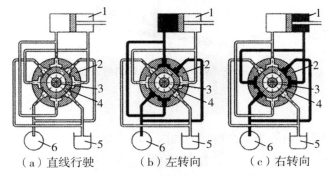

(a) 直线行驶　　(b) 左转向　　(c) 右转向

1—转向动力缸;2—阀套;3—扭杆;4—阀芯;5—转向油罐;6—转向油泵

图 3-2-5 转阀式转向控制阀的工作原理

三、故障检修

(1) 根据客户描述的故障现象(转向沉重)进行试车,发现情况属实,转向沉重,应检查是否为轮胎气压缺失或者转向系统故障。

(2) 检查四轮轮胎气压,发现轮胎气压均在正常范围内,排除轮胎气压对转向沉重的影响。

(3) 检查转向助力液的液面,发现转向助力液严重缺失,再次检查转向助力泵及转向器,发现转向器转向控制阀出油封有漏油现象,因此判断故障原因为转向控制阀油封漏油导致转向助力液缺失,使转向沉重。

(4) 更换转向器总成。吊起车辆,排放转向助力液,拆下转向横拉杆球头螺母,如图 3-2-6 所示。松开转向控制阀外壳油管如图,3-2-7 所示。

图 3-2-6　拆下转向横拉杆球头螺母　　图 3-2-7　松开转向控制阀外壳油管

拆卸紧固转向小齿轮与下轴的螺栓,并使各轴分开,转向传动轴与转向器连接处如图 3-2-8 所示。

拆下转向器固定螺栓,拆下转向器总成。

图 3-2-8　转向传动轴与转向器连接处

1. 动力转向器的安装

以桑塔纳汽车动力转向器为例介绍动力转向器的安装。

(1) 安装后横板的转向器,安装自锁螺母但不必完全拧紧。

(2) 吊起车辆,在转向油泵上安装高压管和回油软管,用 40 N·m 的力矩拧紧螺栓,使用新的密封圈。安装在左前轮罩上的转向器固定螺栓,并用 20 N·m 的力矩拧紧螺母;安装在后横板上转向器固定自锁螺母,并且用 40 N·m 的力矩拧紧螺母;把高压管固定在转向控制阀外壳上。

（3）把车辆放下，用40 N·m的力矩拧紧在后横板上转向器的固定螺母（安装横拉杆支架固定螺栓，并用45 N·m的力矩拧紧；从车辆内部把回油软管安装在转向控制阀外壳上；安装防尘套，连接下轴，安装固定螺栓并用25 N·m的力矩拧紧；安装踏板盖、通风管和仪表板盖）。

（4）吊起车辆，安装固定横拉杆支架的自锁螺母，并用45 N·m的力矩拧紧。

（5）把车辆放下，向储油罐内注入符合要求的液压油，直到达到标有"Max"处，决不能再使用已排出的液压油。

（6）吊起车辆，在发动机停止转动的情况下转动转向盘数次，以便把系统中存在的空气排出，并补充液压油，使之达到标有"Max"处。

（7）启动发动机，向左和右转动转向盘，观察油面高度，一直补充到油面稳定在标有"Max"处为止。安装时应注意：在油泵和转向控制阀上放气螺栓的密封环只要被拆卸，就应该更换。

2.动力转向装置拆装注意事项

动力转向装置液压元件都经过精密加工、精细装配与调试，使用维护时一般不应随意拆卸，即使汽车大修也应对系统进行性能检查，如技术状况处于不完好状态也不必解体。因为解体易使密封件损坏，如对控制阀这样的精密配合副的元件拆装稍不细心就会损伤。若因技术状况变坏必须解体修理时，应按各车型修理手册的规定进行拆装。动力转向装置拆装的一般注意事项如下。

（1）拆装应认真仔细，特别是控制阀阀芯在拆装时应防止歪斜，以免碰伤、划伤零件的工作表面。

（2）应特别注意保护密封元件，如油封、密封圈、活塞环等。应避免通过棱角、花键和螺纹时划伤或擦伤其工作表面，必要时应用导套进行拆卸和装配O形密封圈，安装到位后应无扭曲。

（3）拆卸和装配调试后，待安装的转向油泵、控制阀及动力缸等液压元件上的油孔及拆开的液压管路接头，均应用专用堵塞物随时堵住或用塑料薄膜包扎，绝不可用棉纱堵塞，以免泥沙、灰尘、棉纱等进入元件和系统。

（4）液压元件装配时应保持零件清洁，橡胶密封件应用液压油或酒精清洗，不可用汽油、煤油清洗。清洗后的零件应用压缩空气吹干，不允许用棉纱擦拭。装配时，零件表面应涂少许液压油。

四、故障分析

转向沉重的故障在判断过程中要从最简单的点开始，先检查轮胎气压是否正常，如果轮胎气压不正常，应该调整后再进行试车；如果轮胎气压正常，再检查转向助力液是否缺失；如果有缺失，应该找到泄漏点在哪，基本就能找到故障点。

任务工单 18　转向器的认知与拆装

姓名		班级		学号		成绩	
日期		组号		教师签字			
学习目标	知识目标	1.能正确描述汽车转向器的作用及组成。 2.能描述实训汽车转向器的类型。					
	能力目标	1.能正确熟知实训汽车转向器结构。 2.能掌握汽车转向器的安装位置、注意事项及相互关系。					
设备和工具准备	多媒体教学设备和课件、网络教学资源、维修资料、实训汽车、举升机						
实训工作要点与操作	通过学习、查阅相关资料或网络信息回答下列问题。 1.循环球式转向系统结构如图 3-2-9 所示,根据所学知识完成其结构名称的标注。 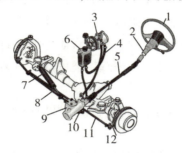 图 3-2-9　循环球式转向系统结构 (1)_____;(2)_____;(3)_____;(4)_____; (5)_____;(6)_____;(7)_____;(8)_____; (9)_____;(10)_____;(11)_____;(12)_____。 2.齿轮齿条式转向系统结构如图 3-2-10 所示,根据所学知识完成其结构名称的标注。 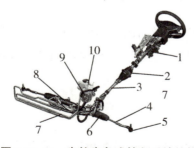 图 3-2-10　齿轮齿条式转向系统结构 (1)_____;(2)_____;(3)_____;(4)_____; (5)_____;(6)_____;(7)_____;(8)_____; (9)_____;(10)_____。						

续表

实训工作要点与操作	3.动力转向装置拆装的一般注意事项有哪些？ 4.车间内的工作安全有哪些？ 5.工具和设备使用时的注意事项有哪些？
个人扩展知识	

任务三　新能源汽车更换电动助力转向器

> **案例引入**
>
> 一辆电动助力转向器的车辆在早上启动发动机后，出现转向沉重，打不动方向盘现象。

电动助力转向器，包括机械传动和电子控制单元两部分，其特征是：机械传动部分中的转向轴在轴套内由转向柱和花键轴采用内外花键连接构成，在连接处用尼龙销定位；蜗轮轴的一侧安装扭矩传感器；受电子控制单元控制的电机离合器总成的离合器通过花键与蜗杆连接；电子控制单元包括输入信号前置处理电路、信号判断和处理电路及控制输出电路；由控制输出电路控制电机的运行方向和力矩大小。能使汽车的经济性、动力性和机动性都有所提高，能减少低速或零速时所需的力矩，减少了驾车者在高速行驶时转向盘不稳定的感觉；能够节能 80% 左右，提高了汽车的整体运行性能。

一、电动式液压助力转向器

由于机械液压助力需要大幅消耗发动机动力，所以人们在机械液压助力的基础上进行改进，开发出了更节省能耗的电动液压助力转向系统。这套系统的转向油泵不再由发动机直接驱动，而是由电动机来驱动，并且在之前的基础上加装了电控系统，使得转向辅助力的大小不仅与转向角度有关，还与车速相关。机械结构上增加了液压反应装置和液流分配阀，新增的电控系统包括车速传感器、电磁阀、转向 ECU 等。

电动式液压助力转向器的结构原理与机械式液压助力转向器的结构原理大体相同，最大的区别在于提供油压的油泵驱动方式不同。机械式液压助力的液压泵直接通过发动机皮带驱动，而电动式液压助力转向采用的是电力驱动电动泵。而且转向助力的大小可随着车速的变化而改变。电动式液压助力转向器结构如图 3-3-1 所示。

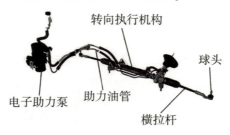

图 3-3-1　电动式液压助力转向器结构

汽车在低速行驶时，转向盘转向轻盈，使操作方便省力，但是如果汽车在高速行驶时，转向盘转向过于轻盈反而不利于车辆高速行驶的稳定性。电控单元能够通过对车速传感器、转向角传感器等传感器的信息采集、处理，实时改变电子泵的流量来改变转向助力的力矩。

二、电动助力转向器

电动助力转向器是汽车转向系统的发展方向。电动助力转向器结构图如图3-3-2所示。该转向器由电动助力机直接提供转向助力，省去了液压动力转向系统所必需的动力转向油泵、软管、液压油、传送带和装于发动机上的皮带轮，既节省能量，又保护了环境。另外，还具有调整简单、装配灵活及在多种状况下都能提供转向助力的特点。正是有了这些优点，电动助力转向器作为一种新的转向技术，将挑战大家都非常熟知的已具有50多年历史的液压转向系统。

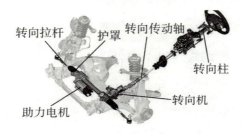

图 3-3-2　电动助力转向器结构图

根据助力电机的安装位置不同，常见的电动助力转向器又可以分为转向轴助力式和齿条助力式两种。驾驶员在操纵转向盘进行转向时，转矩传感器检测到转向盘的转向及转矩的大小，将电压信号输送到电动控制单元，电动控制单元根据转矩传感器检测到的转矩电压信号、转动方向信号和车速信号等，向电动机控制器发出指令，使电动机输出相应大小和方向的转向助力转矩，从而产生辅助动力。汽车不转向时，电动控制单元不向电动机控制器发出指令，电动机不工作。

三、齿条助力式电动助力转向器

齿条助力式电动助力转向的电动机和减速机构直接驱动齿条提供助力，齿条助力式电动助力转向器结构如图3-3-3所示。齿条助力式电动助力转向器主要由转向力矩传感器、转向助力控制器和电动机械助力转向电机构成，没有了液压助力系统的液压泵、液压管路、转向柱阀体等结构。

齿条助力式电动助力转向器主要工作原理是，在转向盘转动时，位于转向柱位置的转矩传感器将转动信号传到控制器，控制器通过运算修正给电机提供适当的电压，驱动电机转动。而电动机输出的扭矩经减速机构放大后推动转向柱或转向拉杆，从而提供转向助力。电动助力转向系统可以根据速度改变助力的大小，低速时能够让转向盘更轻盈，而在高速时更稳定。

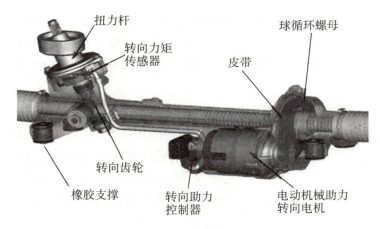

图 3-3-3　齿条助力式电动助力转向器结构

四、转向轴助力式电动助力转向器

转向轴助力式电动转向器的电动机固定在转向轴一侧,通过减速机构与转向轴相连,直接驱动转向轴助力转向。转向轴助力式电动助力转向器结构如图 3-3-4 所示。

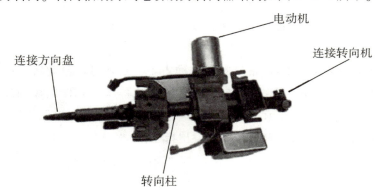

图 3-3-4　转向轴助力式电动助力转向器结构

五、电动助力转向系统的优点

相比传统液压动力转向系统,电动助力转向系统具有以下优点。

(1)只在转向时电机才提供助力,可以显著降低燃油消耗。

传统的液压助力转向系统由发动机带动转向油泵,不管转向或者不转向都要消耗发动机部分动力。而电动助力转向系统只是在转向时才由电机提供助力,不转向时不消耗能量。因此,电动助力转向系统可以降低车辆的燃油消耗。

(2)转向助力大小可以通过软件调整,能够兼顾低速时的转向轻便性和高速时的操纵稳定性,回正性能好。

传统的液压助力转向系统所提供的转向助力大小不能随车速的提高而改变。这样就使得车辆虽然在低速行驶时具有良好的转向轻便性,但是在高速行驶时转向盘太轻,产生转向不稳定的现象,驾驶员缺少明显的"路感",降低了高速行驶时的车辆稳定性和驾驶员的安全感。

电动助力转向系统提供的助力大小可以通过软件方便地调整。在低速时,电动助力转向系统可以提供较大的转向助力,提供车辆的转向轻便性。随着车速的提高,电动助力转向系统提供的转向助力可以逐渐减小,转向时驾驶员所需提供的转向力将逐渐增大,这样驾驶员就感受到明显的"路感",提高了车辆稳定性。

电动助力转向系统还可以施加一定的附加回正力矩或阻尼力矩,使得低速时转向盘能够精确地回到中间位置,而且可以抑制高速回正过程中转向盘的振荡和超调,兼顾了车辆高、低速时的回正性能。

(3)结构紧凑,质量轻,生产线装配好,易于维护保养。

电动助力转向系统取消了液压转向油泵、油缸、液压管路、油罐等部件,而且电机及减速机构可以和转向柱、转向器做成一个整体,使得整个转向系统结构紧凑,质量轻,在生产线上的装配性好,节省装配时间,易于维护保养。

通过程序的设置,电动助力转向系统容易与不同车型匹配,可以缩短生产和开发的周期。

六、转向传动机构

转向传动机构的功用是将转向器输出的力和运动传到转向桥两侧的转向节,使两侧转向轮偏转,并使两转向轮偏转角按一定关系变化,以保证汽车转向时车轮与地面的相对滑动尽可能小。

1.非独立悬架配用的转向传动机构

转向传动机构主要由转向摇臂、转向直拉杆、转向节臂与转向横拉杆等组成,非独立悬架转向传动机构结构如图3-3-5所示,多数使用循环球式转向器。

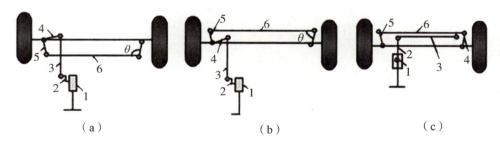

1—转向器;2—转向摇臂;3—转向直拉杆;4—转向节臂;5—梯形臂;6—转向横拉杆

图3-3-5 非独立悬架转向传动机构结构

2.独立悬架配用的转向传动机构

与独立悬架配用的多是齿轮齿条式转向器,转向器布置在车身上,转向横拉杆通过球头销与齿条及转向节臂相连,根据动力输出方式传动机构有中间输出式和两段输出式,独立悬架配用的转向传动机构如图3-3-6所示。

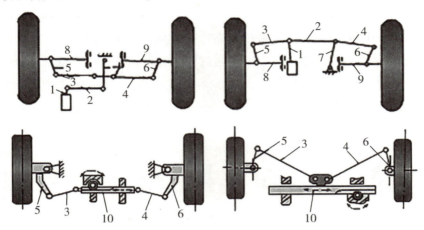

1—转向摇臂；2—转向直拉杆；3—左转向横拉杆；4—右转向横拉杆；5—左梯形臂；6—右梯形臂；
7—摇杆；8—悬架左摆臂；9—悬架右摆臂；10—齿轮齿条式转向器

图3-3-6 独立悬架配用的转向传动机构

七、故障检修

（1）根据客户描述的故障现象如转向沉重进行试车，发现情况属实，转向沉重，考虑是否为轮胎气压缺失或者转向系统故障。

（2）检查四轮轮胎气压，发现轮胎气压均在正常范围内，排除轮胎气压对转向沉重的影响。

（3）用故障诊断仪检测故障码，发现转向系统故障。

（4）更换电动助力转向器总成，故障排除。

大多数安装电动助力的车辆在更换新电动助力转向器总成后，需要对转向控制单元进行转向曲线刷新操作，才能恢复正常工作模式。更换后需要做四轮定位检测调整。

八、故障分析

（1）保险丝断路或虚接。

（2）转向器控制单元搭铁线断路或虚接。

（3）转向器电源插头松动。

（4）转向器控制单元内部故障，从简单到复杂进行检查。

项目三　新能源汽车转向系统

任务工单 19　新能源汽车电动助力转向器的认知与拆装

姓名		班级		学号		成绩	
日期		组号		教师签字			
学习目标	知识目标	1.能正确描述汽车电动助力转向系统与普通转向系统的区别。 2.能描述实训汽车转向器的类型并说出结构名称。					
	能力目标	1.能正确熟知实训汽车的转向器结构。 2.能掌握实训汽车转向器的安装位置及相互关系。					
设备和工具准备		多媒体教学设备和课件、网络教学资源、维修资料、实训汽车、举升机					
实训工作要点与操作		通过学习、查阅相关资料或网络信息回答下列问题。 1.汽车电动助力转向系统的转向油泵不再由发动机直接驱动，而是由_____来驱动，并且在之前的基础上加装了_____系统，使得转向辅助力的大小不光与转向角度有关，还与车速相关。机械结构上增加了_____装置和_____，新增的电控系统包括_____传感器、_____、转向_____等。 2.齿轮齿条式电动助力式转向系结构如图 3-3-7 所示，根据所学知识完成其结构名称的标注。 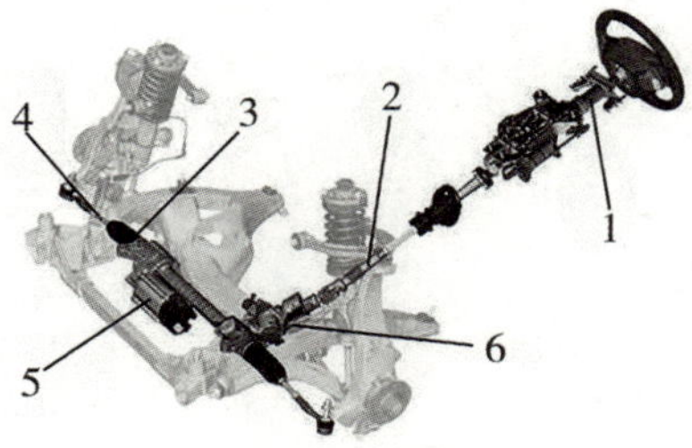 图 3-3-7　齿轮齿条式电动助力式转向系结构 (1)_____；(2)_____；(3)_____；(4)_____； (5)_____；(6)_____。 3.相比传统液压动力转向系统，电动助力转向系统具有哪些优点？					

续表

实训工作要点与操作	4.车间内的工作安全有哪些？ 5.工具和设备使用时的注意事项有哪些？ 个人扩展知识

任务四　新能源汽车更换转向油泵

> **案例引入**
>
> 一辆新能源汽车，启动后转向盘异常沉重，转向异响，低速时转角越大声音越响。

转向油泵是动力转向系的动力来源，通常安装在发动机前部，由发动机通过皮带驱动。转向油泵分为转子式、齿轮式和叶片式。目前广泛应用的是双作用叶片式转向油泵。

一、双作用叶片式转向油泵构造

双作用叶片式转向油泵由泵体、转子、定子、叶片、驱动轴等组成，双作用叶片式转向油泵的分解图如图 3-4-1 所示。叶片 6 嵌入转子 11 相应槽内，并且可以在槽内自由滑动，然后一起装入定子 13 内。转子 11 通过花键与驱动轴 18 连接，驱动轴由发动机皮带轮通过联轴节 19 带动，泵体外壳装有进油管接头 15、出油管接头 1，在出油管接头 1 内装有流量控制阀 3，用于控制油泵的输出油压和流量。双作用叶片式转向油泵的工作原理如图 3-4-2 所示。转子 1 通过驱动轴由发动机通过皮带驱动，在离心力作用下，安装在转子槽内的叶片 2 向外甩，并压靠在定子椭圆形的内腔，转子按顺时针方向转动时，来自储油罐的油液从进油口 A 进入油泵，并被吸入到转子、定子和叶片之间的油腔，随着转子的转动，油腔容积从进油口 A 先逐渐增大（吸油），再逐渐减小产生压力从 B 流出，再经过节流孔 5 流向出油口 4，出油口与转向控制阀连接。转向油泵通过皮带由发动机驱动，汽车在行驶中工况变化很大，发动机转速变化范围大，因此，油泵的转速时快时慢，导致转向油泵出油量的不稳定。但是，液压动力转向系统在正常工作范围内要求的工作油量大致恒定，为了解决这一矛盾，在转向油泵内设置流量控制阀，以保证油泵在不同转速下输出油量的基本恒定。另外，有些转向油泵还设计了限压阀，用于限制最高油压，防止动力转向系统内部零部件的损坏。

流量控制阀的工作原理如图 3-4-3 所示，回油口 D 与油泵进油口管路相通，进油口 C 与油泵出油口连接，来自油泵的高压油液经过节流孔 5 从出油口 4 流向转向控制阀。随着发动机转速上升，油泵的泵油量随之增加，当压力达到一定时，油压克服阀芯后面弹簧的预紧力而使阀芯后移，直到回油口 D 打开，此时一部分油液通过回油口 D 流回油泵的进油口，从而限制了最大油压。

当在停车或极低速工况下进行转向时，由于转向阻力非常大，所以液压动力转向系统的油压也变得非常大，此时可能导致液压系统零部件的损坏，为此在流量控制阀中设置了限压阀。限压阀 8 由弹簧和球阀组成，液压系统的油压在正常情况下关闭限压阀，当节流孔处油压过高时,高压油液通过节流孔前面的小孔、油道和量孔 7 克服阀芯内部弹簧的预紧力将球阀顶开,一部分油液从阀芯的小孔流回油泵,从而限制了系统过高的油压。

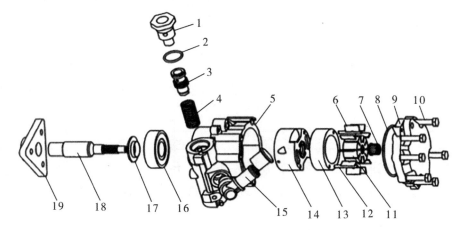

1—出油管接头;2—密封圈;3—流量控制阀;4—弹簧;5—泵体;
6—叶片;7—轴承;8—密封圈;9—叶片泵盖;10—螺栓;11—转子;12—定位销;
13—定子;14—进出油侧板;15—进油管接头;16—轴承;17—压盖;18—驱动轴;19—联轴节

图 3-4-1　双作用叶片式转向油泵的分解图

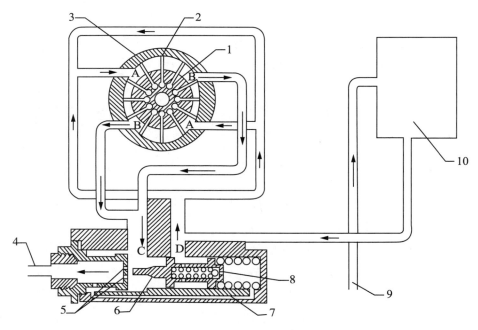

1—转子;2—叶片;3—定子;4—出油口;5—节流孔;
6—流量控制阀芯;7—量孔;8—限压阀;9—接转向控制阀;10—储油罐

图 3-4-2　双作用叶片式转向泵的工作原理

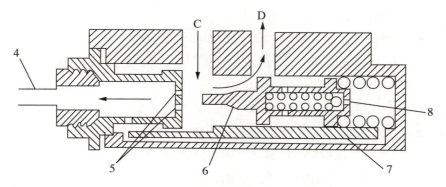

4—出油口；5—节流孔；6—流量控制阀芯；7—量孔；8—限压阀；C—进油口；D—回油口

图 3-4-3　流量控制阀的工作原理

二、故障检修

（一）转向油泵的拆卸

转向油泵的结构总成如图 3-4-4 所示。

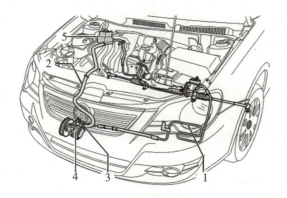

1—高压油管；2—进油管；3—转向油泵支架；4—转向油泵；5—转向油杯

图 3-4-4　转向油泵的结构总成

转向油泵的拆卸步骤如下。

(1) 将转向油泵的皮带拆下。

(2) 将转向油泵的油管拆下一个，将油液放入容器内。

(3) 将转向盘打至左右两极限位置数次，排净转向器两侧油缸内的油液（此时油液会从转向器回油口排出）。

(4) 拆下转向油泵总成。

（二）转向油泵的安装

(1) 安装固定好转向油泵。

(2)连接好高压和低压油管,安装好管卡。

(3)加入转向助力油。

(4)启动发动机,这时油液面会下降,应迅速停机补充油液至"冷液面"位置,再启动发动机,将转向盘左右打方向至极限,打死时间 2~3 s。

(5)关闭发动机,重新检查油箱内液面高度是否在"冷液面"范围内,否则应补充油液。

(6)转向系统排气方法:启动发动机转速小于 1 000 r/min 左右打死方向至极限位置数次,每次打死方向时间 2~3 s,然后将方向盘打至中间位置,使得发动机怠速状态运行 3~5 min,观察油杯内气泡是否消失,若气泡仍未消失,则重复上述步骤后再进行检查。

(三)汽车动力转向油泵维护保养方法

(1)正确使用转向液,用户应使用《汽车保养手册》内规定的转向液。

(2)转向液在加入转向油箱前,应经过严格过滤,油液污染度应小于 NAS9 级(注:当转向系统转向液污染度超过 NAS10 级时,系统出现故障的可能性会大大增加)。

(3)转向系统使用的环境温度为 -40~135 ℃。

(4)汽车转向时,应尽量减少方向打死的时间(发动机转速在 1 500 r/min 以下时,不要超过 8 s,发动机转速在 1 500 r/min 以上时,不要超过 3 s),否则转向泵会严重发热,造成寿命降低。

(5)加入转向液时,液面高度要符合要求,在油标尺规定的"冷液面"范围内,油温升至 80 ℃ 时,液面应在"热液面"范围内。

(6)传动带张紧力应在规定范围:新带:45~55 kgf(1 kgf=9.8 N)、旧带:35~45 kgf。

测量方法:在两传动轮之间中部,给传动带施加 10 kgf 的力。传动带的挠度为新带 7~9 mm,旧带是 8~12 mm。

(7)转向油泵内部零件的各种间隙是经过选配的,因此,一般情况不允许对转向油泵解体、自行更换和修理。

(8)转向系统在工作状态和停止工作状态下,转向液面高度会有变化(液面最大升高值 5 mm)。

(9)转向油泵各安装螺栓必须紧固至规定扭矩,否则会造成转向油泵的振动、损坏。

(10)打死方向时,转向器已不再动作,此时全部油液在转向油泵内循环,会发出异声,属正常现象。

(11)高寒地区使用时应更换汽车厂指定的转向液。

(四)转向系统转向油的更换步骤

当发现液压油变质或达到随车《用户手册》要求的换油期限,则需对液压油进行更换,具体步骤如下所述。

(1)支承车身,拆下储油罐上的回油管,将储液罐和回油管中的油液排放到容器中。

(2)启动发动机,使其在 1 000 r/min 左右的速度空转。

(3)左右转动转向盘,等油管内的油液排干净后,关闭发动机。

(4)用油塞将储液罐上的回油管接头堵住,然后按《用户手册》要求加入符合要求的液压油。

(5)启动汽车发动机,并使其以1 000 r/min左右的速度空转,当有油液从回油管排出时,立即关闭发动机,片刻后重复上面的流程,待上述流程重复数次后,油管中的空气将全部排除,然后将回油管接回到储油罐上。

(6)最后将液压油加到储油罐规定的刻度线处。

三、故障分析

转向油泵的故障诊断

1. 转向油泵异响

检查分析:转向油泵在支架上的安装出现松动;油面过低或动力转向系统中有空气;油杯内的滤芯很脏造成转向油泵吸油不足;动力转向系统内部清洁度差,造成油泵的定子、转子、分油盘、端盖、输入轴过度磨损。

处理方法:加紧松动部位,添加转向液至规定部位并排除空气,清洁转向油泵。

2. 转向油泵渗油

故障现象:频繁添加转向油并且转向油泵各个接头处有油污,油杯处有油污。

检查分析:查看转向油液面,判断转向油是否添加过多。油位低于规定值时要及时补充转向油,加注油时应不得超过油杯盖上的油位标记或油杯上的最高指示标记。检查系统中的油管、管接头处是否松动,管路是否有裂纹等故障。

处理方法:清洁油泵、油杯、油管或相关连接处,外部判断是漏油还是转向油液加注过多的问题。如转向油液加注过多或过少应予以校正,若是转向油液渗漏则更换相应部件,按规定力矩拧紧。如是泵体本身或油杯漏油则更换新的转向油泵或转向油杯。

3. 转向沉重

在检查其他零部件没有故障的前提下,检查是否缺少转向油,液压系统内是否有空气,是否系统内过脏造成转向泵流量控制阀卡滞。

排除方法:添加转向油,排除系统内的空气,用煤油对转向油泵进行清洗。

拓展延伸

转向系统新技术

一辆比亚迪秦汽车,EPS故障灯报警,不能实现转向。

【相关理论知识】

一、EPS

EPS是一种直接依靠电动机提供辅助转矩的动力转向系统,是为了满足人们对驾驶轻便性的要求而产生的。它可以根据不同的使用工况控制电动机提供不同的辅助动力,这也符合当前电控技术与汽车技术相结合的趋势。EPS 结构如图 3-4-5 所示。

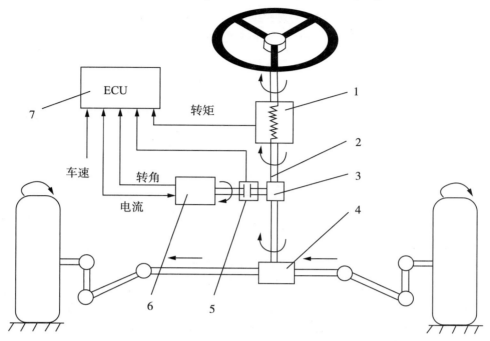

1—转矩传感器;2—转向轴;3—减速机构;4—齿轮齿条式转向器;
5—离合器;6—电动机;7—电子控制单元(ECU)

图 3-4-5　EPS 结构

当汽车转向时,扭矩及转角传感器把检测到的扭矩及角度信号的大小、方向经处理后传给 EPS 电子控制单元,EPS 电子控制单元同时接收车速传感器检测到的车速信号,然后根据车速传感器和扭矩及转角传感器的信号决定电机的旋转方向和助力扭矩的大小。同时电流传感器检测电路的电流,对驱动电路实施监控,最后由驱动电路驱动电机工作,实施助力转向。EPS 工作原理如图 3-4-6 所示。

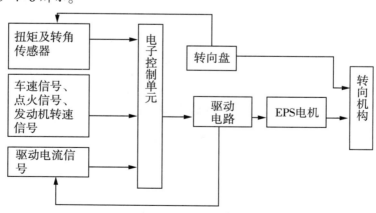

图 3-4-6　EPS 工作原理

二、可变齿比转向系统

雷克萨斯、本田:可变齿比转向系统(Variable Gear Ratio Steering,VGRS)
宝马:前轮主动转向系统(Active Front Steering,AFS)
奥迪:动态转向系统(Audi Dynamic Steering,ADS);

可变齿比转向系统在技术层面上并不是一个水平的,目前主要有两种方式可实现可变齿比转向:一种方式是依靠特殊的齿条机构来实现,这种方式原理简单,成本也相对较低,没有过高的技术含量;另一种是通过行星齿轮结构和电子系统来实现的,结构相对复杂。由于目前尚无明确的分类,这里将它们简单地分为机械式和电子式。

1.机械式可变齿比转向系统

机械式可变齿比转向系统如图3-4-7所示。

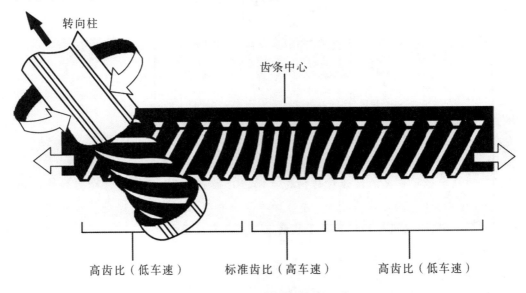

图3-4-7 机械式可变齿比转向系统

通过特殊工艺加工出齿距间隙不相等的齿条,这样方向盘在转向时,齿轮与齿距不相等的齿条啮合,齿比就会发生变化。

齿条中间位置的齿距较细密,因此在转动转向盘时,齿条在这一范围内的位移较小,在小幅度转向时(例如变线、方向轻微调整时),车辆会显得沉稳。齿条两侧远端的齿距较稀疏,在这个范围内转动方向盘,齿条的相对位移会变大,所以在大幅度转向(如泊车、掉头等)时,车轮会变得更加灵活。

2.电子式可变齿比转向系统

电子式可变齿比转向系统如图3-4-8所示。

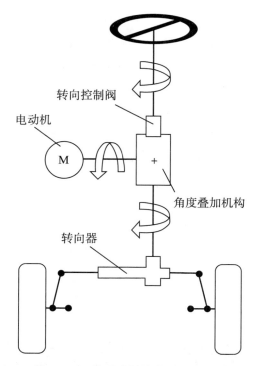

图 3-4-8　电子式可变齿比转向系统

根据反映汽车行驶状况的信号对转向传动比进行控制,一般将控制转向器转动的输入自由度由一个(转向盘转角)增加到两个(转向盘转角和电动机的转角),通过叠加机构输出理想的转角。该系统中,转向齿轮的转角等于转向盘转角与角度叠加机构产生的转角(与转向盘转角同向或反向)之和。

三、四轮转向技术

1. 四轮转向汽车的优点

(1) 提高了汽车在高速行驶时和在湿滑路面上的转向性能。

(2) 驾驶员操纵转向盘反应灵敏,动作准确。

(3) 在不良路面和侧风等条件下,汽车也具有较好的方向稳定性,提高了高速下的直线行驶稳定性。

(4) 提高了汽车高速转弯的行驶稳定性,不但便于转向操纵,而且在进行急转弯时,也能保持汽车的行驶稳定性。

(5) 通过使后轮转向与前轮转向相反,减小了低速行驶时的转弯半径,不但便于在狭窄路面上进行 U 形转弯,而且在驶入车库等情况下便于驾驶。

2. 四轮转向的两种转向方式

当后轮与前轮的转向相同时称为同相位转向。当后轮与前轮的转向相反时称为逆相位转向。四轮转向的两种转向方式如图 3-4-9 所示。

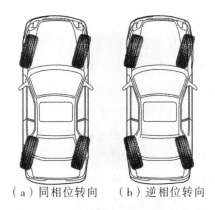

图 3-4-9　四轮转向的两种转向方式

3.四轮转向的分类

四轮转向系统可按后轮的偏转角与前轮偏转角或车速之间的关系分为转角传感型与车速传感型两种。

(1)转角传感型。后轮的偏转角与前轮的偏转角之间存在着某种函数关系,即后轮可以按与前轮偏转方向相同的方向偏转,即同相位偏转;也可以按与前轮偏转方向相反的方向偏转,即反相位偏转。此外前后轮转角值之间也有一定关系。

(2)车速传感型。根据设计程序,当车速达到某一预定值(通常为35~40 km/h)时,后轮能与前轮同方向偏转,而当低于这一预定值时,则反方向偏转。

按照四轮转向系统的控制种类,四轮转向系统又可分为以下五类。

(1)机械控制式。

(2)机械+电子控制式。

(3)电子控制液压工作式。

(4)液压控制液压工作式。

(5)电子控制电动工作式。

4.四轮转向系统的不足

(1)现在的前轮转向是非常完善的,可以充分满足汽车的行驶需要,四轮转向并不能使汽车转向性能有明显改善。

(2)四轮转向与两轮转向在性能上仅有极微小的差别,没有必要花这么多钱,并把汽车设计得这么复杂。

(3)如何组合汽车的平移和转动这两种运动,使得汽车每一瞬时都处于最佳转向行驶状态,这无论在理论上还是在实用性技术上目前都还没达到成熟的地步。

(4)如果能把同样的研制费用用于提高汽车轮胎性能和改善悬架设计上,很可能在操纵性良好的两轮转向汽车上收到更好的效果。

四、故障检修

1.EPS检修注意事项

（1）维修之前(包括零件的拆卸或安装、检查或更换)，一定要阅读安全气囊系统的注意事项。不规范的操作可能会引起安全气囊在维修过程中意外打开，并导致严重的事故。

（2）转向管柱、转向轴锁、中间轴的拆卸与安装。

（3）拆卸或重新安装电动助力转向器总成，需注意以下情况。

①避免撞击电动助力转向器总成，特别是传感器、EPS 电子控制单元、EPS 电机和减速机构。如果电动助力转向器总成跌落或遭受严重冲击，需要更换一个新的总成。

②移动电动助力转向器总成时，请勿拉拽线束。

③在从转向器上断开转向管柱或者中间轴之前，车轮应该保持在正前方向，车辆处于断电状态，否则，会导致转向管柱上的时钟弹簧偏离中心位置，从而损坏时钟弹簧。

④断开转向管柱或者中间轴之前，车辆处于断电状态。断开上述部件后，不要移动车轮。不遵循这些程序会使某些部件在安装过程中定位不准。

⑤转向盘打到极限位置的持续时间不要超过 5 s，否则可能会损坏助力电机。

（4）需要标定扭矩信号和转角信号的情况。

①拆装/更换齿轮齿条式电动助力转向器总成后。

②车辆前轮定位调整后。

注意：

（1）转角信号未标定前，禁止进行遥控驾驶操作，否则可能会引起严重损坏故障。

（2）转角信号和扭矩信号标定前，方向盘和车轮必须处于中间位置，并且方向盘不受任何外力作用(包括不能手扶方向盘)。

（3）标定前，车辆没有任何支撑，四轮自由放置在水平地面上。

（4）标定时，不要晃动车身、开闭车门等。

（5）关闭电源挡的工况下才能进行标定。

五、故障分析

故障分析如表 3-4-1 所示。

表 3-4-1 故障分析表

DTC NO.	故障类型	故障分析	故障排除流程
C1B0200	ECU 故障	EPS 电子控制单元内部故障	更换转向器总成
C1B0400	扭矩信号故障	扭矩传感器故障、线束开路或短路、EPS 电子控制单元内部故障	1.接插件是否松动、脱落。是：重新固定好；否：2 2.线束是否开路或短路。是：修复线束；否：3 3.扭矩传感器是否故障。是：更换转向器总成；否：4 4.EPS 控制单元故障,更换转向器总成

续表

DTC NO.	故障类型	故障分析	故障排除流程
C1B0900	扭矩传感器未校准	没有进行扭矩传感器出厂校准	1.接插件是否松动、脱落。是:重新固定好;否:2
			2.扭矩信号是否已标定。是:3;否:用诊断仪标定
			3.扭矩传感器是否故障。是:更换转向器总成;否:4
			4.EPS控制单元故障,更换转向器总成
CIB0A00	转角传感器未校准	没有进行转角信号标定	1.接插件是否松动、脱落。是:重新固定好;否:2
			2.转角信号是否已标定。是:3;否:用诊断仪标定
			3 转角传感器是否故障。是:更换转向器总成;否:4
			4.EPS控制单元故障,更换转向器总成
C1B0B00	转角信号故障	转角传感器故障、线束开路或短路、EPS电子控制单元内部故障	1.接插件是否松动、脱落。是:重新固定好;否:2
			2 线束是否开路或短路。是:修复线束;否:3
			3.转角传感器是否故障。是:更换转向器总成;否:4
			4.EPS控制单元故障,更换转向器总成
C1B0D00	电源电压高	EPS供电异常、EPS电子控制单元内部故障	1.测试EPS电源电压是否异常(>16 V)。是:检查供电系统;否:2
			2.EPS控制单元故障,更换转向器总成
C1B0E00	电源电压低	EPS供电异常、电源线束连接异常、EPS电子控制单元内部故障	1.测试EPS电源电压是否异常(<9 V)。是:检查供电系统;否:2
			2.检查EPS与蓄电池之间的搭铁片、端子是否未连接到位。是:修复;否:3
			3.EPS控制单元故障,更换转向器总成。
C1B0F00	电源正极断路	EPS电源线束连接异常、EPS电源保险烧坏、EPS电控单元故障	1.检查EPS与蓄电池之间的搭铁片,线束是否连接异常。是:修复;否;2
			2.检查EPS保险是否烧坏。是:更换保险;否:3
			3.EPS控制单元故障,更换转向器总成
C181000	车速信号错误	车速传感器故障,EPS电控单元故障	1.检查动力网中车速信号报文(ID:121)第13位报文值是否为1:失效。是:检查ESP系统;否:2
			2.EPS控制单元故障,更换转向器总成

续表

DTC NO.	故障类型	故障分析	故障排除流程
C1B1100	发动机转速信号错误	发动机系统故障、EPS电控单元故障	1.检查动力网中发动机转速信号报文(ID:10D)第3位是否为1:失效。是:检查发送机系统;否:2
			2.EPS控制单元故障,更换转向器总成
C1B1200	电机旋变信号错误	EPS电控单元故障	EPS电机故障,更换转向器总成
C1B1300	电机温度过高	长时间转动转向盘、EPS电机或电控单元故障	1.保持转动转向盘等待十分钟再检测当前故障是否消失。是:属于系统正常的温度保护;否:2
			2.EPS电机信号故障、EPS电控单元故障,更换转向器总成
C1B1400	电机过流故障	EPS电机故障,EPS电控单元故障	更换转向器总成
C1B1500	电流偏离过大	EPS电机故障,EPS电控单元故障	更换转向器总成
C1B1600	电流传感器故障	EPS电控单元故障	更换转向器总成
C1B1700	电机温度传感器故障	EPS电机故障,EPS电控单元故障	更换转向器总成
C1B1800	电机继电器故障	EPS电机故障,FPS电控单元故障	更换转向器总成
C1B1900	ECU温度过高	长时间转动转向盘、电控单元故障	1.保持转动转向盘等待十分钟再检测当前故障是否消失。是:属于系统正常的温度保护;否:2
			2.EPS电控单元故障,更换转向器总成
C1B1A00	ECU温度传感器故障	EPS电控单元故障	更换转向器总成
U029D00	与ESP失去通信故障	CAN通信系统,ESP系统,EPS电控单元	1.检查动力网中车速信号报文(ID:121)是否不存在。是:检查ESP系统;否:2
			2.EPS电控单元故障,更换转向器总成
U010300	与ECM(电喷)失去通信	CAN通信系统,ECM系统,EPS电控单元	1.检查动力网中发动机转速信号报文(ID:10D)是否不存在。是:检查发送机系统;否:2
			2.EPS电控单元故障,更换转向器总成

项目三 新能源汽车转向系统

任务工单 20　新能源汽车转向油泵的认知与拆装

姓名		班级		学号		成绩	
日期		组号		教师签字			
学习目标	知识目标	1.能正确描述汽车电动油泵的作用与组成。 2.能描述实训汽车转向油泵的工作过程。					
	能力目标	1.能正确熟知实训汽车的转向油泵安装流程。 2.能掌握实训汽车转向系统的常见故障原因。					
设备和工具准备	多媒体教学设备和课件、网络教学资源、维修资料、实训汽车、举升机						
实训工作要点与操作	通过学习、查阅相关资料或网络信息回答下列问题。 1.根据实训汽车和学习内容完成如图 3-4-10 所示叶片式转向油泵机构的名称标注。 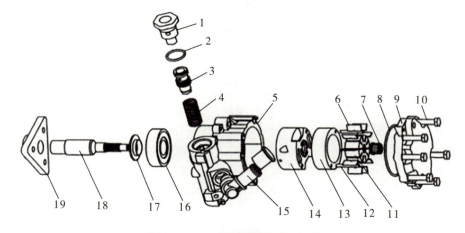 图 3-4-10　叶片式转向油泵机构 (1)＿＿＿＿＿；(2)＿＿＿＿＿；(3)＿＿＿＿＿；(4)＿＿＿＿＿； (5)＿＿＿＿＿；(6)＿＿＿＿＿；(7)＿＿＿＿＿；(8)＿＿＿＿＿； (9)＿＿＿＿＿；(10)＿＿＿＿＿；(11)＿＿＿＿＿；(12)＿＿＿＿＿； (13)＿＿＿＿＿；(14)＿＿＿＿＿；(15)＿＿＿＿＿；(16)＿＿＿＿＿； (17)＿＿＿＿＿；(18)＿＿＿＿＿；(19)＿＿＿＿＿。 2.转向油泵的安装步骤有哪些？						

235

续表

实训工作要点与操作	3.转向系统中转向油的更换步骤有哪些? 4.车间内的工作安全有哪些? 5.工具和设备使用时的注意事项有哪些?
	个人扩展知识

项目四
新能源汽车制动系统

学思课堂

"工匠精神"对于个人,是干一行、爱一行、专一行、精一行,务实肯干、坚持不懈、精雕细琢的敬业精神;对于企业,是守专长、制精品、创技术、建标准,持之以恒、精益求精、开拓创新的企业文化;对于社会,是讲合作、守契约、重诚信、促和谐,分工合作、协作共赢、完美向上的社会风气。工匠精神是人类文明的基础,工匠精神不仅过去,而且现在乃至将来,都会在人类文明发展的历史长河中发挥重要作用。

项目导言

工匠们喜欢不断雕琢自己的产品,不断改善自己的工艺,享受着产品在双手中升华的过程。工匠们对细节有很高要求,追求完美和极致,对精品有执着的坚持和追求,把品质从"0"提高到"1",其利虽微,却能长久造福于世。工匠精神是社会文明进步的重要尺度、是中国制造前行的精神源泉、是企业竞争发展的品牌资本、是员工个人成长的道德指引。"工匠精神"就是追求卓越的创造精神、精益求精的品质精神、用户至上的服务精神。工匠精神落在个人层面,就是一种认真精神、敬业精神。其核心是:不仅仅把工作当作赚钱养家糊口的工具,而是树立起对职业敬畏、对工作执着、对产品负责的态度,极度注重细节,不断追求完美和极致,给客户无可挑剔的体验。将一丝不苟、精益求精的工匠精神融入每一个环节,做出打动人心的一流产品。作为当代大学生,我们应该通过专业知识的学习和自身不断地努力,不断提高劳动生产率,不断推进科技创新,最终实现个人能力水平的增长,和经济社会持续的健康发展。

> **思考题**
>
> 一辆宝马车主描述说他的车辆在长途行驶 12 000 km 后,仪表盘上的制动故障灯突然点亮,请我们帮助排除故障现象,作为一名专业技术人员,我们如何帮助车主找到故障并解决故障?

概 述

一、制动系统作用

使行驶中的汽车按照驾驶员的要求进行强制减速甚至停车;使已停驶的汽车在各种道路条件下(包括在坡道上)稳定驻车;使下坡行驶的汽车速度保持稳定。

二、制动系统的组成

制动系统的组成如图 4-0-1 所示。制动系统一般由制动操纵机构和制动器两个主要部分组成。

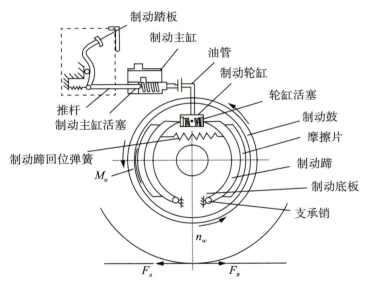

图 4-0-1 制动系统的组成

1. 制动操纵机构

制动操纵机构产生制动动作、控制制动效果并将制动能量传输到制动器的各个部件,如制动踏板、推杆、主缸活塞、制动主缸、油管、制动轮缸、轮缸活塞等。

2. 制动器

制动器是产生阻碍车辆运动或运动趋势的力(制动力)的部件。汽车上常用的制动器都是利用与车身(或车架)相连的非旋转元件和与车轮(或传动轴)相连的旋转元件之间的相互摩擦来阻止车轮的转动或转动的趋势的。鼓式制动器如图 4-0-2 所示,由制动鼓、摩擦片、制动蹄、制动底板、支承销、制动蹄回位弹簧等组成,目前各类汽车所用的摩擦制动器可分为鼓式制动器和盘式制动器两大类。

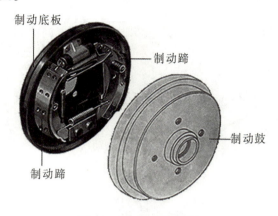

图 4-0-2　鼓式制动器

三、制动系统的工作原理

当汽车不制动时,制动鼓的内圆柱面与摩擦片之间保留一定的间隙,使制动鼓可以随车轮一起旋转;当汽车制动时,驾驶员踩下制动踏板,推杆推动制动主缸活塞,迫使制动油液经油管进入制动轮缸,油液压力使制动轮缸活塞克服回位弹簧的拉力推动制动蹄绕支承销传动,上端向外张开,消除制动蹄与制动鼓之间的间隙后压紧在制动鼓上,这样不旋转的制动蹄摩擦片对旋转着的制动鼓就产生一个摩擦力矩,其方向与车轮旋转方向相反,其大小取决于制动轮缸活塞的张开力、制动蹄鼓间的摩擦因数及制动鼓和制动蹄的尺寸;放松制动踏板,在回位弹簧作用下,制动蹄与制动鼓的间隙又得以恢复,从而解除制动。

四、制动器类型

1.按照制动元件分类

(1)鼓式制动器如图 4-0-2 所示:摩擦副中的旋转元件为制动鼓,以内圆柱面为工作表面,采用带摩擦片的制动蹄作为固定元件。位于制动鼓内部的制动蹄在一端承受促动力时,可绕其另一端的支点向外旋转,压靠到制动鼓内圆面上,以摩擦形式产生制动力矩。

(2)盘式制动器如图 4-0-3 所示:旋转元件为圆盘状的制动盘,以端面为工作表面,采用带摩擦片的两个制动块作为固定元件,在制动块一侧或两侧施加促动力时,制动块向内收拢夹持制动盘,产生摩擦力矩(制动力矩)。

2.按照对制动蹄端加力使制动蹄转动的装置(促动装置)分类

(1)轮缸式制动器:以液压制动轮缸促动制动蹄或制动摩擦片。

(2)凸轮式制动器如图 4-0-4 所示:用凸轮促动制动蹄。目前,所有国产汽车和部分外国汽车的气压制动系中,都采用凸轮促动的车轮制动器。

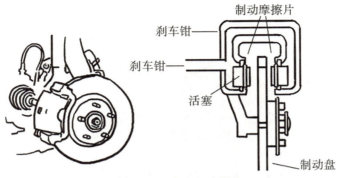

图 4-0-3　盘式制动器

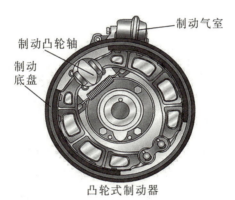

图 4-0-4　凸轮式制动器

3.按照布置位置分类

(1)车轮制动器上的旋转元件固装在车轮或半轴上,制动力矩直接作用在两侧车轮上。车轮制动器一般用于行车制动,也有兼用于第二制动(或应急制动)和驻车制动的。

(2)中央制动器上的旋转元件固装在传动系统的传动轴上,制动力矩需经过驱动桥再分配到两侧车轮上。中央制动器一般只用于驻车制动和缓速制动,驻车制动的中央制动器通常采用凸轮促动装置。

五、制动助力装置

在液压制动装置中,装有真空助力器或液压助力部件,它安装在主缸与踏板之间,利用电动机运转时产生的真空度或液压力来增大驾驶员在制动踏板上的操纵力。

六、新能源汽车制动系统的类型

1.按功能分类

(1)行车制动系统指通过摩擦式制动器,使行驶中的汽车减低速度与停车的一套装置,行车与驻车制动装置如图 4-0-5 所示。

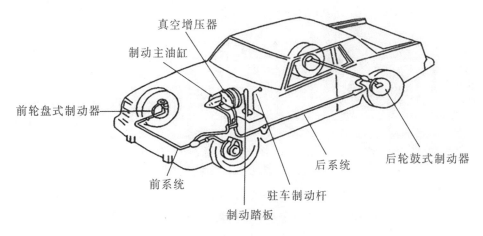

图 4-0-5　行车与驻车制动装置

（2）驻车制动系统指通过摩擦式制动器，使已停驶的汽车驻留原地不动的一套装置，一般采用机械制动装置。驻车制动系统与行车制动系统共用后轮制动器，也可以是专设的中央制动器，驻车制动系统包括传动机构和锁止机构，按操纵方式电动汽车一般分为机电式驻车制动系统与拉绳式驻车制动系统，如图 4-0-6 所示。机电式驻车制动由驻车开关将驻车信号送到控制器，控制器再控制电动机使制动器动作，完成驻车；拉绳式驻车制动由操纵杆通过拉线控制制动器工作，调整拉线长度，即可调整驻车制动杆的工作行程。

（3）能量回馈制动系统如图 4-0-7 所示，由驱动电机 MG2、逆变器、动力电池等组成。在汽车减速制动或下坡滑行以降低车速时，车轮带动驱动电机 MG2 运行，驱动电机 MG2 以发电机形式工作，通过发电产生电磁制动，不仅可将汽车动能转变为电能进行能量回收，还可减轻行车制动器的磨损及热衰退。

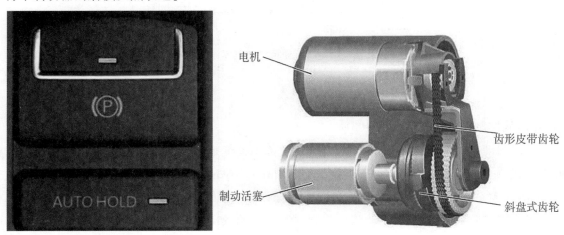

(a) 机电式驻车制动系统

图 4-0-6　机电式驻车制动系统与拉绳式驻车制动系统

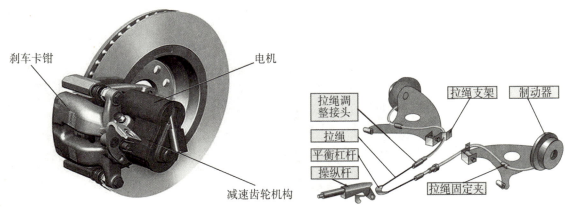

(b)拉绳式驻车制动系统

续图 4-0-6　机电式驻车制动系统与拉绳式驻车制动系统

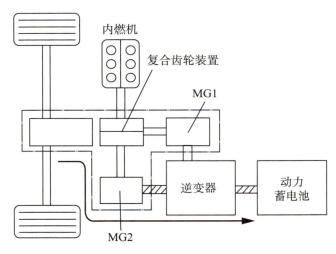

图 4-0-7　能量回馈制动系统

2.按照制动能量控制方式分类

(1)线控制动系统。

线控制动系统是将驾驶员的操纵动作经过传感器变成电信号,通过电缆直接传输到执行机构的一种制动系统,分液压线控式(Electronic Hydraulic Brake,EHB)和机械线控式(Electronic Mechanical Brake,EMB)。EHB 由电子踏板、电子控制单元(ECU)、液压执行机构组成。当线控制动系统工作时,制动踏板与制动器之间的液压连接断开,备用阀处于关闭状态,ECU 通过传感器信号判断驾驶员的制动意图,并通过电机驱动液压泵将制动液送到各个车轮制动器的制动轮缸进行制动。当电子系统发生故障时,备用阀打开,EHB 变成传统的液压系统。EMB 制动系统车轮制动器由电机直接控制。机械线控制动系统如图 4-0-8 所示。

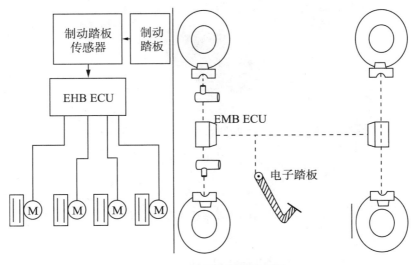

图 4-0-8　机械线控制动系统

(2) 电动伺服制动系统。

①电动真空伺服制动系统如图 4-0-9 所示，兼用人力和电动真空泵产生的真空进行助力制动，制动系统以空气为助力介质协助驾驶员对制动主缸施加作用力，将机械能转换为液压能，再通过装在车轮制动器内的轮缸将液压能转换为机械能，促使制动器进入工作状态。

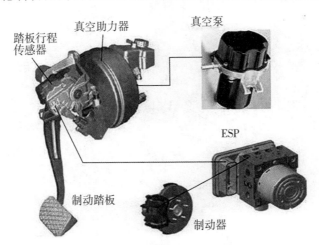

图 4-0-9　电动真空伺服制动系统

②电动液压伺服制动系统如图 4-0-10 所示，兼用人力和电动液压泵产生的液压进行助力制动。制动系统以制动液为助力介质，协助驾驶员对制动主缸施加作用力，将机械能转换为液压能，经车轮制动器内的轮缸将液压能转换为机械能，促使制动器进入工作状态。

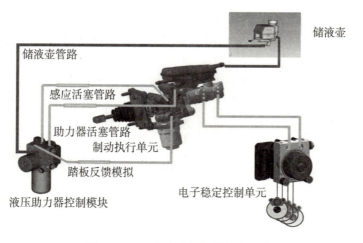

图 4-0-10　电动液压伺服制动系统

③机电伺服制动系统兼用人力和电动机进行助力制动，制动系统以电动机直接转矩协助驾驶员对制动主缸施加作用力，将机械能转换为液压能，经车轮制动器内的轮缸将液压能转换为机械能，促使制动器进入工作状态。机电伺服制动系统如图 4-0-11 所示，其中 G840 为制动助力电机，G100 为制动踏板位置传感器，其所在的控制电路为刹车助力控制模块。助力控制模块根据驾驶员踩下的制动踏板深度及电机位置信息来计算所需的制动力。当驾驶员松开制动踏板时，位于主气缸和加强套之间的弹簧将加强套和推杆推回到原来的位置。

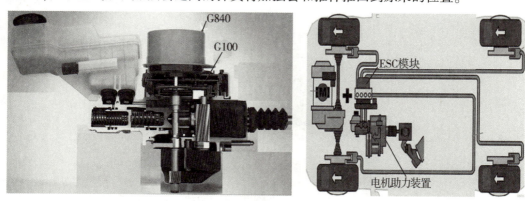

图 4-0-11　机电伺服制动系统

七、电动气压式制动系统

1.组成

（1）供能装置：电动空压机、储气筒。

（2）控制装置：制动控制阀。

（3）执行装置：前后车轮制动气室。

（4）传输管路：供能装置、控制装置与执行装置之间的连接管路，气压系统各元件之间的连接管路由钢管、橡胶软管和各种管接头组成。典型电动客车气压双回路制动系统如图4-0-12所示。

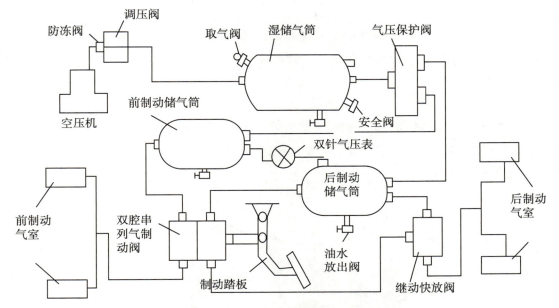

图4-0-12 典型电动客车气压双回路制动系统

2.工作原理

当踩下制动踏板时，拉杆机构操纵制动阀，使制动阀左右两腔的进气口分别与出气口相通，使前、后储气筒的压缩空气得以分别通过制动阀的左右腔进入后制动气室和前制动气室，从而促动制动器进入工作。当放松制动踏板时，制动阀使制动气室通入空气，以解除制动。制动气室内建立的气压越高，则制动器所产生的制动力矩越大。为了保证行车制动的渐进性，制动阀应具有随动作用，即保证制动气室压力与踏板行程成一定的递增函数关系。

八、制动防抱死装置（ABS）

当车轮抱死滑移时，车轮与路面间的侧向附着力将完全消失，如果是前轮（转向轮）制动到抱死滑移而后轮还在滚动，汽车将失去转向能力（跑偏），如果是后轮制动到抱死滑移而前轮还在滚动，即使受到不大的侧向干扰力，汽车也将产生侧滑（甩尾）现象。因此，汽车在制动时不希望车轮制动到抱死滑移，而是希望车轮制动到边滚边滑的滑动状态。由试验得知，汽车车轮的滑动率在15%~20%时，轮胎与路面间有最大的纵向附着系数φ_z，而侧向附着系数φ_e也较大，为了充分发挥轮胎与路面间的这种潜在附着能力，当前大部分轿车、大客车和重型货车上都装备了防抱死制动系统。

1.制动防抱死装置（ABS）的组成

制动防抱死装置如图4-0-13所示，由轮速传感器、电子控制器和液压调节器三部分组成。

(1) 轮速传感器(磁电式传感器)。

轮速传感器由永久磁铁、磁极、线圈和齿圈组成,作用是检测车轮速度。

(2) 电子控制器。

电子控制器(ECU)具有运算功能。电子控制器接收轮速传感器信号后,计算出车轮速度,并与参考车速进行比较,得出滑移率 s 及加、减速度;电子控制器对这些信号加以分析,向液压调节器发出控制指令。

(3) 液压调节器。

液压调节器安装在制动主缸和制动轮缸之间,由电磁阀和液压泵组成,并与电子控制器合为一体,液压调节器接收电子控制器的指令,由电磁阀、液压泵和驱动电动机直接或间接地控制制动轮缸油压的增减。

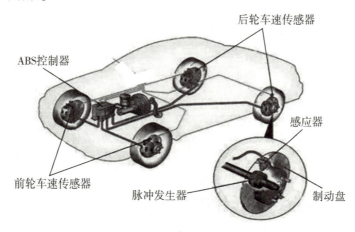

图 4-0-13 制动防抱死装置(ABS)

2. 电动汽车制动防抱死装置(ABS)的工作原理

制动防抱死装置(ABS)工作原理如图 4-0-14 所示。当汽车制动时,四个轮速传感器分别将各车轮的信号传给电子控制器,经电子控制器运算得出各车轮的滑移率,并根据滑移率控制各轮缸的油压。当滑移率在 15%~20% 时,车辆的纵向附着力和侧向附着力都较高,将这一附着区域内汽车制动的有关参数预先输入到制动防抱死装置(ABS)的控制单元中,控制单元可随机地根据实际制动工况进行判断,给执行机构发出动作指令,将车轮的滑移率控制在这一最佳工作范围内,即使各车轮制动到不抱死的极限状态。

在制动初期,ABS 液压调节器中的电磁液压阀和液压泵不工作,此时制动为常规模式,ABS 电脑不发出指令。当 ABS 电脑检测到某一车轮抱死,使车轮滑移率过大时,电脑控制串联在制动轮缸与制动主缸间电磁液压阀动作,减小该车轮上的制动压力,防止其抱死。反之,当 ABS 电脑检测到某一车轮滑移率过小时,则增大进入制动轮缸的制动液,进行"增压";当 ABS 电脑检测到某一车轮滑移率在 15%~20% 时,则使其制动轮缸内的制动压力保持不变,最终使汽车制动时,既不"跑偏"又不"甩尾"。制动时,ABS 电脑控制制动压力调节器以脉冲式工作,其频率约为 4~10 Hz(10-12 次/秒)。

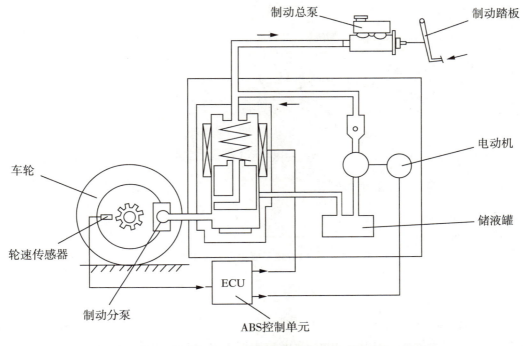

图 4-0-14　制动防抱死装置(ABS)工作原理

九、EBD、TCS、ESP、EBA

1.EBD(Electric Brake force Distribution)电子制动力分配

EBD 的功能就是在汽车制动的瞬间,快速计算出四个轮胎由于附着不同而导致的摩擦力数值,然后调整制动装置,使其按照设定的程序在运动中高速调整,达到制动力与摩擦力的匹配,以保证车辆的平稳和安全。当紧急刹车车轮抱死时,EBD 在 ABS 动作之前就已经平衡了每一个轮的有效地面抓地力,可以防止出现甩尾和侧移,并缩短汽车制动距离。EBD 是 ABS 的辅助功能,它是通过改变 ABS 软件而达到调整制动力的,即"ABS+EBD"。EBD 电子制动分配工作原理如图 4-0-15 所示。

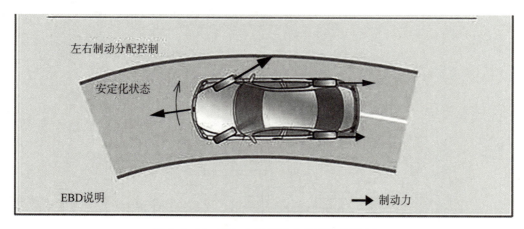

图 4-0-15　EBD 电子制动力分配工作原理

2.TCS 牵引力控制系统

TCS 作用是防止汽车起步、加速过程中驱动轮打滑,特别是防止汽车在非对称路面或转弯时驱动轮空转,并将滑移率控制在 10%~20% 范围内。奔驰称为 ASR,丰田称为 TRC,宝马称为 DTC。在汽车起步、加速及运行过程中,ECU 根据轮速传感器输入的信号,判定驱动轮的滑移率超过门限值时,就进入防滑转过程。首先 ECU 使发动机或驱动电机输出转矩减小。ECU 判定需要对驱动轮进行制动介入时,会将信号传送到 ASR 执行器,独立地对驱动轮进行制动控制,以防止驱动轮滑转,并使驱动轮的滑移率保持在规定范围内。TCS 牵引力控制系统组成与工作原理如图 4-0-16 所示。

3.ESP 电子稳定控制系统

ESP 在不同车型中有不同的名字,大众称 ESP、本田称 VSA、丰田称 VSC。ESP 整合了 ABS 和 TCS 系统,不仅能防止车轮抱死、滑转,还能防止汽车侧滑。ESP 主要由传感器、执行器和电子控制单元(ECU)三大部分组成。传感器一般包括轮速传感器、方向盘转角传感器、侧向加速度传感器、横摆角速度传感器、制动主缸压力传感器等;执行器一般包括传统液压制动系统、液压调节器等;电子控制单元与发动机或驱动电机控制系统联动,对输出动力进行干预和调整。当传感器检测到车辆发生转向不足时,ESP 会额外对内侧车轮施加更多制动力;如果发现车辆转向过度,则 ESP 会额外对外侧车轮施加更多制动力;系统通过调整车身姿态,使汽车在变换车道或是过弯时能够更加地平稳和安全。ESP 电子稳定控制系统组成与工作原理如图 4-0-17 所示。

项目四 新能源汽车制动系统

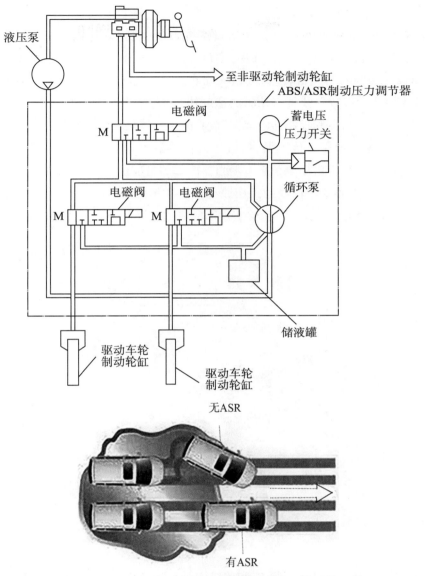

图 4-0-16 TCS 牵引力控制系统组成与工作原理

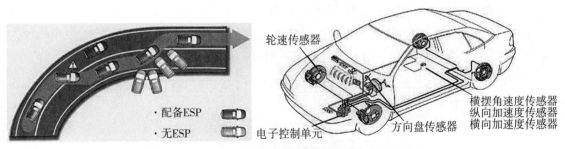

图 4-0-17 ESP 电子稳定控制系统组成与工作原理

4.EBA 电子控制制动辅助系统

EBA 是汽车紧急制动辅助系统的一种。通常情况下,驾驶员力量施加不足或反应慢,造成制动距离过长,发生追尾等交通事故。EBA 通过驾驶员踩踏制动踏板的速率来判断制动行为,如果察觉制动踏板的制动压力瞬间增加,EBA 会在几毫秒内释放出 18 MPa 的液压施加最大的制动力,其速度要比大多数驾驶员移动脚的速度快得多,可明显缩短制动距离,避免事故的发生。EBA 由传感器、执行器和控制器组成,其核心的执行器是电子真空助力器。它的工作原理是在制动主泵上安装一个压力传感器,通过压力传感器感知驾驶员是否进行紧急制动行为。一旦遇到紧急制动,ECU 会启动电子真空助力器内部的电磁机构,瞬间将制动压力提升至助力器的最大伺服点。EBA 紧急制动辅助工作原理如图 4-0-18 所示。EBA 与激光雷达、毫米波雷达、视觉感知系统及 ECU 的配合,能够实现车辆自适应巡航功能,是其重要组成部分。

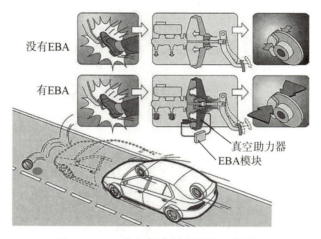

图 4-0-18　EBA 紧急制动辅助工作原理

十、新能源汽车电动真空助力制动系统

1.概述

新能源汽车电动真空助力制动系统和传统燃油汽车真空助力制动系统区别不大,主要的区别是真空源。传统燃油汽车真空助力装置的真空源来自于发动机进气歧管。而新能源汽车没有发动机或发动机不是在任何工况都在工作,即没有了提供真空源的源泉,因此新能源汽车采用电动真空泵为真空助力器提供真空源。新能源汽车的这种真空助力方式称之为电动真空助力系统,新能源汽车制动真空助力方式如图 4-0-19 所示。

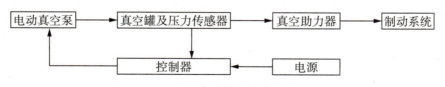

图 4-0-19　新能源汽车制动真空助力方式

2.真空泵和真空罐工作原理

真空泵主要作用是将真空罐内的空气抽出,使真空罐获得真空状态,制动系统真空元件如图 4-0-20 所示。

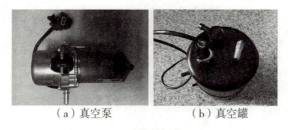

(a)真空泵　　(b)真空罐

图 4-0-20　制动系统真空元件

电动真空助力系统的工作过程为:当驾驶员启动汽车时,12 V 电源接通,电子控制系统模块开始自检,如果真空罐内的真空度小于设定值,真空压力传感器输出相应电压值至控制器,此时控制器控制电动真空泵开始工作;在真空度达到设定值后,真空压力传感器输出相应电压值至控制器,此时控制器控制真空泵停止工作;当真空罐内的真空度因制动消耗,真空度小于设定值时,电动真空泵再次开始工作,如此循环。

十一、丰田卡罗拉 THS-Ⅱ 再生制动与电子制动系统

1.组成

丰田 THS-Ⅱ 再生制动与电子制动系统由制动输入、电机能量再生控制、液压制动控制三部分组成,如图 4-0-21 所示,其主要部件有制动踏板传感器、液压制动器、驱动电机(减速、制动时发电机起作用)、逆变器、电控单元(包括动力电池、电机、整车电控单元等)。制动系统取消了传统汽车使用的真空助力器,采用线控方式,调整制动器液压源的液压获得实际作用于轮缸上的压力,此方式能最大限度地利用制动能量再生功能,在制动时将汽车惯性动能转换为电能存储在高压电池中。丰田 THS-Ⅱ 电子制动系统组成图如图 4-0-22 所示。

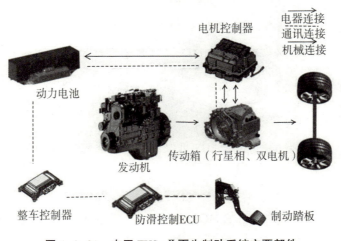

图 4-0-21　丰田 THS-Ⅱ 再生制动系统主要部件

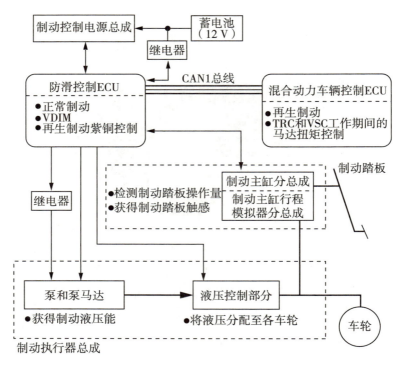

图 4-0-22 丰田 THS-Ⅱ 电子制动系统组成图

2. 丰田 THS-Ⅱ 电子制动系统各部件

丰田 THS-Ⅱ 电子制动系统各部件布置图如图 4-0-23 所示。

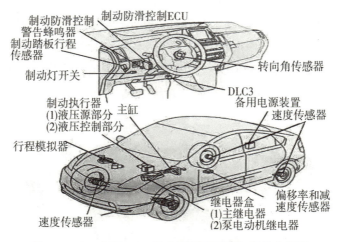

图 4-0-23 丰田 THS-Ⅱ 电子制动系统各部件布置图

3. 制动能量回收原理

再生制动由驱动电机以发电机的(MG2)形式工作,产生对车轮的旋转阻力。由发电产生的电磁阻力与 MG2 转子的旋转方向相反,迫使其减速,产生的电流强度(蓄电池充电电流强

项目四 新能源汽车制动系统

度)越大,阻力就会越大,再生制动能量回收系统受制动力大小的影响如图4-0-24所示。

图 4-0-24　再生制动能量回收系统受制动力大小的影响

4. 丰田 THS-Ⅱ 制动能量回收与液压制动的协调控制

丰田 THS-Ⅱ 制动系统的特点是采用制动能量回收与液压制动的协调控制,其协调制动的原理是在不同路况和工况条件下首先确保车辆制动稳定性和安全性,同时考虑到动力蓄电池的再生制动能力(由动力蓄电池电控单元控制)使车轮制动扭矩与电机能量回收制动扭矩之间达到优化目标的协调控制,并由整车电控单元实施集中控制。再生制动能量与液压制动协调控制如图4-0-25所示。

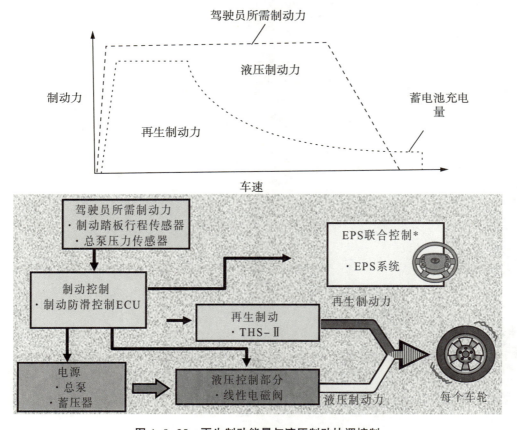

图 4-0-25　再生制动能量与液压制动协调控制

THS-Ⅱ制动系统中制动踏板与车轮制动分泵不通过液压管路直接连接,而是通过电控单元(制动防滑控制 ECU)向液压能量供给源发出相应指令,使对应的制动液压传递到相应车轮制动分泵。当驾驶员踩制动踏板时,行程模拟器产生制动踏板力的大小,使液压制动器实时进入相应的工作状态,同时制动能量回收系统也将进入工作状态。如果动力蓄电池的电控单元判断动力蓄电池有相应的荷电量(State Of Charge,SOC)回收能力,则制动能量回收系统参与制动,此时总制动力值是能量回收制动与液压制动之和,该值与制动踏板行程量相对应。当车辆接近停止时,制动能量回收系统制动力变为零。

项目四 新能源汽车制动系统

任务工单 21 新能源汽车制动系统的认知

姓名		班级		学号		成绩	
日期		组号		教师签字			
学习目标	知识目标	1.能正确描述汽车制动系统的作用与组成。 2.能描述实训汽车制动系统的工作过程。					
	能力目标	1.能正确熟知实训汽车制动系统结构。 2.能掌握汽车制动系统的安装位置及相互关系。					
设备和工具准备		多媒体教学设备和课件、网络教学资源、维修资料、实训汽车、举升机					
实训工作要点与操作		通过学习、查阅相关资料或网络信息回答下列问题。 1.根据实训汽车和学习内容完成如图 4-0-26 所示制动系统结构的名称标注。 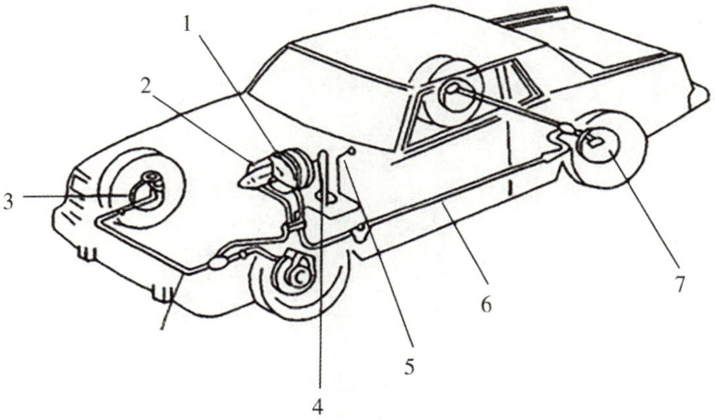 图 4-0-26 制动系统结构 (1)_____;(2)_____;(3)_____;(4)_____;(5)_____。 注:标出比亚迪 E6 真空部件位置。 2.按照制动元件分类,制动器有_____、_____。 3.按照对制动蹄端加力使制动蹄转动的装置(促动装置)分类,制动器有_____、_____。 4.按照布置位置分类制动器有_____、_____类型。 5.按功能分类制动器有_____、_____、_____三种。 6.按照制动能量的控制分类制动器有_____、_____、_____。 7.电动气压式制动系统由_____、_____、_____、_____组成。					

续表

实训工作要点与操作	8.新能源汽车制动系统与传统汽车制动系统的区别有哪些？
	9.车间内的工作安全有哪些？
	10.工具和设备使用时的注意事项有哪些？
	个人扩展知识

项目四　新能源汽车制动系统

任务一　新能源汽车更换盘式制动器制动块

案例引入

> 刘先生的比亚迪E6电动轿车,近期发现在踩刹车的时候,感觉制动力不足,且制动时制动盘处发出噪声,到维修部门进行检查,经拆解发现制动片磨损,且两摩擦衬块中的一片磨损严重。

一、认识盘式制动器

1.钳盘式制动器结构

钳盘式制动器结构如图4-1-1所示,它由制动钳体、制动钳支架、分泵(活塞、活塞密封圈)、摩擦衬块(制动衬块与摩擦片)、放气螺栓组成的。

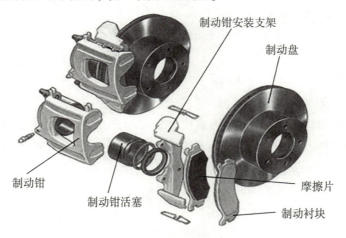

图4-1-1　钳盘式制动器结构

摩擦衬块由底板、隔热层、摩擦层组成。底板为钢片,隔热层由热的不良传导材料及增强材料组成。摩擦层是由增强材料、黏合剂及填料组成的。

2.类型

钳盘式制动器可分为定钳盘式和浮钳盘式两类。

(1)定钳盘式制动器如图4-1-2所示。

定钳盘式制动器的制动钳体固定安装在车桥上,并跨置在制动盘上,它不能旋转也不能沿制动盘轴线方向移动,其内的两个活塞分别位于制动盘的两侧,利用活塞密封圈的弹性和定量变形来使活塞回位并自动调整间隙。

制动时，由制动总泵（制动主缸）来的制动油液经进油口进入钳体中两个相通的液压腔中，推动两侧活塞移动，将制动块压向与车轮固定连接的制动盘，从而产生制动。

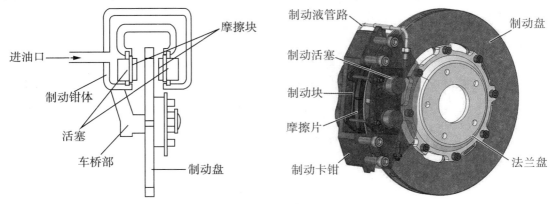

图 4-1-2　定钳盘式制动器

定钳盘式制动器存在着以下缺点。
①液压缸较多，使制动钳结构复杂。
②制动钳的尺寸过大，难以安装在现代化轿车的轮辋内。
③热负荷大时，液压缸（特别是外侧液压缸）和跨越制动盘的油管或油道中的制动液容易受热汽化。

（2）浮钳盘式制动器如图 4-1-3 所示。

浮钳盘式制动器的制动钳可相对制动盘轴向滑动。只在制动盘的内侧设置液压缸，而外侧的制动块则附装在钳体上，制动钳体用螺栓与支架相连，螺栓同时兼作导向销，支架固定在前悬架总成轮毂轴承座凸缘上，壳体可沿导向销与支架做轴向相对移动，两制动块装在支架上，用保持弹簧卡住，使两制动块可以在支架上做轴向移动，但不会上下窜动，制动盘装在两制动块之间，并通过轮胎螺栓固定在轮毂上。

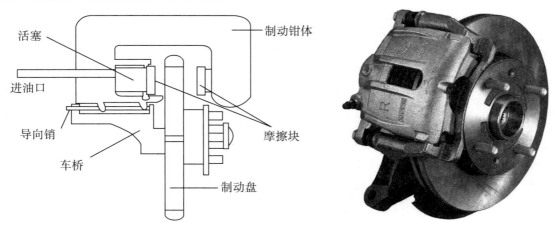

图 4-1-3　浮钳盘式制动器

①制动时。

油路系统向钳体输入油压,分泵内活塞在制动液压力作用下,推动内制动块压向制动盘内侧,制动钳上的反力使制动钳壳体向内侧移动,从而带动外制动块压向制动盘外侧面,于是内、外摩擦块将制动盘的两端面紧紧夹住,实现了制动。

②解除制动。

解除制动时,油路系统卸压,活塞密封圈恢复变形,活塞在密封圈弹力作用下退回原位。活塞复位原理如图4-1-4所示,由于制动盘工作面与制动盘旋转轴线不垂直,端面全跳动值不等于零,造成制动盘的局部工作扇区与制动块的"碰撞",迫使制动块退离原位而躲避制动盘,完成制动解除过程。

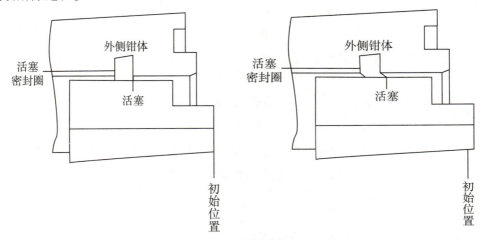

图4-1-4 活塞复位原理

浮钳盘式制动器的特点如下。

①浮钳盘式制动器轴向和径向尺寸较小,而且制动液受热汽化的机会较少。

②浮钳盘式制动器在兼充行车和驻车制动器的情况下,只需在行车制动钳油缸附近加装一些用以推动油缸活塞的驻车制动机械传动零件即可。

自20世纪70年代以来,浮钳盘式制动器逐渐取代了定钳盘式制动器。目前,盘式制动器已广泛应用于轿车,但除了在一些高性能轿车上用于全部车轮以外,大都只用作前轮制动器,而与后轮的鼓式制动器配合(前盘后鼓),使汽车在制动时具有较高的方向稳定性。

3.制动块磨损报警装置

许多盘式制动器上装有制动块摩擦片磨损报警装置,在制动摩擦块的背板上装有一小弹簧片,其端部到制动盘的距离刚好为摩擦片的磨损极限,当摩擦片磨损到需更换时,弹簧片与制动盘接触发出刺耳的尖锐声,提醒驾驶员制动块上的摩擦片需要更换。声音式制动块磨损装置如图4-1-5所示,应用较为广泛。

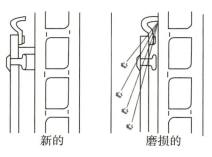

图 4-1-5　声音式制动块磨损报警装置

4.盘式制动器的特点

（1）盘式制动器与鼓式制动器相比较，有以下优点。

①制动盘暴露在空气中，散热能力强。特别是采用通风式制动盘，空气可以流经内部，加强散热。

②浸水后制动效能降低较少，而且只需经一两次制动即可恢复正常。

③制动效能较稳定、平顺性好。

④制动盘沿厚度方向的热膨胀量极小，不会像制动鼓的热膨胀那样使制动器间隙明显增加而导致制动踏板行程过大。此外也便于装设间隙自动调整装置。

⑤结构简单，摩擦片拆装容易，维修方便。

（2）盘式制动器的缺点。

①因制动时无助势作用，故要求管路液压比鼓式制动器高，一般要用伺服装置和采用较大直径的油缸。

②防污性能差，制动块摩擦面积小，磨损较快。

③兼用于驻车制动时，需要加装的驻车制动传动装置较鼓式制动器复杂，因而在后轮上的应用受到限制。

二、盘式制动器拆装

以比亚迪 E6 前盘式制动器为例进行拆装。

1.制动钳、摩擦块拆卸与分解

拆卸步骤：

（1）安全地举升并支撑汽车，拆下车轮总成。

（2）前制动钳与摩擦衬块的拆卸，如图 4-1-6 所示：首先使用螺丝刀将制动钳的活塞顶回初始位置，让活塞与摩擦片产生一定间隙；旋下上、下导向固定螺栓，从下向上摆动取下制动钳壳体（如果只是更换制动片，那么只拆卸其中制动钳上的一颗导向固定螺栓即可），将制动钳壳体用绳索吊挂在制动盘旁，从制动钳支架上取下内、外侧制动摩擦衬块，注意摩擦衬块的位置。

项目四 新能源汽车制动系统

图 4-1-6 前制动钳与摩擦衬块的拆卸

（3）前制动钳活塞的拆卸如图 4-1-7 所示：拆下制动钳上液压软管，并将它堵住，防止异物进入。取下防护帽，然后用木块顶住活塞，从制动钳壳体上油孔处，用压缩气枪将压缩空气吹入，将活塞从制动钳壳体里吹出。

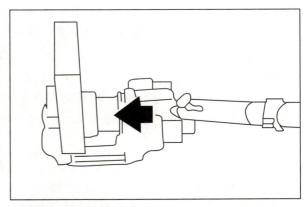

图 4-1-7 前制动钳活塞的拆卸

（4）制动钳密封圈的拆卸。用螺丝刀从制动钳体的凹槽中拆下密封圈。

（5）检查卡钳缸套密封槽、活塞是否出现划伤或毛刺、腐蚀、镀铬层磨损或损坏，如发现上述情况之一，应更换制动钳总成。

（6）制动钳壳体不得有严重锈蚀现象，分泵橡胶密封圈应定期更换，以保证良好的弹性。

（7）检查制动钳支架是否有裂纹和磨损，支架弹簧是否变形，制动块支撑板有无损伤。

注意：用压缩空气吹取制动钳活塞时要小心，最好用厚布做缓冲垫，气体压力由小到大，逐渐增大。若活塞吹不出，可关闭气源，用木槌轻敲制动钳，再试着通入压缩空气；拆卸制动钳壳体时，切勿划伤壳体活塞孔壁表面。从卡钳缸套槽中拆卸活塞密封圈应用木质或塑料工具拆卸，慎用金属工具拆卸密封，否则，会损坏卡钳缸套或密封槽。检查卡钳缸套和密封槽若出现腐蚀现象，可用一片细砂布抛光轻微的腐蚀，如果密封槽内和周围的腐蚀不能用细砂布清除，则更换制动钳壳体。

2.制动钳、摩擦块的安装

（1）前制动钳活塞的安装如图 4-1-8 所示。

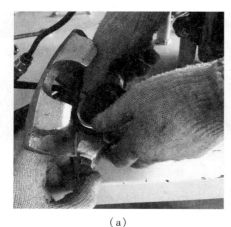 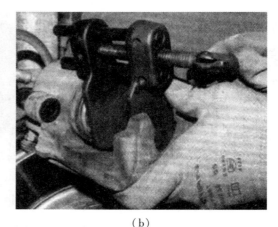

(a)　　　　　　　　　　　　(b)

图 4-1-8　前制动钳活塞的安装

①把装有上密封唇的防护帽装到活塞上,并将活塞涂上制动液。

②把密封圈装到制动钳壳体缸套槽中,将密封圈涂上制动液,用工具将其装到制动钳壳体的凹槽里,确保活塞密封圈无扭转现象。安装时可将活塞置于制动钳壳体前方,帮助密封圈进入凹槽里。

③把活塞装到制动钳壳体中,将活塞涂上制动液后,用手或活塞装配工具把活塞压进制动钳壳里。压入时密封圈应处在制动钳壳体的凹槽里,防护帽的外密封唇应弹入活塞的凹槽里。

(2) 制动钳、摩擦块的安装。

只更换新摩擦块时(不拆制动软管,卸压),应先从制动储液罐中大约吸出 2/3 的制动液,否则当驱使活塞返回进入制动钳缸筒时,可能会使制动液溢出储液罐。

①先将两个新摩擦块安装在支架上,摩擦面朝向制动器前盘。

②用手或专用工具将制动钳上的活塞回位。

③安装制动钳,按规定力矩,先上后下,旋紧制动钳螺栓(力矩 70 N·m),检查新摩擦块处于制动钳内正确位置,确保各个垫片及固定夹在原位。

④重新补足从主缸储液罐中吸出的制动液;反复多次踩动制动踏板,使制动间隙达到规定要求。

⑤安装车轮总成,按规定力矩对角紧固车轮螺栓。

⑥若拆卸油管和释放了制动液,要进行制动系统排气。

⑦放下汽车并进行路试。

(3) 制动钳安装注意事项。

①若只更换摩擦块,切勿将制动器软管从卡钳上拆下,支撑或悬挂卡钳时,切勿将卡钳悬挂在制动器软管上。

②安装新摩擦衬片应分清内外,摩擦面应朝向制动盘,使制动盘与摩擦片配合合适。

③在装有制动钳的车上,若检查内外摩擦衬片的磨损不均匀,可能制动钳总成的滑动元件有黏附、弯曲或损坏现象。

④安装时,油脂、机油、制动液或任何其他异物不得触及制动摩擦块、制动卡钳、制动盘表面及轮毂外表面;小心地对待制动盘和卡钳,避免损坏制动盘、刮伤或擦伤制动摩擦块。勿用干刷子来清洁盘式制动器总成;安装轮毂时,应仔细调整车轮轴承,消除轮端余隙。

⑤安装完刹车片以后,一定要上车踩踏几次制动踏板,目的就是让制动钳活塞达到工作位置。如果忘记这个步骤,一旦车辆行驶起来以后,第一脚、第二脚制动就是失灵的,容易发生危险。

3.制动盘拆装

(1)制动钳托架与制动盘拆卸步骤如图4-1-9所示。

①安全地举升并支承汽车,拆下前轮。

②拆下制动钳总成,并挂于一边。从制动钳上取下摩擦块,注意在衬块后的垫片及罩壳。

③拆卸制动钳托架固定螺栓,拆下制动钳托架。

④拆下制动盘定位螺栓。将一杠杆插入中间缝隙并轻轻敲击,从而将制动盘拆下。

⑤用手将制动盘总成从轮毂上拆下。

图4-1-9 制动钳托架与制动盘拆卸步骤

(2)安装步骤。

①将制动盘总成安装在轮毂上。

②拧紧制动盘定位螺栓。

③安装制动钳托架,安装摩擦块和制动钳总成。

④安装车轮总成。安装轮胎螺钉时,应对角紧固,这样有利于保护轮胎和制动轮毂。

⑤若已拆卸油管和释放制动液,要进行制动系统排气。

⑥放下汽车并进行路试。

注意：车轮螺母紧固不当会导致制动器跳动和制动盘损坏，为避免此种情况，需均匀紧固车轮螺母至扭矩规定值，在不拆卸制动盘而拆下制动钳时，在两侧制动块之间放置厚挡板，以防止制动钳的活塞被挤出轮缸。

4.前盘式制动盘的检查

（1）检查制动盘表层有无腐蚀、褪色及磨损，是否有起沟起槽现象，制动盘表层状态检查如图4-1-10所示。严重磨损（单边深3 mm）时应更换新的制动盘，否则不仅会使制动时方向抖动，制动力过小，还会使新更换的摩擦衬片快速磨损。

(a) (b)

图4-1-10　制动盘表层状态检查

（2）制动盘表面磨损检查：制动盘磨损不得大于0.1 mm，用百分表检查制动盘端面跳动量。制动盘端面跳动量检查如图4-1-11所示，在制动盘外缘10 mm处的振摆，端面跳动不得大于0.08 mm（使用极限0.15 mm）；对于新制动盘，其表面平面度公差不超过0.025 mm，两端平行度不超过0.125 mm。制动盘磨损后可在允许厚度的范围内修磨其上的锈斑、刻痕，在使用砂轮打磨制动盘表面时，打磨的痕迹可以是无方向性的，但打磨痕迹应相互垂直。

 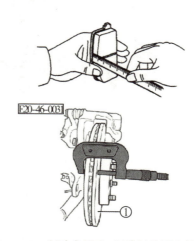

图4-1-11　制动盘端面跳动量检查　　　图4-1-12　制动盘厚度、制动衬片厚度的检查

（3）制动盘厚度、制动衬片厚度的检查如图4-1-12所示：可用千分尺（或卡尺）检查制动盘的厚度，比亚迪E6前制动盘厚度标准值为27.9~28.1 mm，修整极限为26 mm；后制动盘厚度

标准值为10.9~11.1 mm,最大修整极限为10 mm,超过极限应更换。制动衬片厚度可通过制动钳上的孔检查,比亚迪E6轿车前轮制动衬片厚度标准值为12 mm,后轮制动衬片厚度标准值为10.3~11.1 mm,更换极限为2 mm,建议当衬片磨损量超过6 mm时应更换;不同的车型,制造商规定的磨损厚度不同(部分汽车摩擦衬片磨损厚度量超2.0 mm时更换),一般车辆在正常的行使情况下,前轮制动器的摩擦衬片的寿命为30 000~50 000 km。

三、故障分析

踩刹车时,制动力不足,造成该现象的原因可能是:制动液异常;制动油管变形或者其他异常;制动片摩擦力不够;制动分泵或总泵故障,分泵支架下部导向销钉卡滞等。

经检查,制动液液面正常、制动油管无变形和磕碰,将两前轮拆卸后发现左前轮摩擦内片和外片的厚度差别巨大,已经相差6~8 mm。进一步检查发现左前轮制动分泵支架下部导向销钉根本无法动作。根据经验,确定制动器摩擦片偏磨和制动力不够的原因故障可能在此,将导向销钉用细砂纸轻微打磨除锈,同时更换制动摩擦片。更换制动摩擦片后,重新上线检测,制动力合格。

根据浮钳盘式制动器的工作原理,制动器支架通过螺栓固定在后桥上,分泵又通过制动器的导向结构径向固定,而轴向可沿导向销钉与支架发生相对滑动。活塞在制动压力的作用下推动活塞侧摩擦片,使之压靠在制动盘上,同时制动压力推动制动器分泵沿导向销钉移动,使外侧摩擦片压靠在制动盘上,产生制动力。当导向销钉锈死时,则整个分泵不能往内侧移动或往内移以后回位困难,以至于摩擦外片始终和制动盘接触,造成磨损量比摩擦内片大得多,浮钳盘式制动器导向销作用如图4-1-13所示。

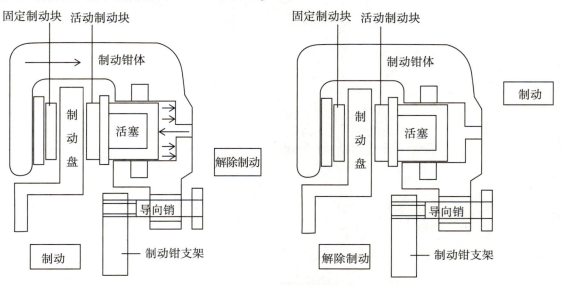

图4-1-13 浮钳盘式制动器导向销作用

任务工单22　新能源汽车盘式制动器拆装与检测

姓名		班级		学号		成绩	
日期		组号		教师签字			
学习目标	知识目标	1.能正确描述汽车盘式制动器的作用与组成。 2.能描述实训汽车盘式制动器的工作过程。					
	能力目标	1.能正确熟知实训汽车盘式制动器的安装流程。 2.能掌握实训汽车盘式制动器的常见故障原因。					
设备和工具准备		多媒体教学设备和课件、网络教学资源、维修资料、实训汽车、举升机					
实训工作要点与操作		通过学习、查阅相关资料或网络信息回答下列问题。 1.根据实训汽车和学习内容完成如图4-1-14所示钳盘式制动器结构的名称标注。 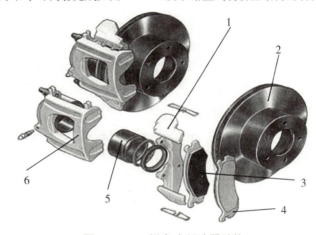 图4-1-14　钳盘式制动器结构 (1)＿＿＿＿；(2)＿＿＿＿；(3)＿＿＿＿；(4)＿＿＿＿； (5)＿＿＿＿；(6)＿＿＿＿。 2.制动钳、摩擦块拆卸与分解步骤有哪些？					

续表

实训工作要点与操作	3.制动盘的更换步骤有哪些？
	4.车间内的工作安全有哪些？
	5.工具和设备使用时的注意事项有哪些？
	个人扩展知识

任务二　新能源汽车更换鼓式制动器、制动蹄

案例引入

> 刘先生反应，其驾驶的大众 ID.3 纯电动轿车，在前几天涉水行驶后，踩刹车时，感觉制动力不足，踩不住，不知为什么？注：大众 ID.3、ID.4 纯电动轿车采用前轮为盘式、后轮为鼓式制动器。

一、认识鼓式制动器

1. 结构

车轮制动器的基本组成包括固定部分、旋转部分、张开机构、定位调整机构四大部分。

固定部分为制动底板和制动蹄，旋转部分为制动鼓，张开机构主要为轮缸，定位调整机构是一套自动调整机构。

制动蹄的支承方式如图 4-2-1 所示，有固定式和浮动式两种，制动蹄的一端套在或顶在支承销上，只能绕支承销摆转，为固定式支承，两制动蹄一端通过推杆支承，制动时，制动蹄可沿制动鼓圆周有一定量的滑移，为浮动式支承，浮动式支承制动蹄与制动鼓可以自动定心，保证两者全面贴合。

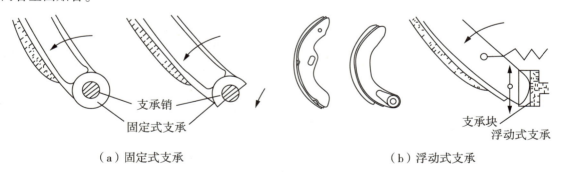

（a）固定式支承　　　　　　（b）浮动式支承

图 4-2-1　制动蹄的支承方式

2. 类型

（1）如图 4-2-2 所示，按张开机构的不同制动器可分为轮缸式制动器、凸轮式制动器和楔式制动器。

项目四　新能源汽车制动系统

  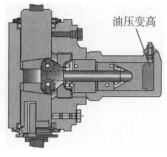

（a）轮缸式制动器　　　　　　（b）凸轮式制动器　　　　　　（c）楔式制动器

图 4-2-2　制动器按张开机构的不同分类

（2）轮缸式制动器按制动蹄的受力情况不同，可分为领从蹄式、双领蹄式（单向作用、双向作用）、双从蹄式、自增力式（单向作用、双向作用）等类型。

①领从蹄式制动器。

领从蹄式制动器如图 4-2-3 所示。制动底板 5 固定在后桥壳或前桥转向节凸缘上，在制动底板的下部装有两个偏心的调整螺钉 1，两个制动蹄 10、11 的下端有孔，套装在偏心调整螺钉上，并用锁止螺母 3 锁止。制动底板的中部装有两制动蹄托架 4，以限制制动蹄的轴向位置。制动蹄上端用回位弹簧 9 拉靠在制动轮缸 8 的顶块上。制动蹄的外圆面上，用埋头螺钉铆接着摩擦衬片 7。作为制动蹄促动装置的制动轮缸也用螺钉固装在制动底板上。制动鼓固装在车轮轮毂的凸缘上，随车轮一起转动。

 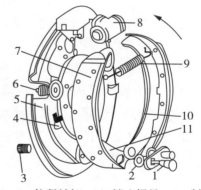

1—调整螺钉；2—拉紧销钉；3—锁止螺母；4—制动蹄托架；
5—制动底板；6—限位弹簧；7—摩擦衬片；8—制动轮缸；
9—回位弹簧；10—第一制动蹄；11—第二制动蹄

图 4-2-3　领从蹄式制动器

把汽车前进方向时制动鼓的旋转方向规定为正向。领从蹄式制动器原理如图 4-2-4 所示。当制动轮缸 6 施加制动力时，制动蹄 1 张开时的旋转方向与制动鼓的旋转方向相同，把具有这种属性的制动蹄称为领蹄，相反的就是从蹄。而当汽车倒行时，制动蹄 1 也就变成了从蹄，而蹄 2 就是领蹄，领蹄具有"增势"作用，即可增加制动力，相反地，蹄 2 具有"减势"作用。

269

领从蹄式制动器制动效能比较稳定、结构简单可靠、便于安装,广泛用作货车的前、后轮制动器和轿车的后轮制动器。

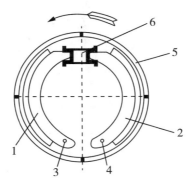

1—第一制动蹄;2—第二制动蹄;3、4—支承销;5—制动鼓;6—制动轮缸

图 4-2-4　领从蹄式制动器原理

②单向双领蹄式制动器。

在制动鼓正向旋转时,双领蹄式制动器的两制动蹄均为领蹄的制动器称为单向双领蹄制动器,如图 4-2-5 所示。两制动蹄各用一个单活塞式制动轮缸 1 促动,且两套制动蹄 2、制动轮缸 1、支承销 3 等在制动底板上的布置是中心对称的,以代替领从蹄式制动器中的轴对称布置。等直径的两个制动轮缸可借油管连通,使其油压相等。这样,在汽车前进时,两制动蹄均为领蹄;但在倒车时,两制动蹄均变为从蹄。由此可见,这种单向双领蹄式制动器具有单向作用,在前进时制动效能好,倒车时制动效能大大下降,且不便安装驻车制动器,故一般不用作后轮制动器;但两制动蹄片受力相同,磨损均匀,且制动蹄片作用于制动鼓的力量是平衡的,即单向作用双领蹄制动器属于平衡式制动器。

若将装有单向双领蹄制动器的汽车左、右两侧车轮制动器对调安装,便成为在制动鼓正向旋转时两制动蹄均为从蹄的双从蹄式制动器。显然,双从蹄式制动器前进时制动效能低于领从蹄式制动器和双领蹄式制动器,但其制动效能对摩擦因数变化的敏感程度较小,具有良好的制动效能稳定性,只在少数保证制动可靠性的高级轿车上采用。

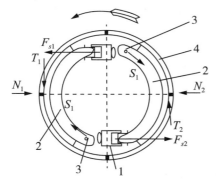 

1—制动轮缸;2—制动蹄;3—支承轴;4—制动鼓

图 4-2-5　单向双领蹄式制动器

如果能使单向作用双领蹄制动器的两制动蹄的支承销和促动力作用点位置互换，那么在倒车制动时就可以得到与前进制动时相同的制动效果。双向作用双领蹄制动器的设计就是基于此设想，该类制动器的制动蹄在制动鼓正、反向旋转时均为领蹄。双向双领蹄式制动器如图4-2-6所示。

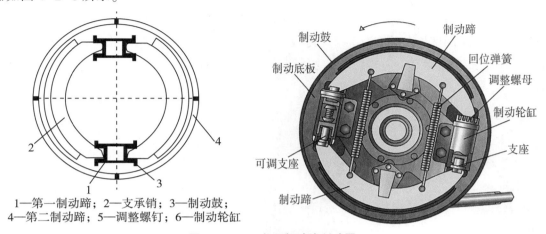

1—第一制动蹄；2—支承销；3—制动鼓；
4—第二制动蹄；5—调整螺钉；6—制动轮缸

图4-2-6　双向双领蹄式制动器

③自增力式制动器。

自增力式制动器可分为单向自增力式制动器和双向自增力式制动器两种，在结构上只是制动轮缸中的活塞数目不同而已。单向自增力制动器只在汽车前进时起自增力作用，使用单活塞制动轮缸；双向自增力制动器在汽车前进或倒车制动时都能起自增力作用，使用双活塞制动轮缸。

自增力式制动器的增力原理是利用可调顶杆体浮动铰接的制动蹄来代替固定的偏心销式制动蹄，利用前蹄的助势推动后蹄，使总的摩擦力矩得以增大，起到自动增力的作用。单向自增力式制动器如图4-2-7所示。第一制动蹄和第二制动蹄的上端被各自的制动蹄回位弹簧拉拢，并以铆于腹板上端两侧的夹板的内凹弧面支靠着支承销。两制动蹄下端以凹入的平面分别浮动支承在可调顶杆体两端的直槽底面上，并用拉紧弹簧拉紧。

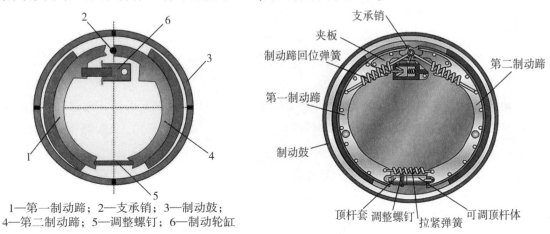

1—第一制动蹄；2—支承销；3—制动鼓；
4—第二制动蹄；5—调整螺钉；6—制动轮缸

图4-2-7　单向自增力式制动器

双向自增力式制动器如图4-2-8所示。制动蹄的上端两侧铆有夹板4,用前后蹄回位弹簧6和3将夹板拉靠在支承销上,两制动蹄的下端由拉紧弹簧9拉靠在可调顶杆体8两端直槽的底平面上。可调顶杆体是浮动的。制动轮缸处于支承销稍下的位置。在基本结构参数和制动轮缸工作压力相同的条件下,自增力式制动器由于对摩擦助势的作用的利用,制动效能最好,但其制动效能对摩擦因数的依赖性最大,因而其稳定性最差;此外,在制动过程中自增力式制动器制动力矩的增长在某些情况下显得过于急速。因此,单向自增力式制动器只用于中、轻型汽车的前轮,而双向自增力式制动器由于可兼作驻车制动器而广泛用于轿车后轮。

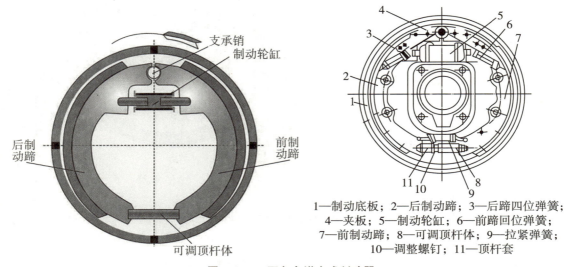

1—制动底板；2—后制动蹄；3—后蹄四位弹簧；
4—夹板；5—制动轮缸；6—前蹄回位弹簧；
7—前制动蹄；8—可调顶杆体；9—拉紧弹簧；
10—调整螺钉；11—顶杆套

图4-2-8 双向自增力式制动器

3.轮缸式制动器间隙的调整

制动蹄在不工作的原始位置时,其摩擦片与制动鼓之间应保持合适的间隙(制动器间隙),一般在0.25~0.5 mm之间。间隙如果过小,就不易保证彻底解除制动,造成摩擦副的拖磨;间隙如果过大又将使制动踏板自由行程太长,以致驾驶员操作不便,同时也会推迟制动器开始起作用的时刻。但是在制动器工作过程中,摩擦片的不断磨损必将导致制动器间隙逐渐增大。此情况严重时,即使将制动踏板踩到极限位置,也产生不了足够的制动力矩。因此,汽车制动器上都设有制动器间隙的调整装置,制动器间隙的调整有手动调整和自动调整两种方法。

(1)手动调整装置如图4-2-9所示。

手动调整装置有两种。一种是转动调整凸轮和带偏心轴颈的支承销。通过转动调整凸轮,进行局部调整,同时转动调整凸轮和转动制动蹄下端的偏心支承销,全面调整制动蹄和制动鼓之间的间隙,多用于气压制动器。

另一种是通过转动制动蹄内测调整棘轮调整可调顶杆长度,调整制动蹄和制动鼓之间间隙,多用于中、小型货车。

(2)自动调整装置。

轿车多采用拨片式自动调整装置和楔杆式间隙自动调整装置,拨片式自动调整装置如

图4-2-10所示。在制动蹄和制动鼓间隙因磨损增大时,可自动将间隙调小。

图4-2-9 手动调整装置

图4-2-10 拨片式自动调整装置

二、鼓式制动器拆装

1.大众车系后轮领从蹄式鼓式制动器结构

制动底板由螺栓固定在后桥轴端的支承座上,制动分泵用螺钉固定在制动底板上方。鼓式制动器底板及安装零件如图4-2-11所示。制动蹄稳定销、稳定弹簧及弹簧座将制动蹄紧压在制动底板支承平面上,可防止制动蹄轴向窜动。制动蹄上固定有斜楔支承,用来支承调节间隙用的楔形块。制动蹄上铆有可以绕销轴自由转动的制动杆,制动杆下端做成钩形,与驻车制动钢索相连。摩擦衬片用空心铆钉与制动蹄铆接在一起,铆钉头埋入摩擦片中,深度为新摩擦片的2/3左右。制动蹄回位弹簧分别将两个制动蹄上端贴靠在分泵左右活塞的端面上,下端贴靠在止挡板两端面上,鼓式制动器零件图如图4-2-12所示。

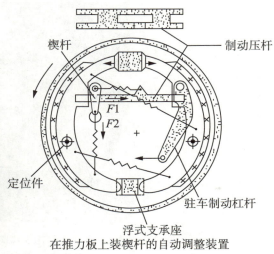

图4-2-11 鼓式制动器底板及安装零件

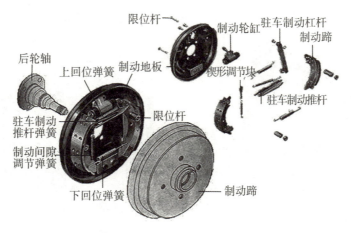

图 4-2-12　鼓式制动器零件图

制动时,分泵活塞在制动液压力的作用下推动制动蹄绕制动蹄与止挡板的接触点向外旋转,使摩擦片紧压在制动鼓上,产生制动力矩,使汽车制动。解除制动时,在回位弹簧的作用下制动蹄复位。后轮制动器的制动间隙是自动调整的,在装配时不需要调整间隙,只需在安装到汽车上后经过一次完全制动,即可以将间隙调整到设定值。

2.大众 ID.3 纯电动汽车鼓式制动器结构特点

大众 ID.3 纯电动汽车鼓式制动器结构如图 4-2-13 所示,其采用新技术,简化了结构。制动器底板上安装电子驻车制动装置,大众 ID.3 鼓式制动器设有热敏片的间隙调节机构,如图 4-2-14 所示,可以来补偿摩擦材料磨损后与制动鼓间形成的间隙(取消了楔形块间隙调节),热敏片会在制动器内部温度达到 70~90 ℃ 的情况下自动工作,阻止调节器进一步调节,阻止调节器把这部分的间隙补偿掉,进而防止拖滞和抱死的可能性,保证安全。大众 ID.3 鼓式制动器底板上装有电子驻车制动装置,如图 4-2-15 所示。

图 4-2-13　大众 ID.3 纯电动汽车鼓式制动器结构

图 4-2-14 大众 ID.3 鼓式制动器设有热敏片的间隙调节机构

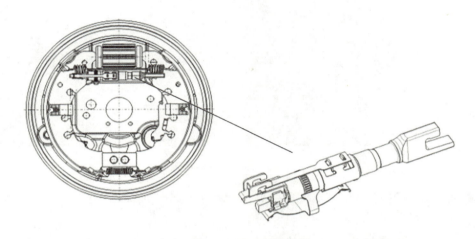

图 4-2-15 大众 ID.3 鼓式制动器底板上装有电子驻车制动装置

3.鼓式制动器的拆解

汽车行驶一定里程后,应检查制动蹄上摩擦衬片的厚度,发现需要更换摩擦衬片时,应拆解保养制动器。

鼓式制动器的拆解具体步骤如下。

(1)释放驻车制动,支起后车轮并拆下车轮,可以看到制动鼓,撬出后轮轴承防尘帽,拆下开口销、冠状螺母保险卡垫圈、螺母、外轴承,后制动器的拆解 1 如图 4-2-16 所示。

(2)对于装有楔形块间隙调节机构的,拆卸制动鼓前应先用螺丝刀插入制动鼓上的小孔,向上压楔形块,使制动蹄回位。

(3)拆下制动鼓,取下内轴承、后桥油封。

(4)拆下制动蹄定位销压簧座,摘下制动蹄定位弹簧,摘下上、下回位弹簧。

(5)取下制动蹄,摘下手制动拉索上,后制动器的拆解 2 如图 4-2-17 所示。

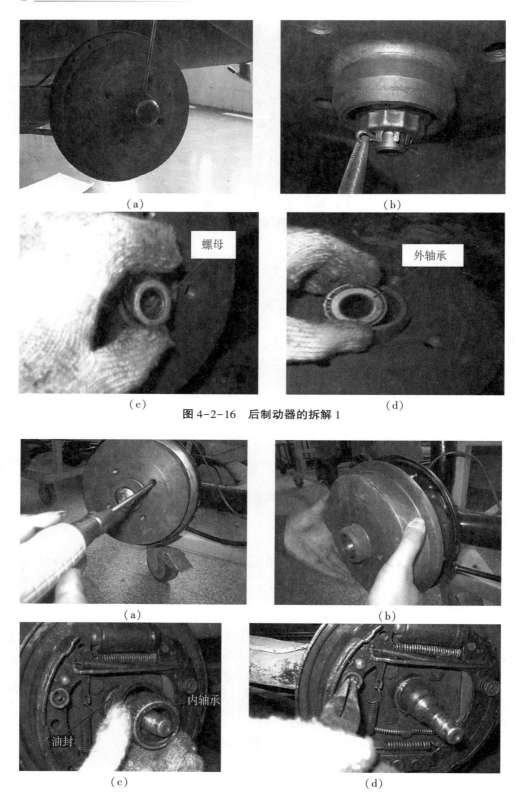

图 4-2-16 后制动器的拆解 1

图 4-2-17 后制动器的拆解 2

项目四 新能源汽车制动系统

(e)

续图 4-2-17 后制动器的拆解 2

(6)拆下调整模的拉簧,摘下上、下回位弹簧,后制动器的拆解 3 如图 4-2-18 所示。

制动蹄摩擦衬片用铆接方法与制动蹄固定在一起,更换时,可以只更换摩擦衬片本身,也可更换带新摩擦衬片的整个制动蹄,若只更换摩擦衬片,可先去掉旧铆钉及孔中毛刺,重新铆接新的摩擦衬片,之后可安装制动蹄。

 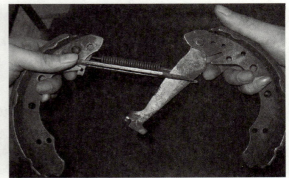

图 4-2-18 后制动器的拆解 3

4.鼓式制动器的安装

鼓式制动器的具体安装步骤:在推杆两端涂上润滑脂,夹在虎钳上,并装上定位弹簧和前制动蹄片,再将推杆与后制动前制动蹄之间插进楔形调整板,在驻车制动拉杆与后制动蹄之间涂上润滑脂后装在推杆的另一端,然后装上回位弹簧,把驻车制动钢索连接到驻车制动杆上,把制动蹄总成装到制动顶板上制动分泵的活塞上,并把制动蹄总成装到下支承上,装上回位弹簧,在前制动蹄与楔形调整板之间装上楔形调整板拉簧,装上带有弹簧座的弹簧,从制动底板另一端装入销钉,压紧弹簧座并转 90°,将销钉钩住后使用制动蹄靠在制动底板上;装上后桥油封、内圆锥滚柱轴承,装上制动鼓,若装入困难,可用螺丝刀向上撬动楔形调整板;装上外圆锥滚柱轴承内圈、止推垫片、旋上螺母(110 N·m);调整轴承的预紧力后装上锁止环和开口销;待全部制动系统装好后,用力踏一次制动踏板,使后制动蹄片就位。后制动器的安装如图 4-2-19 所示。

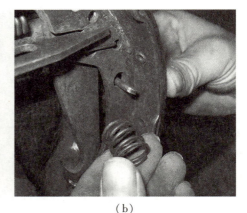
(a) (b)

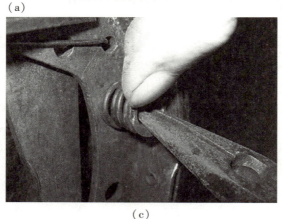
(c)

图 4-2-19 后制动器的安装

大众车系制动片检查周期为 7 500 km，更换周期为 40 000~50 000 km。安装时，禁止将油液、油脂和水等黏附到制动片上，不同车型的技术要求可能不同，具体数据参考对应的维修手册。

三、鼓式制动器检测

1. 制动蹄检测

（1）制动蹄衬片的厚度检查。

用卡尺测量后制动蹄衬片的厚度，制动器标准值为 5 mm，使用极限为 2.5 mm，其铆钉头与摩擦片表面的深度不得小于 1 mm，以免铆钉头刮伤制动鼓内表面。在未拆下车轮时，后制动蹄摩擦片的厚度可以从制动底板的观察孔中检查。衬片与制动蹄应严密贴合，局部最大缝隙不得超过 0.10 mm。如果制动蹄摩擦表面有油渍，应予以清洁。

（2）制动鼓检查。

检查制动鼓工作表面有无磨损、变形和裂纹现象，使用制动鼓量规或游标卡尺，测量制动鼓的内径，内圆柱面的圆度误差不得大于 0.15 mm，圆柱度误差不得大于 0.05 mm，制动鼓直径使用极限不大于标准 1 mm；用工具测量制动鼓内孔的不圆度，使用极限为 0.03 mm，超过极限应更换后制动鼓。制动蹄衬片的厚度与制动鼓检查如图 4-2-20 所示。

项目四　新能源汽车制动系统

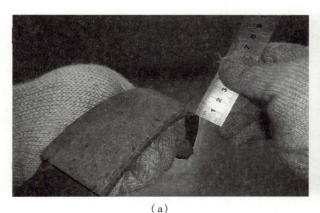
（a）

（b）

图 4-2-20　制动蹄衬片的厚度与制动鼓检查

（3）后制动蹄衬片与后制动鼓接触面积的检查如图 4-2-21 所示。
采用划线法检查：
①用粉笔在制动鼓的摩擦表面均匀划线。
②将制动蹄压紧在制动鼓的摩擦表面上，并转动制动蹄。
③检查制动蹄与制动鼓的接触面积和接触位置。

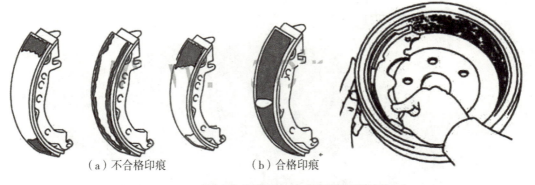

（a）不合格印痕　　　　（b）合格印痕

图 4-2-21　后制动蹄衬片与后制动鼓接触面积的检查

（4）后制动器定位弹簧及回位弹簧的检查。检查后制动器回位弹簧、上回位弹簧、下回位弹簧和楔形调整板拉簧的自由长度，若增长率达到 5%，则应更换新弹簧。

四、故障分析

导致轿车制动失灵的原因如下。
（1）制动液中存在空气。
（2）摩擦片磨损严重，接近使用寿命。
（3）摩擦片在初始使用时，没有得到良好磨合，导致摩擦片表面产生镜面，从而导致摩擦因数降低。

(4)摩擦片安装不到位,导致制动时摩擦片与制动盘或制动鼓的接触面积不足。

(5)原来的制动总泵或者分泵已经老化。

问题解决与提示:

汽车涉水后,鼓式制动器相比盘式制动器,水分清除速度较慢,可提前多踩几下刹车,恢复摩擦片、制动盘和制动鼓的干燥,避免因制动力不足而发生事故。电动汽车动力电池防护级别要求达到 IP67 级(做到一米水深半小时不出问题),但使用中不能完全保证其防水性能,尤其是电缆插接件。纯电动汽车动力电池位置如图 4-2-22 所示。

图 4-2-22 纯电动汽车动力电池位置

项目四　新能源汽车制动系统

任务工单 23　新能源汽车鼓式制动器拆装与检测

姓名		班级		学号		成绩	
日期		组号		教师签字			
学习目标	知识目标	1.能正确描述汽车鼓式制动器的作用与组成。 2.能描述实训汽车鼓式制动器的工作过程。					
	能力目标	1.能正确熟知实训汽车鼓式制动器的安装流程。 2.能掌握实训汽车鼓式制动器的常见故障原因。					
设备和工具准备		多媒体教学设备和课件、网络教学资源、维修资料、实训汽车、举升机					
实训工作要点与操作		通过学习、查阅相关资料或网络信息回答下列问题。 1.根据实训汽车和学习内容完成如图 4-2-23 所示鼓式制动器主要零件的名称标注。 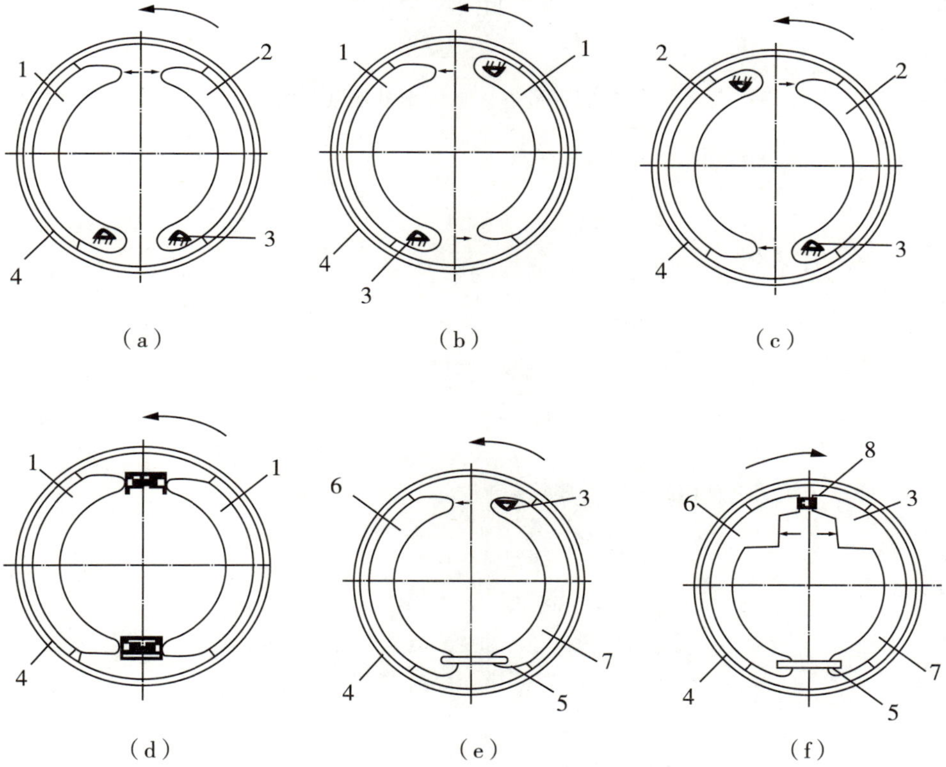 图 4-2-23　鼓式制动器主要零件 (1)_____;(2)_____;(3)_____;(4)_____; (5)_____;(6)_____。					

续表

实训工作要点与操作	2.根据实训汽车和学习内容完成如图 4-2-24 所示鼓式制动器结构的名称标注 (1)＿＿＿＿＿；(2)＿＿＿＿＿；(3)＿＿＿＿＿；(4)＿＿＿＿＿； (5)＿＿＿＿＿；(6)＿＿＿＿＿；(7)＿＿＿＿＿；(8)＿＿＿＿＿； (9)＿＿＿＿＿；(10)＿＿＿＿＿；(11)＿＿＿＿＿；(12)＿＿＿＿＿； (13)＿＿＿＿＿；(14)＿＿＿＿＿。  图 4-2-24　鼓式制动器结构 3.制动鼓的拆装步骤有哪些？ 4.车间内的工作安全有哪些？ 5.工具和设备使用时的注意事项有哪些？
个人扩展知识	

项目四 新能源汽车制动系统

任务三 新能源汽车更换制动系统真空助力器

案例引入

> 一辆吉利 EV450 轿车,踩踏板时感觉踏板过硬,制动力明显不足,经初步检查,液压制动装置、电动真空泵和真空罐及其真空管路均正常,怀疑是真空助力装置失效,需要对真空助力器进行检修。

一、认识真空助力器

1.真空助力器的作用

真空助力器安装在制动踏板和制动主缸之间,利用真空负压帮助驾驶员减轻用于制动时的踏板作用力。真空负压在汽油车一般利用发动机进气歧管产生,在电动汽车利用电动真空泵产生。

真空助力器外观与安装位置图如图 4-3-1 所示:真空助力器装在动力舱防火墙上,一端连接制动踏板,一端连接制动主缸,通过真空度对驾驶员的踏板力增压,电动真空助力制动系统与液压管路布置图如图 4-3-2 所示、电动真空助力制动系统控制部件布置图如图 4-3-3 所示。

图 4-3-1 真空助力器外观与安装位置图

283

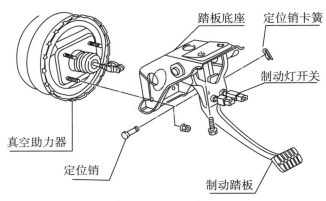

续图 4-3-1 真空助力器外观与安装位置图

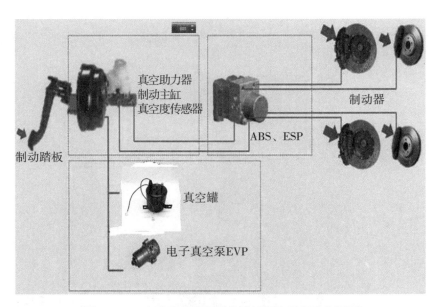

图 4-3-2 电动真空助力制动系统与液压管路布置图

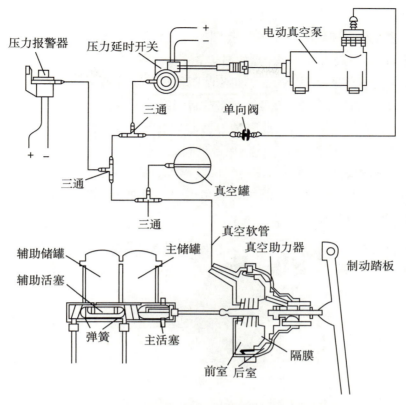

图 4-3-3 电动真空助力制动系统控制部件布置图

2.真空助力器的结构

真空管与真空助力器连接位置的单向阀在助力器内部,膜片将气室分为真空腔和应用腔,这两个腔室由空气控制阀控制,使两腔室与外界隔绝,空气控制阀还控制应用腔与大气的连通。真空助力器结构如图 4-3-4 所示。

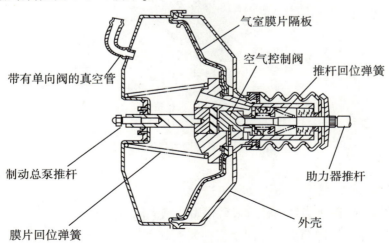

图 4-3-4 真空助力器结构

3.真空助力器的工作原理

真空助力器工作原理如图 4-3-5 所示。

(1)不制动时真空助力器工作原理如图 4-3-5(a)所示。

真空助力器在非工作的状态下,空气控制阀推杆回位弹簧将控制阀推杆推到右边的锁片锁定位置,真空阀口处于开启状态,空气控制阀弹簧使控制阀皮碗与空气控制阀座紧密接触,从而关闭了空气控制阀口。此时助力器的真空气室和应用气室分别通过活塞体的真空气室通道与应用气室通道经空气控制阀腔处相通,并与外界大气相隔绝。发动机启动后,发动机的进气歧管处的负压将上升至-0.066 7 MPa,即气压值为 0.033 3 MPa,与大气压的气压差为 0.066 7 MPa。随之助力器的真空度、应用气室的真空度均上升至-0.066 7 MPa 并处于随时工作的准备状态。

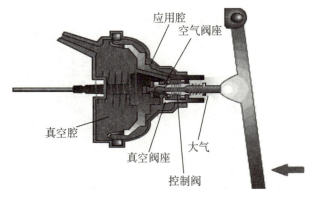

(a)不制动时

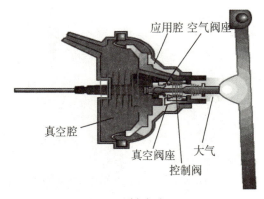

(b)制动时

图 4-3-5 真空助力器工作原理

(2)制动时真空助力器工作原理如图 4-3-5(b)所示。

制动踏板被踏下,踏板力经杠杆放大后作用在空气控制阀推杆上。首先,空气控制阀推杆回位弹簧被压缩,空气控制阀推杆连同空气控制阀柱前移。当空气控制阀前移至使控制阀皮碗与真空阀座相接触的位置时,真空阀口关闭,助力器的真空、应用气室被隔开,随着空气控制阀推杆的继续前移,空气控制阀口将开启,外界空气经过滤后通过打开的空气控制阀口进入助力器的应用气室(右气室),伺服力产生。当达到最大伺服力时,应用气室的真空度为零时(一个标准大气压),伺服力将成为一个常量,不再发生变化。此时助力器的输入力与输出力将等量增长,当取消制动时,随着输入力的减小,空气控制阀推杆后移。真空阀口开启,空气阀打开,助力器的真空气室、应用气室相通,应用气室气压下降,制动被解除。

4.电动真空助力制动系统的控制过程

新能源汽车的真空助力器真空度由电动真空泵提供,一般采用压力开关检测系统气压控制电动真空泵工作,也可以采用电控单元控制,只要将压力开关换成绝对压力传感器即可,由整车控制器(VCU)通过控制继电器使真空泵电机工作,确保制动时真空助力器的正常工作。

(1)接通汽车 12 V 电源,压力延时开关闭合,正常情况下真空泵大约工作 30 s 后开关断开,这时真空罐内真空度约为 80 kPa。

(2)当真空罐内真空度降到 55 kPa 时,真空罐内的压力膜片将会挤压触点,从而接通电源,真空泵开始工作,提高罐内真空度。

(3)当真空罐内真空度降到约 34 kPa 时,不能向真空助力器提供有效的真空助力,这时压力报警器将会发出信号,提醒驾驶员注意行车速度。若真空泵控制开关有很明显的短时间开启和关闭,说明发生了泄漏。

(4)当真空度增加至 55 kPa 时,压力延时开关断开,然后通过延时继电器使得真空泵继续工作大约 30 s 后停止;每次驾驶员有制动动作时,压力延时开关均会自检,从而判断电动真空泵是否应该工作。电动真空助力制动系统各部件及连接关系图如图 4-3-6 所示。

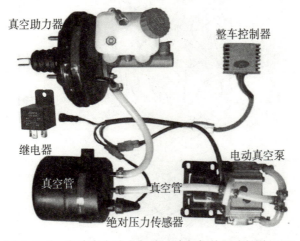

图 4-3-6 电动真空助力制动系统各部件及连接关系图

二、真空助力器拆装与更换

以吉利 EV 轿车为例,真空助力器的拆卸如图 4-3-7 所示,真空助力器的安装如图 4-3-8 所示。

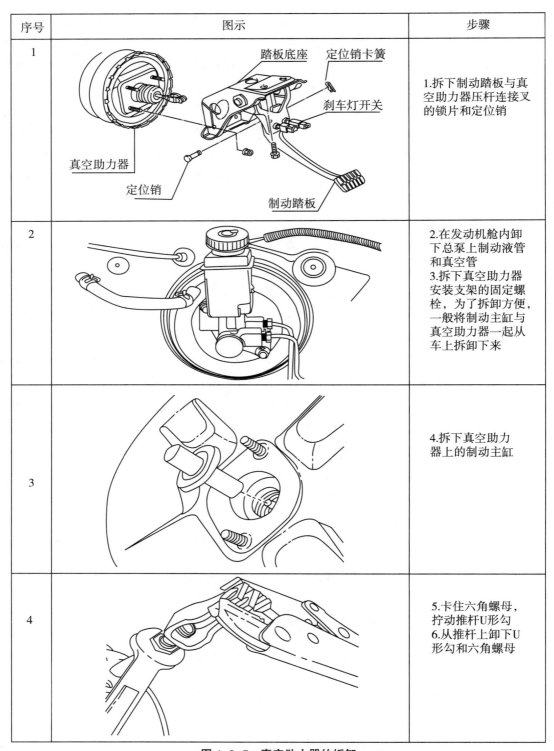

图 4-3-7 真空助力器的拆卸

项目四 新能源汽车制动系统

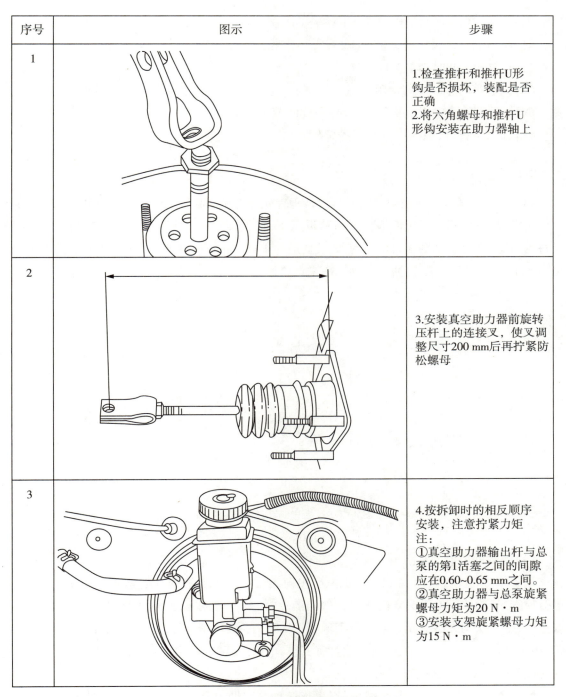

图 4-3-8 真空助力器的安装

1.真空助力器的检查

所有真空助力装置中都装有单向阀,单向阀一般装在助力器前与真空软管连接处,即电动真空泵、真空管至真空助力装置之间,单向阀使真空到达真空助力器,但不能回流,因此,电动真空泵关闭后,真空助力器内仍能保持真空。

(1)将电动真空泵供电插座拔下,首先用力踩几次制动踏板,以消除真空助力器与真空管中残余的真空度,此时踏板高度升高。

(2)用适当的力踩住制动踏板,并保持在一定位置,然后插上真空泵供电插座,按下启动开关,真空泵运行使真空系统重新建立真空,此时踏板高度应下降。

(3)如果不符合,说明真空助力器损坏。

2.真空助力器工作检查

(1)检查制动踏板自由行程。

如图4-3-9所示,检查制动踏板自由行程首先踩下制动踏板(B)数次,以消除助力器的真空助力效果,然后轻轻而缓慢地将制动踏板压下,直到感到有阻力为止,测量此过程中踏板所经过的行程,即为制动踏板自由行程A,其值应为1~5 mm。如果不符合规定,可松开制动主缸助力器上推力杆上的螺母,通过旋动叉头来调整推力杆长度,从而调整制动踏板自由行程。

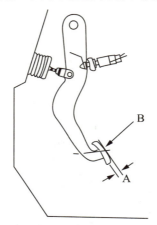

图4-3-9 检查制动踏板自由行程

(2)测试助力器的真空单向阀。

如图4-3-10所示,检查助力器的真空单向阀拆下助力器上的真空单向阀,可用压缩空气进行检查,按阀体上的箭头方向压缩空气应能通过,反向时则不通;也可用嘴吸法检验其单向通过性;也可从助力器上断开真空软管(不要从管内拆除单向阀),按下启动开关使真空泵运转,用手堵住单向阀一端,确信真空软管有真空,单向阀密封不良时,应更换新件。

(3)助力器的真空检查。

用一个带开关阀的二通接头将真空表连接到真空助力器的单向阀1与真空软管2之间,然后启动电动真空泵,运转1 min再关闭开关阀,切断真空来源,使电动真空泵停止工作,观察真空表的变化。若在15 s内真空度下降等于或大于3.3 kPa,表明真空助力器内的膜片或控制阀已损坏,需更换真空助力器。

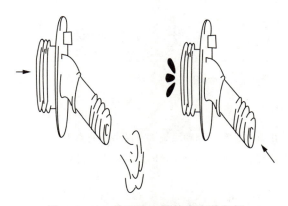

图 4-3-10　检查助力器的真空单向阀

三、故障分析

真空助力器易产生的故障如下。
①真空助力器管接头松动或真空软管漏气。
②真空助力器单向阀损坏。
③真空助力器内部卡住。
④真空助力器膜片漏气。

吉利 EV450 轿车,踩踏板时感觉踏板过硬,经对汽车制动系统真空助力器进行检测,发现膜片漏气,更换一个新的真空助力器,故障排除。

任务工单 24　新能源汽车制动系统真空助力器拆装

姓名		班级		学号		成绩	
日期		组号		教师签字			
学习目标	知识目标	1.能正确描述汽车制动系统真空助力器的作用与组成。 2.能描述实训汽车制动系统助力器的工作过程。					
	能力目标	1.能正确熟知实训汽车制动系统踏板自由行程的调整。 2.能掌握实训汽车制动系统真空助力器的拆装流程。					
设备和工具准备		多媒体教学设备和课件、网络教学资源、维修资料、实训汽车、举升机					

实训工作要点与操作

通过学习、查阅相关资料或网络信息回答下列问题。

1.根据实训汽车和学习内容完成如图 4-3-11 所示制动操纵机构的名称标注。

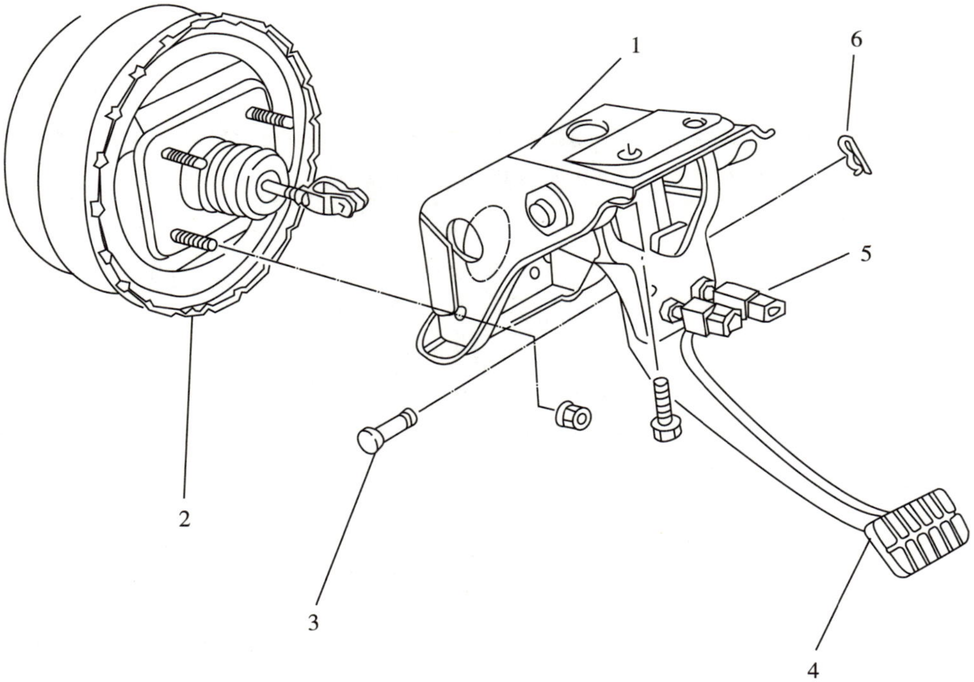

图 4-3-11　制动操纵机构

(1)_____;(2)_____;(3)_____;

(4)_____;(5)_____;(6)_____。

续表

实训工作要点与操作	2.根据实训汽车和学习内容完成如图 4-3-12 所示真空助力器结构的名称标注 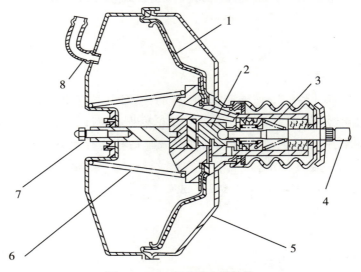 图 4-3-12 真空助力器结构 (1)_____;(2)_____;(3)_____;(4)_____; (5)_____;(6)_____;(7)_____;(8)_____。 3.制动系统真空助力器拆卸和安装步骤有哪些？ 4.车间内的工作安全有哪些？ 5.工具和设备使用时的注意事项有哪些？
	个人扩展知识

新能源汽车底盘技术

任务四　新能源汽车制动总泵、分泵的检修及制动液的更换

案例引入

> 故障现象：2017年产的一辆比亚迪E6轿车，行驶里程40 000 km。据车主反映，制动时需要将制动踏板踩到很低的位置才会有制动力，测试发现，缓慢踩下制动踏板，踏板会不断下降，快速踩下制动踏板，踏板在较低的位置时才会感觉有制动力，保持施加踏板力度，制动踏板会下降，踏板感觉柔软。经检查，制动器各部件正常，制动液充足，真空助力器无故障，怀疑制动液压系统故障。

一、认识液压制动系统

1.液压制动系统的组成

一般家庭轿车的液压制动系统都采用液压传动装置，主要由制动踏板、真空助力泵、制动总泵（也称为制动主缸）、制动液、制动油管、ABS泵总成、制动分泵（也称为制动轮缸）和车轮制动器组成，液压制动系统如图4-4-1所示。其中制动总泵由缸体、活塞、皮碗、回位弹簧和推杆等组成。制动分泵由活塞、皮碗弹簧组成。液压管路由金属管与软管组成，用来在主缸和每个车轮制动器之间传递有压力的制动液。

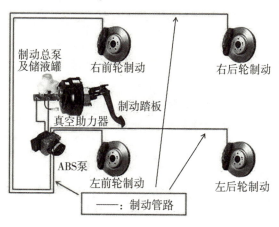

图 4-4-1　液压制动系统

2.按照制动管路的布置方式分类

汽车均采用双回路制动系统，所有行车制动器的液压管路分属于两个彼此隔绝的回路，这样，当一套管路失效时，另一套管路仍能保持一定的制动效能，但制动效能低于正常时的50%。

制动管路布置主要有三种形式：前后轴独立布置、交叉布置和两套独立布置，轿车常用交叉布置方式，当一条管路发生泄漏时，另一条管路仍起制动作用，并且制动力也较为均衡，可有效避免制动跑偏。制动管路的布置方式如图4-4-2所示。

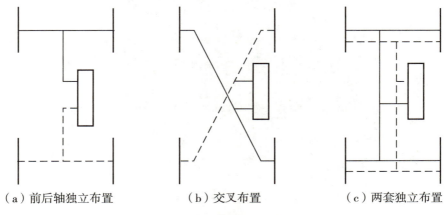

（a）前后轴独立布置　　　（b）交叉布置　　　（c）两套独立布置

图4-4-2　制动管路的布置方式

二、制动主缸

1.液压制动主缸的组成

液压制动主缸是将驾驶员作用在制动踏板上的机械力转变成液压力，利用液压原理增加驾驶员的踏板力，当前汽车由于都采用双管路制动系统，所以使用的制动主缸均为串联双活塞式制动主缸。串联双活塞制动主缸的组成如图4-4-3所示。

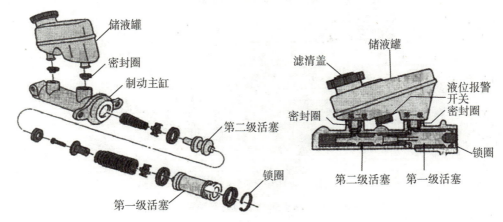

图4-4-3　串联双活塞制动主缸的组成

2.液压制动缸工作原理

（1）液压制动缸不制动时如图4-4-4所示。

1号活塞和2号活塞的活塞皮碗定位在进油口与补偿口之间，主缸与储油箱之间形成一个通道。由2号回位弹簧的力把2号活塞推到右边，用一个止动螺栓对其定位，防止其继续

295

移动。

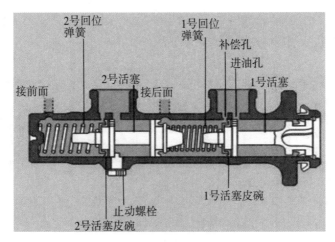

图 4-4-4　液压制动缸不制动时

(2) 踩下制动踏板时制动踏板受压如图 4-4-5 所示。

活塞向前移动时,旁通孔被关闭,随着推杆的前移,活塞皮碗前端封闭的工作腔液压升高,活塞的后端通过补偿孔填充制动液,避免活塞的后部形成真空。2 号活塞在 1 号活塞的压力下向前移动。如果由于某种原因,如发生泄露,1 号活塞将不能产生压力,1 号活塞前端的机械联动机构将与 2 号活塞接触,将其往前推进并产生液压,保证车辆仍然具有一半的制动能力。

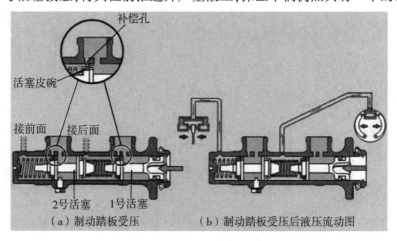

图 4-4-5　踩下制动踏板时制动踏板受压

(3) 松开制动踏板时制动踏板释放,如图 4-4-6 所示。

推杆和制动主缸活塞上的压力解除,制动踏板联动机构上的回位弹簧使踏板回到正常的静止状态。主缸前端的弹簧张开,将活塞往后推,同时整个制动系统压力释放。在活塞向后移动时,向前卷曲的皮碗使制动液流向活塞前面。有些活塞上有一些小孔可以使制动液的流动更加迅速。一旦活塞皮碗越过旁通孔,剩余的制动液将流回储液罐。

项目四 新能源汽车制动系统

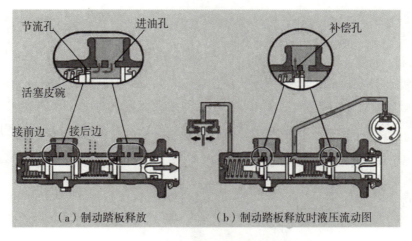

图 4-4-6 松开制动踏板时制动踏板释放

三、制动轮缸

制动轮缸的作用：将来自主缸的液压转换成作用在制动器上的机械作用力，制动轮缸有双活塞式和单活塞式两类，制动轮缸结构如图 4-4-7 所示。

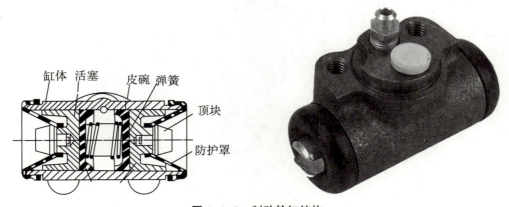

图 4-4-7 制动轮缸结构

四、汽车制动液

汽车制动液，俗称刹车油，对其性能要求主要有：高温抗气阻性；吸湿性；低温流动性；与橡胶匹配性；抗腐蚀性。

1.制动液类型

汽车制动液一般分为醇型、矿油型、合成型 3 类。

（1）醇型制动液。

醇型制动液是蓖麻油 45%~55% 和低碳醇 55%~45% 进行调配而成的。其产品润滑性好、

297

原料易得、低温黏度大、工艺简单。但低温性能差、平衡回流沸点低、易产生气阻、与水互溶性差、使用过程中易氧化变质，不能保证安全行车。

(2) 矿油制动液。

矿油制动液用精制的轻柴油馏分加入稠化剂和其他添加剂制成。这类制动液的温度适应范围宽、低温性能好，对金属无腐蚀作用。但不能与水及合成制动液混溶，进入少量水后，在高温下因为水气化会产生气阻，影响制动效果，对天然橡胶有溶胀作用，必须使用耐油橡胶密封件。

(3) 合成型制动液。

合成型制动液用醚、醇、酯等掺入润滑、抗氧化、防锈、抗橡胶溶胀等添加剂制成，是目前使用最多的制动液。

2. 制动液的型号

制动液的型号如图4-4-8所示。常见的制动液标号DOT，是由美国联邦政府运输部（Department of Transportation，DOT）在1972年制定的。目前国际上将制动液分为DOT3、DOT4、DOT5.1。它们主要区别就在于沸点。我国将制动液分为HZY3、HZY4、HZY5，分别对应国际上的DOT3、DOT4、DOT5.1，制动液级别越高，安全保障性越好。

图4-4-8 制动液的型号

五、新能源汽车制动液液面高度的检查与制动液的更换

1. 制动液液面高度的检查

检查储液罐中制动液液面高度，应在"Max"与"Min"之间，同时对制动液进行检查，将少量制动液放入干净的玻璃瓶中，如果制动液很脏或出现分层，说明制动液已被污染，必须更换。

2. 制动液的更换

制动液具有吸湿性强的特点，能吸收大气中的水分，长时间不更换会腐蚀制动系统，而且，制动液中水分含量越多沸点越低。制动时，刹车片产生的较高温度会使制动液中的水分变成蒸汽，并在制动液中产生气泡，形成气阻，使制动踏板行程增大，引起偶发性制动不足，严重的话，可能会发生危险。如：DOT3、DOT4、DOT5.1型号的制动液原始沸点为205℃、230℃、

270 ℃，经使用 2 年后含水达 3.5%时的沸点分别降至 140 ℃、155 ℃、190 ℃。

制动液一般两年或者 $4×10^4$ km 必须强制性更换一次。一般情况下，微型、中低档汽车适宜选取符合 HZY3 标准的制动液，而中高档车建议选择 HZY4 标准的制动液。制动液的更换有两种方法，人工更换和机器更换（人工更换需要两人协作完成）。

3.人工更换制动液

准备新制动液 1~2 瓶，一个 10 mm 梅花扳手一个，一根长度为 50 cm，内径在 6 mm 左右的透明软塑料管和一个有容量标记的透明塑料瓶。更换制动液时将软管一头插在制动分泵放油口，另一头插在塑料瓶中，避免废液飞溅和方便观察更换量。

（1）如图 4-4-9 所示，更换制动液与制动系统排气。

用举升机适当升起车辆，拧下制动储液罐的加液口盖。一人在车下，摘掉制动器上的放油口套的橡胶防尘帽，将预备的透明软管两端分别装在制动分泵放气螺钉上和废油收集瓶中，之后用扳手逆时针方向松开放油口螺丝，同时车上的人反复踩制动踏板。此时刹车油会从放油口喷出，注意制动液储液罐内的液面，要随液面下降添加新制动液，待出油清亮后拧紧放气螺丝。

注意：制动管路是"X"布局的，为了避免新、旧油混合，换油、放气可以从左后或者右后开始，比如第一个放左后轮，下一个放右前轮，然后是右后轮，最后是左前轮。

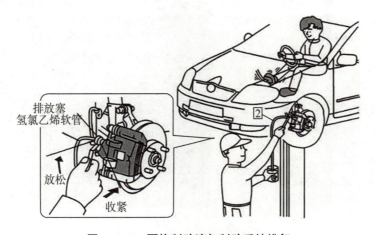

图 4-4-9　更换制动液与制动系统排气

（2）简易排气方法。

对于没有装配 ABS 的制动系统或使用时制动管路中混入少量空气的可进行简易排气，放气原则及顺序是距离制动主缸由远及近，比亚迪 E6 刹车管路是"X"布局的，因此排气顺序为右后、左前、左后、右前。

①将主缸储液罐补足新鲜制动液。

②将储液罐盖松松地放在主缸上，不要将储液罐盖盖紧。

③按下启动开关，仪表 OK 指示灯点亮，使真空助力泵工作。

④车外人员将透明软管一头接在制动钳放气螺塞上,另一头插在一个盛制动液的容器中。

⑤一人坐于驾驶室内,连续踩下制动踏板,直到踩不下去为止,并且保持不动。

⑥另一人将放气螺塞拧松一下,此时,制动液连同空气一起从胶管喷入瓶中,然后尽快将放气螺塞拧紧。

⑦在排出制动液的同时,踏板高度会逐渐降低,在未拧紧放气螺塞之前,切不可将踏板抬起,以免空气再次侵入。

⑧每个轮缸应反复放气几次,直至将空气完全放出(制动液中无气泡)为止,按照右后轮→左前轮→左后轮→右前轮的顺序逐个放气完毕。

注意:在放气前将储液罐制动液加至规定高度,排气过程中,必须随时检查主缸储液罐内的液面高度,并不断加注制动液。

4. 使用专用换油机更换制动液

专用换油机分电动压迫式换油机和抽取式换油机。以OTB611E型换油机为例,电动压迫式换油机更换制动液如图4-4-10所示。

取下制动液填充口上的密封盖,注入新鲜制动液,最大填充量约为8 L;装置背面的液位显示管可以显示液体的填充数量;填充完毕后将制动液填充口重新用密封盖密封。

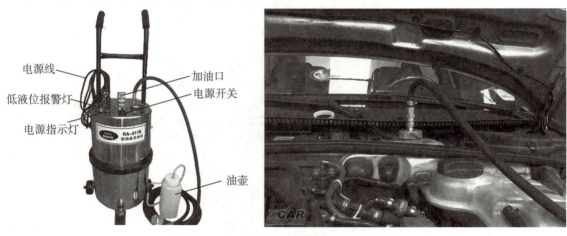

图4-4-10 电动压迫式换油机更换制动液

(1)用相应的插头将电源线接上电源(交流220 V);打开装置开关按钮,压力表应显示1.5 bar(1 bar=0.1 MPa)左右压力,然后关机。

(2)将制动液充放机软管通过一个转换器连接到主缸储液罐上,连接时注意气密性。

(3)打开装置开关按钮。

(4)旋转调压器旋钮至锁止螺母,气压表上显示符合该车型所需要的工作气压。注意压力过高将使油壶破裂,导致主缸及轮缸皮碗损坏。

(5)相继打开每一个轮缸排气阀,直到溢出干净无泡沫的液体时为止,请务必留意各汽车制造商注明的相应的操作程序,尤其是涉及装配有ABS装置的车辆。

注:更换新制动液时,应将所有的排气阀打开,此时制动液对空气起到排挤作用,这是因为排气阀打开时,空气受阻力最小,最容易溢出,不会受到反方向的阻压,也不会有其他气体和液体相混淆的危险。

(6)当清晰和干净的制动液从排气阀中溢出时,用手逐一旋转排气阀门,并在工作过程结束之后逐一拧紧。

(7)操作完毕后,不论在任何的工作压力状况下,务必将调压器重新设置为1.5 bar左右。

(8)对设有固定卡钳机构的制动装置,需注入更多的制动液,以确保在制动液不能直接到达的卡钳机构的盖体部位也能有相应的制动液更换。在此请务必注意,在卡钳机构的盖体部位可能布置有多个排气阀,多个排气阀均逐一进行排气。

(9)排气换液完毕时关闭电源开关,从储液罐取下转换器。

(10)盖紧储液罐充液口密封盖,试车检验制动性能,同时检查各部位有无漏油现象。

抽取式换油机是将换油机油管连到各制动轮缸放气螺栓上,抽取制动系统管路中的制动液,同时向制动液储液罐加注新鲜制动液,当抽出的制动液为清澈的液体时,扭紧各放气螺塞,制动液更换完毕。抽取式换油机更换制动液如图4-4-11所示。当前,大部分抽取式换油机都具有上压下抽式功能,能安全高效地更换制动液,操作简单,使用快捷。

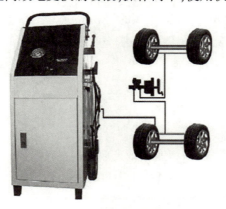

图 4-4-11 抽取式换油机更换制动液

如在检查过程中制动踏板发软,则表明制动系统内的空气没有完全排净,因此需要重新进行排气作业。在进行排气作业或检查补充制动液后,应注意盖紧储液罐盖,尽量缩短制动液接触空气的时间,以防制动液接触空气,吸收空气中的水分,降低制动液性能,补充制动液时,液量不得超过上限(Max)刻线。制动液不能与其他品牌混用。

5.比亚迪E6 ABS制动系统排气

(1)将车辆升到举重机上。

(2)车内人员用诊断仪进入e6Y→HAS hev→(选择)博世ESP9系统→(选择)人工排气。按左后、左前、右前、右后的顺序对四轮制动油管进行排气,比亚迪E6 ABS制动系统排气如图4-4-12所示。

(3)选择诊断仪上对左后轮进行排气的选项,等待诊断仪提示操作完成后,车内人员开始踩制动踏板进行排气。

功能选择
1.博世ESP3系统
2.博世ACM系统

图4-4-12 比亚迪E6 ABS制动系统排气

(4)踩踏板频率大约2 s每次,每次需要踩压到底。当放气螺钉无空气排出时,将放气螺钉拧紧。注意:拧紧放气螺钉前制动踏板踩到底部不能松开。

(5)以同样方法对其他三个位置油管排气,完成后将车辆降下。

(6)挂P挡直线行驶10 m(需保证车辆的行驶轨迹在一条直线上)。松开制动踏板并将转向盘摆正后对车辆惯性传感器、转角传感器进行标定。

①标定过程中不允许断开蓄电池。

②车辆在安全位置挂P挡。

③无须踩制动踏板。

④转向盘摆正,轮胎与车身平行。

(7)打开车辆的制动液罐盖,并将制动液充放机与制动液罐连接好。制动液罐与设备连接处用绳索或其他工具固定。防止排气过程压力过大松动。

(8)将制动液充放机连接到220 V电源。

(9)将制动液充放机开启并将值调节至压力2 bar。

(10)用诊断仪进入e6Y→HAS hev→ACM-H→(选择)人工排气,如图4-4-13所示。

1.××××××××
2.××××××××
3.××××××××
4.人工排气

图4-4-13 (选择)人工排气

步骤1:传感器标定。

步骤2:蓄能器泄压。此步骤无须开启制动液充放机、无须踩制动踏板。

步骤3:(选择)储液罐 SP-BSV→BP 回路排气,如图 4-4-14 所示(操作提示:系统加压至 2 bar,无须踩制动踏板)。

```
1.传感器进行标定
2.蓄能器泄压
3.储液罐SP-BSV——BP回路排气
```

图 4-4-14　(选择)储液罐 SP-BSV→BP 回路排气

(11)打开放气螺钉(由外到里顺序)至无气泡流出,拧紧放气螺钉。

(12)按左后、左前、右前、右后的顺序对四轮制动钳进行排气。

注:排气过程注意观察压力是否保持在 2 bar。

6.大众新能源车系 ABS 制动系统

大众新能源车系 ABS 制动系统的排气如图 4-4-15 所示。

 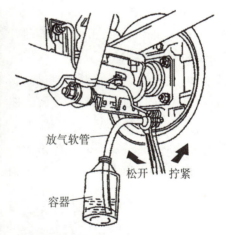

图 4-4-15　大众新能源车系 ABS 制动系统的排气

因为装有 ABS 的大众车系在更换制动液后进行排气时,ABS 泵应处在运行状态,所以必须依靠解码器来协助完成。下面以道通 MS908 汽车智能诊断仪为例做大众车系 ABS 放气程序。

(1)解码器主要通道:在基本设定里用 001 组到 016 组做完;017 组部分排气结束。

需要 3 个人协同时操作:1 人负责踩刹车;1 人负责添加制动液;1 人负责松紧螺栓排气。

(2)前提:进入 ABS 系统,清除所有故障记忆,确保 ABS 系统无故障存在才可以进行下面的操作。

①连接道通 MS908 诊断仪如图 4-4-16 所示,打开点火开关。
②选择大众车系。
③进入 ABS 制动防抱死系统。
④首先读取故障码,确认无故障码。
⑤选择系统基本调整,输入 01 通道。
a.按照提示:踩下制动踏板并且保持住,松开两前轮排气螺栓。
b.踩下制动踏板 10 次后,锁紧放气螺栓。
⑥按下翻页按钮,屏幕显示 02 通道。
a.按照提示:保持踩下制动踏板动作,松开两前轮排气螺栓。
b.踩下制动踏板 10 次后,锁紧放气螺栓。
⑦按下翻页按钮,屏幕显示 03 通道,按提示重复 a.b.步骤。
⑧按下翻页按钮,屏幕显示 16 通道,按提示重复 a.b.步骤。
⑨按下翻页按钮,屏幕显示 17 通道,结束排气程序。

只能按照 01 组到 17 组顺序递增操作,中间不能跳过任一组操作,若感觉空气还没排干净,行车 15 km 以后,重复上述步骤,整个程序完成。

若用大众专用解码器或其他解码器显示英文的,含义如下:

HOLD　保持……踩下制动踏板并且保持住。

SW　OPEN　松脚……就是不要踩啦!

Depress pedal and hold　踩下制动踏板并且保持。

Pedal FR/FL bled screw OPEN　松开前右/前左轮排气螺栓。

Depress Pedal 10X　踩下制动踏板 10 次。

bleed screw CLOSED　锁紧放油螺栓。

Please wait...(10 secs)　请等待 10 s。

Partial bleeding ended　放气完成。

提示:若不使用解码器,常规排气后,找一空旷地方,猛加速,再猛刹车,注意不要松开制动踏板,立即进行排气,反复几次即可。

图 4-4-16　连接道通 MS908 诊断仪

六、制动主缸的更换

1.拆卸更换制动主缸

步骤：

(1)拔下低液位传感器导线插接器。

(2)从主缸上拆下制动油管,堵住油管和制动主缸出油口。

(3)拆下主缸的两个固定螺母和垫圈。

(4)从车上拆下主缸。

(5)安装新的主缸,应按以下步骤检查、调整推杆长度。

①将主缸量规放到主缸端部,旋松定位螺钉,推出量规量杆,使其抵靠到主活塞后端。

②保持量规在此位置时拧紧定位螺钉。

③将量规翻转过来测量真空助力器推杆。

④如果间隙不等于零,应旋松推杆锁紧螺母,调整推杆长度。

注意：推杆长度的调整必须准确,如果推杆调整过长,将产生制动拖滞；如果推杆调整过短,将使制动踏板变低。

2.制动主缸内空气排出

制动主缸内空气排出如图4-4-17所示。

(1)在安装新主缸之前,应按以下步骤在工作台上对主缸加油并放出空气。

①将新主缸装到合适的固定夹具上,小心不要损坏主缸壳体。

②将两段油管装到主缸出油口上,使油管伸进主缸储液罐内的制动液中。

③向主缸储液罐加入DOT3制动液或类似的制动液。

④将合适的工具插入主缸活塞推杆孔,缓慢推动活塞,然后让活塞回位。

⑤重复以上操作,直至从两根油管进入储液罐的制动液中没有气泡为止。

⑥拆下两段油管,堵住主缸出油口,从固定夹具上拆下主缸。

(2)安装制动主缸时,将主缸放到安装位置,安装垫圈和固定螺母,以10~16 N·m的力矩拧紧固定螺母。

(3)将制动油管连接到主缸出油口上。

(4)让助手踏下制动踏板。

(5)当制动踏板踩到底时,旋松其中一根油管接头,将主缸内的空气放出。

(6)在制动踏板仍保持踩下的情况下,拧紧制动油管接头,然后放松制动踏板。

(7)重复以上操作,直至所有的空气都排出,然后再旋松另一根制动油管接头进行放气,最后以13~21 N·m的力矩拧紧油管接头。

3.制动管路排气

同以上介绍人工更换制动液排气方法相同。

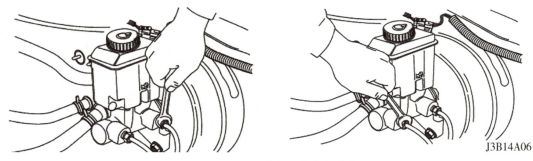

图 4-4-17　制动主缸内空气排出

七、后轮制动分泵的拆装及检修

1.制动分泵的拆卸

制动分泵的拆卸如图 4-4-18 所示。

（1）拆下后车轮、制动鼓和刹车片。

（2）从制动挡板上拆下液压软管，并应注意液压软管的安装角度，以便正确安装。同时将软管缠在一边，以免妨碍其他件的拆卸。

（3）拆下排出口，拧出两个螺栓，并从制动挡板上拆下制动分泵。

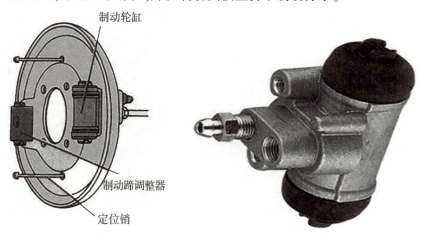

图 4-4-18　制动分泵的拆卸

2.制动分泵分解、检查与安装

制动分泵分解、检查与安装如图 4-4-19 所示。

（1）仔细清洗制动分泵的外表面。制动分泵的拆卸应在干净的纸上进行。

（2）制动分泵的两端拆下橡胶套，抽出推杆和活塞及内、外密封件。

（3）仔细清洗所有零件，检查密封件、活塞和分泵内表面，看有无磨损、裂纹和损坏，若磨损或损坏应更换；检查活塞皮碗有无老化、变形和损伤，必要时应更换；检查分泵弹簧是否变形和损坏,必要时应更换。

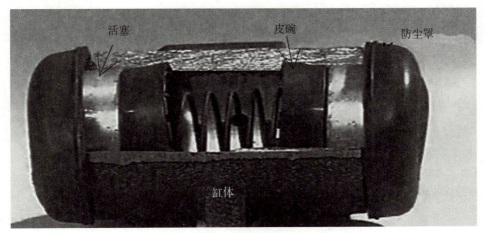

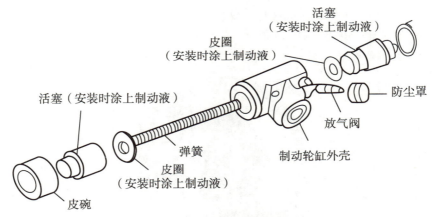

图 4-4-19 制动分泵分解、检查与安装

3. 制动分泵的装配

制动分泵的装配与制动分泵的拆卸则相反,为了便于密封件的安装,应事先涂清洁的制动液。密封件的边缘应位于活塞的反面。

八、故障分析

车辆行驶中迅速将制动器踏板踩到底,其减速缓慢,制动距离过长,产生的原因主要有:制动总泵有故障;制动分泵有故障;制动器有故障;制动管路中渗入空气。

解决办法:进行路试,在车速为 30 km/h 左右时,缓慢踩下制动踏板,车辆仍然向前行驶,明显感觉制动效果不良。如果快速踩下制动踏板,车辆可以停住,但是制动踏板位置较低,怀疑制动系统内存在空气;进行了制动系统放气,但未见气泡,而且放气后制动踏板不能回位,这说明制动总泵已经不能建立油压,更换制动总泵后路试,故障排除。

新能源汽车底盘技术

知识拓展

汽车制动系统新技术

随着汽车数量的不断增加,降低交通事故发生率和事故死亡率已成为迫切需要解决的问题。解决该问题最有效的办法不仅是优化原来的制动系统结构,配置先进驾驶辅助系统也是提高汽车制动安全性能的方法之一,如:自动制动辅助系统、自动泊车辅助系统等。

一、制动盘新技术

1. 通风式制动盘结构与类型

为了有效降低制动时制动盘的温升,很多制动盘上都开有通风槽,这样就可以利用汽车行驶时的自然风散热。很多轿车的前轮采用了通风式制动盘设计,因为通风式制动盘的制造工艺相对复杂,价格也相对较高,后轮一般采用了非通风式制动盘。通风式制动盘从结构上可分为平面式制动盘、打孔式制动盘和划线式制动盘。

(1)平面式制动盘如图4-4-20所示。

平面式制动盘散热能力较低。

图4-4-20 平面式制动盘

(2)打孔式制动盘如图4-4-21所示。

打孔式制动盘的散热能力优于平面式制动盘。

图4-4-21 打孔式制动盘

（3）划线式制动盘如图 4-4-22 所示。

划线式制动盘的优点在于它的制动效果和散热能力都比较好，由于制动盘上分布有规则的线形沟槽，制动盘与制动摩擦片之间的摩擦因数大大提高，制动效果也就更好。

图 4-4-22　划线式制动盘

2. 制动盘按材料分类

铸铁制动盘具有易加工、耐磨性较好等特点，但是它也具有质量大和热稳定性较差的缺点，随着汽车零部件技术的发展，制动盘正向着质量更轻、摩擦因数更大和耐久性更好的方向发展。

（1）陶瓷制动盘如图 4-4-23 所示。

陶瓷制动盘的特性：陶瓷制动盘本体采用碳化硅和游离硅构成，摩擦层中瓷含量越高耐磨性越高。陶瓷制动器与铸铁制动器比较，陶瓷在高温下具有良好的刚度和形状变化很小的特点。

其优点是：

①陶瓷制动盘比铸铁制动盘的质量降低了 50% 左右。

②陶瓷制动盘的摩擦因数比铸铁制动盘高 25% 左右，大大提高了制动效率。

③在高温下陶瓷制动盘的摩擦因数和刚度几乎不会发生变化。

④陶瓷制动盘的表面硬度很高，因此它在制动时的磨损很小。测试结果表明陶瓷制动盘的使用寿命能够超过 300 000 km。

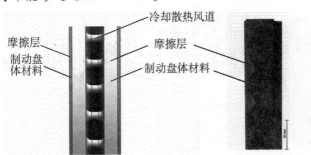

图 4-4-23　陶瓷制动盘

(2)碳纤维制动盘如图 4-4-24 所示。

碳纤维主要由碳元素组成,具有耐高温、抗摩擦、导热及耐腐蚀等特性,其呈纤维状、柔软、可加工成各种织物,由于其石墨微晶结构沿纤维轴择优取向,因此沿纤维轴方向有很高的强度和模量。碳纤维的密度小,因此比强度和比模量高。碳纤维可以作为增强材料与树脂、金属、陶瓷及炭等复合,制造先进复合材料。碳纤维增强环氧树脂复合材料,其比强度及比模量在现有工程材料中是最高的。碳纤维直径只有 5 μm,相当于一根头发丝的十分之一,强度却是铝合金 4 倍以上。

碳纤维制动盘能够在 50 m 的距离内将汽车的速度从 300 km/h 降到 50 km/h,此时制动盘的温度会升高到 900 ℃ 以上,制动盘会吸收大量的热而变红,碳纤维制动盘最高能够承受 2 500 ℃ 的高温。碳纤维制动盘具有性能卓越的减速性能,碳纤维制动盘要在温度达到 800 ℃ 以上才能够达到最好。碳纤维制动盘的缺点是磨损速度很快,制造成本也非常高。

图 4-4-24 碳纤维制动盘

二、自动制动辅助系统

1. 自动制动辅助系统的定义

通过环境感知技术对道路、车辆、行人、交通标志、交通信号等进行检测和识别,并对识别信号进行分析处理,传输给执行机构,保障车辆安全行驶。环境感知与控制如图 4-4-25 所示。

图 4-4-25 环境感知与控制

汽车自动制动辅助系统:可以预知潜在的碰撞危险并及时通知驾驶员,而且在必要的情况下,此系统会自动控制制动踏板完成制动操作,以避免或减轻碰撞伤害。自动制动控制如图 4-4-26 所示。

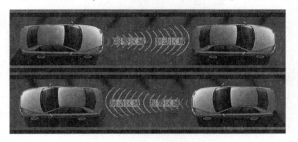

图 4-4-26　自动制动控制

2. 自动制动辅助系统的组成如图 4-4-27 所示

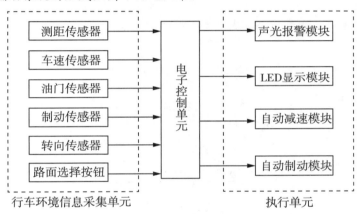

图 4-4-27　自动制动辅助系统的组成

3. 自动制动辅助系统的工作原理

汽车自动制动辅助系统的工作原理是:采用测距传感器测出与前车或障碍物的距离,与报警距离、安全距离进行比较,小于报警距离时就进行报警提示;小于安全距离时,即使在驾驶员没来得及踩制动踏板的情况下,自动制动辅助系统也会启动,使汽车自动制动。自动制动辅助系统工作原理如图 4-4-28 所示。

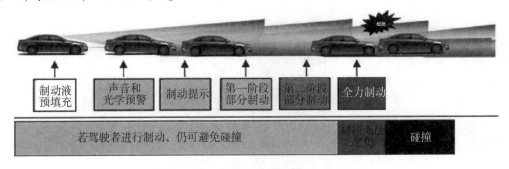

图 4-4-28　自动制动辅助系统工作原理

任务工单 25　新能源汽车制动总泵的拆装与检测

姓名		班级		学号		成绩	
日期		组号		教师签字			
学习目标	知识目标	1.能正确描述汽车制动总泵的作用与组成。 2.能描述实训汽车制动总泵的工作过程。					
	能力目标	1.能正确熟知实训汽车制动总泵、分泵的安装流程。 2.能掌握实训汽车制动液的更换流程。					
设备和工具准备		多媒体教学设备和课件、网络教学资源、维修资料、实训汽车、举升机					

实训工作要点与操作

通过学习、查阅相关资料或网络信息回答下列问题。

1.根据实训汽车和学习内容完成如图 4-4-29 所示制动总泵结构的名称标注。

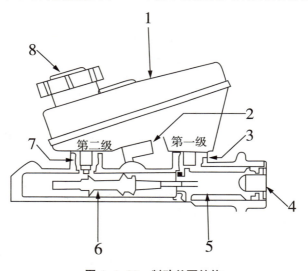

图 4-4-29　制动总泵结构

(1)_____;(2)_____;(3)_____;(4)_____;
(5)_____;(6)_____;(7)_____;(8)_____。

2.根据实训汽车和学习内容完成如图 4-4-30 所示制动分泵结构的名称标注。

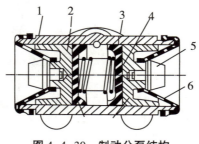

图 4-4-30　制动分泵结构

312

续表

实训工作要点与操作	(1)＿＿＿＿＿＿；(2)＿＿＿＿＿＿；(3)＿＿＿＿＿＿；(4)＿＿＿＿＿＿； (5)＿＿＿＿＿＿；(6)＿＿＿＿＿＿。 3.制动液更换步骤有哪些？ 4.车间内的工作安全有哪些？ 5.工具和设备使用时的注意事项有哪些？
个人扩展知识	

参 考 文 献

[1] 周林福.汽车底盘构造与维修[M].北京:人民交通出版社,2014.
[2] 陈家瑞.汽车构造[M].3版.北京:机械工业出版社,2019.
[3] 曲英凯,刘利胜.汽车底盘构造与维修[M].北京:人民交通出版社,2011.
[4] 薛玉荣,刘艳丰,石庆丰.汽车底盘构造与维修[M].西安:西安交通大学出版社,2014.
[5] 瑞佩尔.新能源汽车结构与原理[M].北京:化学工业出版社,2019.